21世纪普通高等院校系列教材

导游实务

DAOYOU SHIWU

主　编　方海川
副主编　李　东

西南财经大学出版社
中国·成都

图书在版编目(CIP)数据

导游实务/方海川主编．—成都：西南财经大学出版社，2021.8
ISBN 978-7-5504-4955-8

Ⅰ.①导…　Ⅱ.①方…　Ⅲ.①导游—高等学校—教材　Ⅳ.①F590.633

中国版本图书馆 CIP 数据核字(2021)第 129724 号

导游实务

主　编　方海川
副主编　李东

责任编辑：王琳
封面设计：杨红鹰　张姗姗
责任印制：朱曼丽

出版发行	西南财经大学出版社(四川省成都市光华村街 55 号)
网　　址	http://cbs.swufe.edu.cn
电子邮件	bookcj@swufe.edu.cn
邮政编码	610074
电　　话	028-87353785
照　　排	四川胜翔数码印务设计有限公司
印　　刷	郫县犀浦印刷厂
成品尺寸	185mm×260mm
印　　张	16
字　　数	375 千字
版　　次	2021 年 8 月第 1 版
印　　次	2021 年 8 月第 1 次印刷
印　　数	1—2000 册
书　　号	ISBN 978-7-5504-4955-8
定　　价	39.80 元

21 世纪普通高等院校系列教材

编　委　会

总序

为推进中国高等教育事业可持续发展，经国务院批准，教育部、财政部启动实施了“高等学校本科教学质量与教学改革工程”（下面简称“本科质量工程”），《国家中长期教育改革和发展规划纲要（2010—2020）》也强调全面实施“高等学校本科教学质量与教学改革工程”的重要性。这是落实“把高等教育的工作重点放在提高质量上”的战略部署，是在新时期实施的一项意义重大的本科教学改革举措。“本科质量工程”以提高高等学校本科教学质量为目标，以推进改革和实现优质资源共享为手段，按照“分类指导、鼓励特色、重在改革”的原则，对推进课程建设、优化专业结构、改革培养模式、提高培养质量发挥了重要的作用。为满足本科层次经济类、管理类教学改革与发展的需求，培养具有国际视野、批判精神、创新意识和精湛业务能力的高素质应用型和复合型人才，迫切需要普通本科院校经管类学院开展深度合作，加强信息交流。在此背景下，我们协调和组织部分高等院校特别是四川的高校，通过定期召开普通本科院校经济管理学院院长联席会议，就学术前沿、教育教学改革、人才培养、学科建设、师资建设和社会科学研究等方面的问题进行广泛交流、研讨和合作。

为了切实推进“本科质量工程”，2008 年的第一次联席会议将“精品课程、教材建设与资源共享”作为讨论、落实的重点。与会人员对普通本科的教材内容建设问题进行了深入探讨并认为，在高等教育进入大众化教育的新时期，各普通高校使用的教材与其分类人才培养模式脱节，除少数“985”高校定位于培养拔尖创新型和学术型人才外，大多数高校定位于培养复合型和应用型经管人才，而现有的经管类教材存在理论性较深、实践性不强、针对性不够等问题，需要编写一套满足复合型和应用型人才培养要求的高质量的普通本科教材，以促进人才培养和课程体系的合理构建，推动教学内容和教学方法的改革创新，形成指向明确、定位清晰和特色鲜明的课程体系，奋力推进经济管理类高等教育质量的稳步提高。与会人员一致认为，共同打造符合高教改革潮流、深刻把握普通本科教育内涵特征、满足教学需求的系列教材，非常必要。鉴于此，本编委会与西南财经大学出版社合作，组织了 30 余所普通本科院校的经济学类、管理学类的学院教师共同编写本系列教材。

本系列教材编写的指导思想是：在适度的基础知识与理论体系覆盖下，针对普通本科院校学生的特点，夯实基础，强化实训。编写时，一是注重教材的科学性和前沿性，二是注重教材的基础性，三是注重教材的实践性，力争使本系列教材做到“教师易教、学生乐学、方便实用”。

本系列教材以立体化、系列化和精品化为特色。一是除纸质教材外，还配备课件、视频、案例、习题等数字化教学资源；二是力争做到“基础课横向广覆盖，专业课纵向成系统”；三是力争把每种教材都打造成精品，让多数教材能成为省级精品课教材、部分教材成为国家级精品课教材。

为了编好本系列教材，我们在西南财经大学出版社的协调下，经过多次磋商和讨论，成立了首届编委会。首届编委会主任委员由西华大学管理学院院长章道云教授担任。2017年，由于相关学院院长职务变动，编委会的构成也做了相应调整。调整后的编委会由西南财经大学副校长张邦富教授任名誉主任，蒋远胜教授任主任，李成文教授、张华教授、周佩教授、赵鹏程教授、董洪清教授、傅江景教授任副主任，20余所院校经济管理及相关学院院长或教授任编委会委员。

在编委会的组织、协调下，该系列教材由各院校具有丰富教学经验并有教授或副教授职称的教师担任主编，由各书主编拟订大纲，经编委会审核后再编写。同时，每一种教材均吸收多所院校的教师参加编写，以集众家之长。自2008年启动以来，经过近十年的打造，该系列现已出版公共基础、工商管理、财务与会计、旅游管理、电子商务、国际商务、专业实训、金融经济、综合类九大系列近百种教材。该系列教材出版后，社会反响好，师生认可度高。截至2017年年底，已有30多种图书获评四川省“十二五”规划教材，多个品种成为省级精品课程教材，教材在西南地区甚至全国普通高校的影响力也在不断增强。

当前，中国特色社会主义进入了新时代，我们要建设教育强国，习近平总书记在党的十九大报告中对高等教育提出明确要求，加快一流大学和一流学科（简称“双一流”）建设，实现高等教育内涵式发展。“双一流”建设的核心是提升学校自身的办学水平，关键是提高人才培养质量和学科建设水平，同时办学声誉得到国际社会的认可。为此，高等学校要更新教育思想观念，遵循教育教学规律，坚持内涵式发展，进一步深化本科人才培养模式改革。而教材是体现高校教学内容和方法的知识载体，是高等院校教学中最基本的工具，也是高校人才培养的基础，因此，高校必须加强教材建设。

为适应“双一流”建设的需要，全面提升高校人才培养质量，构建学术型人才和应用型人才分类、通识教育和专业教育结合的培养制度，满足普通本科院校教师和学生需求，需要对已出版的教材进行升级换代。一是结合教学需要对现有教材进行精心打造。具体而言，贯穿厚基础、重双创的理念，突出创新性、应用性、操作性的特色，反映新知识、新技术和新成果的学科前沿；利用数字技术平台，加快数字化教材建设，打造立体化的优质教学资源库，嵌入可供学生自主学习和个性化学习的网络资源模块。二是根据学科发展的需要，不断补充新的教材，特别是规划旅游类、实训类、应用型教材。

我们希望，通过编委会、主编和编写人员及使用教材的师生的共同努力，将此系列教材打造成适应新时期普通本科院校需要的高质量教材。在此，我们对各经济管理学院领导的大力支持、各位作者的智力成果以及西南财经大学出版社员工的辛勤劳动表示衷心的感谢！

21世纪普通高等院校系列教材编委会

2018年5月

前言

导游人员的职业素质直接关系到旅游服务的质量、旅游业的整体水平和国家的整体形象。我国的导游人员队伍自改革开放以来，特别是近年来有了长足的发展，但与旅游业发达的部分西方国家相比，中国拥有的导游人员的绝对数量和平均比率均偏低。培养具有国际水平的优秀导游人员队伍的首选途径，主要是高等院校旅游管理专业培养大量专业人才。

全书分为七章，第一章导游服务，阐述了导游服务的产生与发展、导游服务的类型与范围、导游服务的性质与特点和导游服务的基本原则；第二章导游人员，较为全面地介绍了导游人员的概念与分类、导游人员的资格获取、导游人员的职责、导游人员的职业道德与行为规范，以及导游人员的职业素质；第三章团队导游服务程序与规范，依据国家颁布的导游服务质量标准对地方陪同导游人员、全程陪同导游人员、出境旅游领队、景区景点导游人员的导游服务程序与规范分别进行了阐述；第四章散客导游服务规范，简要说明散客导游服务的类型与特点、散客导游服务程序与服务质量；第五章导游人员的服务技能，主要讨论了导游人员的组织技能、语言技能、讲解技能和导游词撰写技巧；第六章导游人员的应变技能，主要包括旅游者个别要求的处理和导游服务中常见问题、事故和自然灾害的处理两部分内容；第七章导游业务相关知识，概括介绍了导游在服务过程中涉及的旅行社、入出境、交通、货币、保险和社交礼仪等相关知识。

需要说明的是，本教材在修编过程中为了突出学生全面素质的培养，在原有基础上补充了有助于学生自主学习、拓展学习的相关内容，增设了实训练习模块，并将其作为实践实训操作指导。教材中大量的小常识、小提示、典型案例、思考与练习等模块内容，也会使授课教师更注重对导游人员的职业道德、服务技巧、语言能力在实践中应用的教学。

本书是在西南财经大学出版社出版的“十二五”系列教材《导游原理与实务》（方海川主编）第一、二版的基础上修编撰写的。大纲的编写及全书的统稿定稿工作由乐山师范学院旅游学院方海川负责。内容编写的分工是：前言、第一章、第二章、第三章、第五章、第六章由方海川编写；第四章由乐山师范学院旅游学院吴薇编写；第七章由乐山师范学院旅游学院谢艳编写；此外，攀枝花学院的部分老师也参与了本书的修编。本书在编写过程中，参阅了大量已出版的导游教材和相关资料，对于本书中引用的相关案例，由于数量较多，引用出处不作逐一说明，在此特别向所有给予我们帮助的作者表示真诚的谢意，如有涉及版权问题，请及时与本书作者联系。

由于作者水平所限，时间仓促，书中疏漏之处在所难免，望读者随时予以匡正！

编　者

2021 年 4 月

目录

第一章　导游服务

引　言

《孙子兵法》中有“不用乡导者，不能得地利”之语。三国时，诸葛亮就是使用了熟悉云南地形的永昌人吕凯为向导官，在五月渡泸深入不毛之地，并按照吕凯所绘的平蛮指掌图进军入滇，从而获得七擒七纵的胜利，使得南方少数民族的首领孟获等心服口服，声称“丞相天威，南人不复反矣”。

《庄子·秋水》中有“庄子与惠子游于濠梁之上”的典故，说的是庄子与惠子在濠梁上看到水中怡然自得的鱼，引起他们之间关于鱼之乐与不乐的有趣辩论。《史记·太史公自序》中也有“南游江淮”和“北涉汶泗”的叙述，这次长途游访，是司马迁行万里路求知访学的重要活动。

“导”和“游”加在一起，既是动词，又是名词，有着双重的词性和丰富的内涵。有人形容导游是一艘装满丰硕果实和金色种子的“黄金船”，载着它的收获者和播种者一起走向一个个陌生而又充满欢乐的天地。那么，“导”和“游”就是“导游”这艘黄金船上面的两只巨桨，它们驱使着“黄金船”在旅游的海洋里航行。

【学习目的】

本章要求学生了解导游服务产生、发展的过程，重点掌握导游服务的性质、特点、作用以及导游服务的原则。通过学习，学生要知道导游服务工作的本质。

【主要内容】

· 导游服务的产生和发展

导游服务产生和发展的历程　导游服务发展的主要特征　导游服务的发展趋势

· 导游服务的类型与范围

导游服务的概念　导游服务的类型　导游服务的范围

· 导游服务的性质与特点

导游服务的性质　导游服务的特点　导游服务在旅游服务中的地位和作用

· 导游服务的基本原则

“宾客至上”原则　维护旅游者合法权益原则　规范化服务与个性化服务相结合原则

“导游”一词，就其字面来看，包含了“导”与“游”两层含义。“导”有引导、开通之意，《史记·孙膑传》中有“善战者因其势而利导之”。我国古代有乡导的称谓，是古代军队中的专用名词，指为军队引路的人。《孙子兵法》中就有“不知山林、险阻、沮泽之形者，不能行军；不用乡导者，不能得地利”之语。后来用“向导”泛指带路的人。“游”则有游玩、游历、交游之意。《庄子·秋水》中“庄子与惠子游于濠梁”的典故、《史记·太史公自序》中“南游江淮”的叙述、《荀子·劝学》中“君子居必择乡游就士”的句子分别代表了这三层含义。

顾名思义，“导游”二字包含了引导人们旅行、游览、观赏、交往的丰富内涵。在旅游活动中，“导游”一词包含两层含义：①指引导旅游者参观游览，组织、协调旅游活动，满足旅游者“求知、求新、求奇、求乐”愿望的旅游服务工作，即指引导游览活动的导游服务；②指为旅游者在旅行游览活动中提供向导、讲解和旅途服务的导游人员。

第一节　导游服务的产生与发展

一、导游服务产生和发展的历程

导游服务作为旅游服务的一个组成部分，是在旅游活动的发展过程中产生的，随旅游活动的发展而发展。

人类的旅游活动由来已久。人类有意识的外出旅行是由于产品或商品交换引起的，即第三次社会大分工使商业从农、牧、手工业中分离出来，出现了专门从事商品交换的商人。正是由于这一发展，人们需要了解其他地区的生产和需求情况，需要到其他地区去交换自己的产品或货物，因而也就产生了旅行外出的需要。所以，人类最初的外出旅行实际上并不是消遣和度假活动，而是人们出于现实和产品交换或经商的需要而产生的一种经济活动。

导游服务是随着消遣性旅游活动的出现而产生的。人类社会由原始社会进入奴隶社会，社会经济不断发展繁荣，奴隶主阶级不再满足于生活起居上的享乐，而开始了以巡视、巡游为名义的享乐旅行。旅行中其臣仆拥簇前后，除随时侍奉外，实际上也起着旅行向导的作用。在西方，除了奴隶主阶级的享乐旅行外，一些自由民也参加到消遣旅行的活动中来，其中不少人都是出于宗教目的外出旅行。到了封建社会，随着经济的进一步发展和交通条件的改善，各种非经济目的的旅行数量也在不断增加。在这一时期中，除帝王将相的巡游外，还出现了士人、学子的漫游，以及使节出行等。特别是在封建社会的中后期，以求学为目的的教育旅行、以保健为目的的疗养旅行、以探险为目的的航海旅行、以经商为目的的跨国旅行等逐渐发展起来。在这些旅行活动中，往往是熟悉当地情况的僧侣、客栈的老板、马夫、店小二等充当着向导的角色，他们不仅能引路，还能介绍沿途的名胜景点和当地的风俗民情。他们提供的服务在某些方面有些类似于现在的导游服务。不过，由于那时参加旅行活动的人数不多，旅行活动的规模不大，人们当向导的机会很少，那些当向导的人不能以此为生，他们收受的只是客人赏赐的“盘缠”和“酒钱”（“小费”）。总之，在古代的旅行活动中，虽产生了向导，提供了初期的导游服务，但其偶然性的成分很大，难以产生向导队伍。

资本主义生产关系的建立，从 18 世纪 60 年代英国的工业革命开始，到 19 世纪 40 年代工业革命的基本完成。当时的工业革命不仅使整个世界经济和社会结构发生了巨大的变化，也改变了世界范围内旅行和旅游的发展方向。生产力的迅速发展和社会财富的急剧增加，使得更多的人具备了旅行的经济条件；铁路的发明，缩短了人们在途中的时间，极大地方便了人们的旅行，进一步满足了人们的需要。工业的大发展也改变了一部分人的生活方式，使旅行不再成为极少数贵族阶层的专利。

就在这个时代，英格兰人托马斯·库克作为一位专职的旅行代理商登上了历史舞台。1841 年 7 月 5 日，他包租了一列火车，运送 570 人从莱斯特前往拉夫巴勒参加禁酒大会，往返行程 22 英里（1 英里 = 1 609. 344 米），团队收费每人 1 先令，免费提供带火腿肉的午餐及小吃，还有一个唱赞美歌的乐队跟随。在这次旅行中，托马斯·库克自始至终随团陪同照顾，可以说是现代旅行社全程陪同的最早体现。虽然这次活动并非出于商业目的，但从这次经历中托马斯·库克发现人们愿意别人为他们安排和组织旅游，这种工作可以作为一种职业，并且他最终成为这种职业的开创者，这次活动也因此成为近代旅游活动的开端。

1845 年，托马斯·库克在英格兰的莱斯特创办了托马斯·库克旅行社，开始专门从事旅行代理业务，这是世界上第一家商业性旅行社。同年，托马斯·库克为组织到利物浦的观光旅游，编写了导游手册——《利物浦之行手册》，分发给了旅游者，这是世界上第一本旅游指南。这次旅游的组织方式更具现代包价旅游的特点，体现了现代旅行社的基本特征，开创了旅行社业务的基本模式。

1846 年，托马斯·库克亲自带领一个旅行团乘火车和轮船到苏格兰旅行。旅行社为每个成员分发了一份活动日程表，还为旅行团配置了向导。这是世界上第一次有商业性导游陪同的旅游活动。

知识链接

托马斯·库克（1808—1892），英国旅行商，出生于英格兰德比郡墨尔本镇，是近代旅游业的先驱者，也是第一个组织团队旅游的人。托马斯·库克自幼家境贫寒，十岁辍学从业，先在一家蔬菜花木店当帮工，后又当木工学徒，17 岁时进入拉特兰浸礼教会做诵经人。1828 年，库克成为一名传教士，云游四方，分发浸礼教会的小册子，宣传教义。这使得托马斯·库克游历了英格兰的许多地方，对旅游产生兴趣。另外，出于宗教信仰的原因，库克后来成为一位积极的禁酒工作者。1841 年 7 月 5 日，托马斯·库克包租了一列火车，运送了 570 人从莱斯特前往拉夫巴勒参加禁酒大会，往返行程 22 英里，团体收费每人 1 先令，免费提供带火腿肉的午餐及小吃，还有一个唱赞美诗的乐队跟随，这次活动在旅游发展史上占有重要的地位，它是人类第一次利用火车组织的团体旅游，它是近代旅游活动的开端。

1845 年，托马斯·库克开始专门从事旅游代理业务，成为世界上第一位专职的旅行代理商。他在英格兰的莱斯特城创办了世界上第一家商业性旅行社，“为一切旅游公众服务”是它的服务宗旨。

此后，托马斯·库克的业务经营范围和影响不断扩大。1855 年，托马斯·库克以全程一次性包价的形式组织了赴法国的旅行；1865 年，托马斯·库克与儿子约翰·梅森·库克在原有公司的基础上联合创办了托马斯·库克父子公司（即通济隆旅游公司），迁址于伦敦。他们之后又相继在美洲、非洲和亚洲设立分公司，并于 1872 年成功组织了 9 人环球旅游，从而使托马斯·库克父子公司成为世界上声誉显赫的旅行社，而托马斯·库克也成为旅游的代名词在欧美地区尽人皆知。1878 年，托马斯·库克退休，公司业务由其子约翰·梅森·库克主持。1939 年，通济隆旅游公司在世界各地设立了 350 余处分社。此外，托马斯·库克在 1892 年还创造性地发明了一种流通券，即旅行支票。凡持有流通券的国际旅游者可在旅游目的地兑换等价的当地货币，更加方便了旅游者进行跨国和洲际旅游。

后来，欧洲、北美各国和日本纷纷仿效托马斯·库克组织旅游活动的成功模式，先后组建了旅行社或类似的旅游组织，招募陪同或导游组织参观游览。到了 20 世纪初，英国托马斯库克旅游公司、美国运通公司、比利时铁路卧车公司，成为世界旅行代理业的三大公司。

同欧美国家相比，中国近代旅游业起步较晚。20 世纪初期，一些外国旅行社，如英国的通济隆旅游公司、美国的运通旅游公司等开始在上海等地设立旅游代办机构，总揽中国旅游业务，雇用中国人充当导游。1923 年 8 月，上海商业储蓄银行总经理陈光甫先生在其同仁的支持下，在该银行下创设了旅行部推广文化，经办客务运输和旅游旅馆。1927 年 6 月，旅行部从该银行独立出来，成立了中国旅行社（现为香港中国旅行社股份有限公司）。1927—1937 年是中国旅行社扩充最快的时期，其分支社遍布华东、华北、华南等地的 30 多个城市和地区。与此同时，中国还出现了其他类似的旅游组织，如铁路游历经理处、公路旅游服务社、浙江名胜导团等。社会团体方面也相继成立了旅游组织。1935 年中外人士组成中国汽车旅行社，1936 年筹组了国际旅游协会，1937 年出现友声旅行团、精武体育会旅行部、萍踪旅行团、现代旅行社等。这些旅行社和旅游组织承担了近代中国人旅游活动的组织工作，同时也出现了第一批中国导游人员。

知识链接

陈光甫，中国银行家，被誉为“中国最优秀的银行家”“中国的摩根”。1915 年，陈光甫创办上海商业储蓄银行，并创造了中国金融史上的多个“第一”，在 20 世纪前半叶的中国有着举足轻重的影响。

当时，曾留学美国的上海商业储蓄银行总经理陈光甫，注重引进西方银行管理科学，开拓新的银行业务。他认为，“旅行部，全国银行无人愿办，余与朱成章协议创办，既为社会便利计，又为本行宣传计。此种宣传力甚大，人人知有旅行社，即知有上海银行。”1923 年春，他赴南洋考察经昆明，适值全国教育会议在那里筹备，教育部及各省代表的车船食宿等事项促使他立下了创办旅行社的决心。经筹划，上海商业储蓄银行旅行部于 1923 年秋在总行成立，这是中国的第一家旅行社。

旅行部开始仅代售沪宁与沪杭两路火车票，后扩展为代办京绥、津浦、京汉等各路火车票和长江、航运、南北海运及外国的轮船公司的客票，并在外埠分行加设分部。1924 年，旅行业务逐渐发展，旅行部从行内迁出，在四川路 420 号营业。同年 5 月 1 日，旅行部开始发行国内旅行支票。到 1927 年，上海商业储蓄银行将旅行部从银行划出，作为银行附属事业独立经营，改名为“中国旅行社”。不久，中国旅行社在各地的分社达数十处之多，并推及国外。它的业务包括代售国内外轮船、火车、飞机票；设办旅游胜地的招待所；举办游览事业；每年春秋佳日，布置游程，招揽游客；承办货物运输；接办各国银行发售的旅行支票；出版旅游杂志、培养专业导游等。全国各旅游胜地都有中国旅行社的业务活动。中国旅行社之所以能在短时间内迅速发展，是因为它本着“费用务求减省，食宿必谋舒适”的宗旨，服务周到、热情。1929 年 8 月，《申报》曾有记载：“今夏西湖博览会开亘古未有之盛会，四方人士云集，（中国）旅行社在门首择一席地，为群众谋便利，竭诚招待，游湖中外士女咸感宾至如归，称誉之至。”

中华人民共和国成立以后，第一家旅行社“华侨服务社”于 1949 年 11 月在厦门筹建，同年 12 月正式营业。1954 年 4 月 15 日，中国国际旅行社总社在北京成立，并在上海、天津、广州等地成立了 14 家分社。1957 年全国华侨服务社名称统一，增加“旅行”二字，并于同年 4 月 22 日成立华侨旅行服务社总社。1974 年经国务院批准，中国旅行社成立，并与华侨旅行社合署办公，统称中国旅行社。1979 年 11 月 16 日全国青联旅游部成立，1980 年 6 月 27 日国务院正式批准中国青年旅行社成立。自此，国旅、中旅、青旅三大全国性旅行社承担了绝大部分海外来华旅游者的招徕和接待工作，以及国内旅游者的旅游业务，导游人员的队伍也随之迅速壮大。

1984 年后旅行社外联权下放，全国各行业和地区性旅行社迅速发展。到 1988 年年底，全国有旅行社 1 572 家，其中有外联权的 44 家，导游人员 2. 3 万人。为了整顿导游队伍，使导游服务水平适应中国旅游业大发展的需要，1989 年 3 月，国家旅游局开始在全国范围内进行第一次“全国导游人员资格考试”，并且将之固定下来成为导游人员的执业资格考试；同年，中国旅游报社等单位发起了“春花杯导游大奖赛”，之后又举办了多次全国导游大奖赛，对提高我国的导游服务水平、推进导游工作规范化的进程做出了贡献。

为进一步规范导游服务、加强导游管理，1994 年国家旅游局联合国家技术监督局发布了《导游员职业等级标准（试行）》；1996 年国家旅游局开始在全国范围内对导游人员进行等级评定工作；1995 年国家技术监督局发布《中华人民共和国国家标准导游服务质量》；1999 年 5 月国务院颁发《导游人员管理条例》；2001 年，国家旅游局颁发《导游人员管理实施办法》，决定启用新版导游证，实行导游计分制管理，并运用现代科学技术手段建立导游数据库，在全国范围内推行导游电子信息网络化管理，力求实现导游管理机制的规模化、标准化、科学化；2013 年 10 月 1 日，《中华人民共和国旅游法》正式实施，该法对导游人员的准入条件做出重大修改，为推进我国导游的职业化进程、全面提升导游人员素质和社会地位打下了坚实的基础。

2016 年 1 月 29 日，全国旅游工作会议提出要深化导游管理体制改革，将导游从“行政化、非流动、封闭式”管理向“市场化、自由化、法制化”管理转变。2016 年 9 月，国家旅游局（2018 年与文化部合并为文化与旅游部）废止了 2001 年颁布实施的《导游人员管理实施办法》，停止实施导游岗前培训考核制度、计分管理制度、年审管理制度和导游资格证 3 年有效制度，并推动设计开发了汇集导游基本信息、执业信息、社会评价为一体的“电子导游证”，代替原 IC 卡导游证，建设“全国旅游监管服务平台”。2017 年 10 月 16 日国家旅游局颁布《导游管理办法》，自 2018 年 1 月 1 日起施行。截至 2019 年 6 月 30 日，全国纳入统计范围的旅行社共有 37 794 家。

二、导游服务发展的主要特征

导游服务的发展除了导游人员数量随着大众旅游活动的发展不断扩大外，就导游服务本身而言，还呈现出如下主要特征：

（1）从导游服务的社会属性来说，导游服务从社会中的一件偶然行为发展为一种社会行为，即从非职业性发展为职业性。在古代旅游活动中，由于旅游的人数很少，充当旅行者的向导只是一种偶然的、临时性的工作，不可能以此谋生。随着旅游活动的发展，旅游业成为社会经济中的一个行业，以向导、陪同、接待员、讲解员等身份出现的专业人员和导游队伍便产生了，并逐渐成为社会诸职业中的一种职业。

（2）从导游服务的内容来说，导游人员的工作从为旅游者当向导发展为向导与讲解相结合，最后发展为向导、讲解与生活照料或驾驶集于一身。推动导游服务内容发生这种变化的因素，首先是旅游者需求的变化。随着人们收入水平的提高、生活条件的改善，人们出游的目的不再满足于一般的漫游，而是要求在异国他乡的旅游活动既舒适安全又能获取更多的知识，因而对导游服务的内容和质量要求得更多、更高。其次是旅行社提高经济效益的需要。旅行社为了降低成本，提高经济效益，全权委托导游人员代表旅行社处理旅游者旅游过程中的各种需求，使导游人员逐渐将向导、讲解与生活照料或驾驶集于一身，这样可以大大提高劳动生产率。

（3）从导游服务的类型来说，导游服务从单纯地依靠导游人员的体能发展到体能与图文声像相结合。导游人员的体能包括身体素质和将所掌握的知识转化为语言的能力。最初，导游人员主要是依靠自身的身体条件，在交通极不发达的情况下凭借体力引导旅游者旅行，后来旅游者已不再满足于导游的单纯向导作用，他们需要导游人员给他们介绍途中和所到之地的景物、名胜和风土人情等有关情况。这样，导游人员除了起到向导的作用外，还需要运用语言能力向旅游者进行介绍和讲解。到了现代，大众旅游兴起之后，导游人员接待的旅游者人数越来越多，接待的频率也不断提高，完全依靠体能已不能适应蓬勃发展的旅游活动的需要，导游人员的体能是极有限的，因此出现了以图文声像作为辅助手段进行导游服务的方式。

（4）从导游服务的语种来说，导游服务现已从单一语种发展为多语种。大众旅游已经普及世界各地，为了能向众多国家和地区的旅游者提供导游服务，导游人员队伍必须由掌握多种语言的人员组成。

三、导游服务的发展趋势

未来旅游活动的发展趋势将会对导游服务产生影响并提出新的要求。

（一）导游内容高知识化

21世纪，人们对知识的掌握会越来越广、越来越深，旅游者对旅游中的知识需求也会越来越高。尤其是文化旅游、专业旅游、科研考察的发展，对导游服务将会提出更高的知识要求。根据这一趋向，导游人员必须提高自身的文化修养，不断吸收新知识和新信息。导游人员掌握的知识不仅要有广度，还要有深度，使导游讲解的内容进一步深化，更具有科学性。这样，导游人员的讲解才更有说服力，才能使旅游者从中感到获得知识的快乐。总之，在知识方面，导游人员不仅要成为“杂家”，还要成为某些方面的专家。

（二）导游手段科技化

随着科学技术的发展，越来越多的旅游产品与高科技相结合，许多先进的科技手段被运用到导游服务中来。例如，图文声像导游、网络导游等先进的导游手段，在游览前或在游览现场引导旅游者参观游览过程中，不仅让旅游者看到（听到）了旅游景观的现状，还让旅游者进一步了解了其历史沿革和相关知识，起到深化实地导游讲解和以点带面的作用，成为导游工作不可或缺的辅助手段。因此，导游人员必须学会使用它们，并在游前导、游中导和游后导中运用自如，与实地口语导游密切配合，使其相辅相成，锦上添花。同时，在导游过程中讲解科技知识、运用科技手段，能够使旅游者了解到旅游和高科技发展之间的关系，使导游工作充满时代气息。

（三）导游方法多样化

旅游活动多样化的趋势，尤其是参与性旅游活动的兴起和发展，要求导游人员随之变化其导游方法。

参与性旅游活动的发展，意味着人们追求自我价值实现的意识在不断增强。追求自我价值不仅体现在工作中，人们还将其转移到了娱乐活动之中。人们参加各种节庆活动，与当地居民一起活动、生活，还在旅游目的地学习语言、各种手艺和技能，甚至参加冒险活动，等等。这要求导游人员不仅会说（导游讲解），还要能动，与旅游者一起参加各种活动。

旅游活动的这一发展趋向对导游人员提出更高的要求。导游人员不仅要是位能说会道、能唱会跳、多才多艺的人，还要能动手，有强壮的体魄、勇敢的精神，与旅游者一起回归大自然，参与绿色旅游活动，一起参加各种竞赛，甚至去探险。

（四）导游服务的个性化

21世纪，个性化发展成为时代的主题，人们的需求个性化，消费个性化，旅游产品和服务也要个性化。一方面，导游服务的个性化要求我们导游人员要根据旅游者的个性差异和不同的旅游需求提供针对性的服务，使不同的旅游者获得更大的心理满足；另一方面，导游服务的个性化有利于导游人员根据自己的优势或特长、爱好，形成自己的个性风格，朝品牌化导游发展，给旅游者留下特色鲜明的印象。

（五）导游职业的自由化

从世界各国导游发展历史来看，导游人员作为自由职业者是必然趋势。他们身份自由、行动自由、收入自由，靠为游客提供良好的服务和高尚的职业道德获得社会认同。导游人员的收入取决于上团机会，服务水平高、个人声誉好的导游上团机会就多，收入就高，即体现出“优胜劣汰”的原则。目前，我国各地成立的导游自由执业平台、导游公司或导游服务中心就是这一趋势的反映。

导游执业自由化是导游自由执业的核心，目前我国导游自由执业主要有线上导游自由执业、线下导游自由执业两大类型和“旅行社委派”“旅行社预订”“协会预定”“导游服务公司”“游客直联”五种模式。

总之，未来旅游业的发展要求导游人员不仅要有“十八般武艺”，而且要掌握“三十六般武艺”或更多的导游技艺，来满足旅游者不断变化着的旅游需求。只有这样，导游人员才能胜任未来的导游服务工作，才有可能将导游服务做得不同凡响。

趣味导游顺口溜

人生就像一出戏，有缘千里来相聚；
赵钱孙李是一家，东西南北是兄弟；
能为大家做导游，实属我的好福气。

第二节　导游服务的类型与范围

一、导游服务的概念

导游服务是指导游人员代表被委派的旅行社，接待或陪同旅游者旅行、游览，按照组团合同或约定的内容和标准向其提供的旅游接待服务。

首先，导游服务的主体是导游人员，没有导游人员参与的服务不能称之为导游服务，并且导游服务是旅行社委派导游人员提供的一项旅游接待服务。未获旅行社委派的陪同参观、游览服务不属于导游服务。

其次，导游人员的主要任务是从事对旅游者的接待。一般说来，多数导游人员是在旅游过程中，通过陪同旅游者旅行、游览，向其提供导游服务。也有一些导游人员是在旅行社设立的门市柜台接待客人，提供旅游咨询、帮助联系和安排各项旅游事宜等接待服务。

最后，导游服务对于团体旅游者必须按组团合同的规定和导游服务质量标准实施，对于散客必须按事前约定的内容和标准实施。导游人员在导游服务过程中不得擅自增加或减少甚至取消旅游项目，也不得降低导游服务质量标准。一方面，导游人员在接待过程中要注意维护所代表的旅行社的形象和信誉；另一方面，导游人员也要注意维护旅游者的合法权益。

典型案例

某年7月某日19时许，在桂林旅游的一广东教师团约70人投诉某旅行社及导游人员：他们于当日早上6点多就已离开酒店，参加桂林至阳朔的漓江一日游，游完阳朔的景点，回到桂林市区已到了用晚餐的时间，而导游人员却安排购物。另外，在月牙楼用过晚餐后，导游人员要安排大家夜游七星公园。客人认为夜游七星公园一是效果不好，二是与原计划的行程安排不符，而且一天的旅途很疲劳，已经没有精力和心情再继续游览，因此，不同意这样的安排。而导游人员申辩说这是旅行社的安排，只能这样做。桂林旅游监察所工作人员抵达现场，经核对双方的行程表，弄清楚情况后，指出该社的行为违反了《旅行社管理条例》中的有关规定，当场责成导游人员马上与旅行社主管人员联系，按合同上的规定游览。

二、导游服务的类型

导游服务类型是指导游人员向旅游者介绍所游地区或地点情况的方式。现代导游服务方式大致可分为两大类：图文声像导游方式和实地口语导游方式。

（一）图文声像导游方式

图文声像导游方式，亦称物化导游方式，目前主要有四类。

（1）导游图、交通图、旅游指南、景点介绍、画册、旅游产品目录等。

（2）有关旅游产品和专项旅游活动的宣传品、广告招贴以及旅游纪念品等。

（3）有关国情介绍、景点介绍的录像带、录音带、电影片、幻灯片和光盘等。

（4）智慧旅游，即通过融合通信与信息平台，利用云计算、物联网和互联网技术，借助全球卫星定位系统，使用便携式移动终端上网设备，主动感知旅游相关信息，实现导游服务。

旅游业发达的国家对图文声像导游极为重视，其各大中城市、旅游景点以及机场、火车站、码头等处都设有摆放着各种印制精美的旅游宣传资料的“旅游服务中心”或“旅游问讯处”，人们可以随意翻阅，自由索取；工作人员还热情、耐心地解答有关旅游活动的各种问题并向问询者提供有参考价值的建议。很多旅游公司通过定期向公众放映有关旅游目的国家（地区）的电影或录像，举办展览会等手段来影响潜在的旅游者。组团旅行社通常在旅游团集合后、出发前，在领队向团员介绍目的地的风俗民情及旅游注意事项的同时，为旅游者放映有关旅游目的地的电影、录像或幻灯片，散发《旅游指南》等材料，帮助旅游者对即将前往游览参观的目的地有一个基本了解。此外，许多博物馆、教堂和重要的旅游景点装备了先进的声像设施，方便客人参观游览并帮助他们比较深刻、全面地理解重要景观内含的深奥寓意和艺术价值，从而获得更多美的享受。随着智慧旅游的广泛应用，各种智慧导游服务平台、手机、App、旅游攻略软件应有尽有，人们在旅游中可以使用的科技手段越来越多，这为导游服务提供了庞大的信息资源和先进的智慧技术，使得导游服务的效率和质量大大提升。

（二）实地口语导游方式

实地口语导游方式，亦称讲解导游方式，包括导游人员在旅游者旅行、游览途中所做的介绍、交谈和问题解答等导游活动，以及在参观游览现场所做的介绍和讲解。

随着时代的发展、科技的进步，导游手段将越来越多样化、高科技化，图文声像导游方式在导游服务中的作用将进一步加强，但与实地口语导游方式相比，图文声像导游方式始终处于从属地位，起着减轻导游人员的负担、辅助实地口语导游方式的作用。实地口语导游不仅不会被图文声像导游方式所替代，而且将永远在导游服务中处于主导地位，其原因有三点。

1. 导游服务的对象是有思想和目的的旅游者

由于社会背景和旅游动机的不同，不同的旅游者出游的想法和目的也不尽相同，有的人会直接表达出来，有的人比较含蓄，还有的人可能缄默不语。单纯依靠图文声像千篇一律的固定模式介绍旅游景点，是不可能满足不同社会背景和出游目的的旅游者的需求的。导游人员可以通过实地口语导游方式掌握旅游者对旅游景点的喜好程度，并在与客人的接触和交谈中，了解他们的想法和出游目的，然后根据他们的不同需求，在对参观游览的景物进行必要的介绍的同时，有针对性、有重点地进行讲解。导游讲解贵在灵活，妙在变化，绝不是一部机器可以完成的，即使是一个高智能的机器人也无法应付。

2. 现场导游情况复杂多变

现场导游情况纷繁复杂，在导游人员对参观游览的景物进行介绍和讲解时，有的旅游者会专心致志地听，有的则满不在乎，有的还会借题发挥，提出各种稀奇古怪的问题。这些情况都需要导游人员在讲解过程中沉着应付、妥善处理。在不降低导游服务质量标准的前提下，导游人员一方面要满足那些确实想了解参观游览地景物知识的旅游者的需求，另一方面要想方设法调动那些对参观游览地不感兴趣的旅游者的游兴，还要对提出古怪问题的旅游者做必要的解释，以活跃整个旅游气氛。此类复杂情况不是现代科技导游手段就可以处理得当的，只有人，而且是高水平的导游人员才能得心应手地应付这种复杂多变的情况。

3. 旅游是一种人际交往和情感交流关系

旅游是客源地的人们到旅游目的地的一种社会文化活动，即通过对目的地社会文化的了解来接触目的地的人民，实现不同国度、地域、民族之间的人际交往，建立友谊。导游人员是旅游者首先接触而且接触时间最长的目的地的居民，导游人员的仪容仪表、言谈举止和导游讲解方式都会给旅游者留下难以泯灭的印象。通过导游人员的介绍和讲解，旅游者不仅可以了解目的地的文化，增长知识，陶冶情操，而且可以通过接触目的地的居民，特别是与其相处时间较长的导游人员，自然而然地产生一种情感交流，即不同国度、地域、民族之间的相互了解和友谊。这种旅游者与导游人员之间建立起的正常的人与人之间的情感关系是提高导游服务质量的重要保证。这同样是高科技导游方式难以做到的。

典型案例

一香港旅行团，一到杭州就刚好遇上绵绵阴雨，客人的情绪十分低落，有的待在下榻的饭店不愿外出游览，带团的导游人员便有意对他们说："这真是天公作美了，一听说远道而来的客人今天要游览西湖就连忙下起蒙蒙细雨。大家还记得苏东坡的那首诗吗？水光潋滟晴方好，山色空蒙雨亦奇，若把西湖比西子，淡妆浓抹总相宜。说实话，各位今天运气真好，碰上大晴天还真难感受到雨中西湖那别具一格的诗画情调呢！"客人一听这话，立刻鼓起掌来，都高兴地上了游览车。

三、导游服务的范围

导游服务的范围是指导游人员向旅游者提供服务的领域，换句话说，就是导游人员业务工作的内容。导游服务工作繁重纷杂，服务范围很广，食、住、行、游、购、娱、出入境迎送、上下站联络、邮电通信、医疗等，几乎无所不包。但归纳起来，导游服务大体可分为三大类，即导游讲解服务、旅行生活服务和市内交通服务。

（一）导游讲解服务

导游讲解服务主要是指旅游者在目的地旅行期间的沿途导游讲解服务、参观游览现场的导游讲解以及座谈、访问和某些参观点的口译服务等。

（二）旅行生活服务

旅行生活服务主要是指旅游者出入境迎送、旅途生活照料、安全服务及旅游目的地的上下站联络等。

（三）市内交通服务

市内交通服务主要是指导游人员在提供以上相关服务的同时兼任驾驶员为旅游者在市内和市郊旅行游览时提供开车服务。

导游人员向旅游者提供的导游讲解服务和旅行生活服务是旅游接待服务的重要组成部分。

首先，从导游讲解服务来说，旅游者到旅游目的地来主要是为了增加对目的地社会文化等方面的了解，获取在目的地的旅游经历。导游讲解服务有助于传播文化、增进了解和陶情怡性。导游人员通过介绍、讲解或翻译，帮助旅游者认识一个国家（地区）和其民族的历史文化、传统风俗、生活方式和现代文明，进而了解他们的精神面貌、价值观念和道德水准，使旅游者对游览地的社会文化和精神风貌有切身体验，获得在旅游目的地的一次难忘的经历和美好的回忆。高质量的导游讲解服务不仅有助于加深旅游者对游览地的了解和对自然景观、人文景观的认识，从而使他们增长知识，获得更多的旅游乐趣和精神享受，还可以在某种程度上弥补生活服务中的某些不足，消除因生活服务的不尽如人意而造成的不愉快。

其次，从旅行生活服务来说，这是目的地旅游接待服务工作不可缺少的一环。在现代旅游中，旅游者以实现享受需求为其出游的主要目的之一。因此，认真做好旅游者的旅行生活服务显得十分重要。在这方面，导游人员是做好旅游者旅行生活服务的重要环节。第一，导游人员除了处理迎送旅游者、帮助旅游者住店离店、安排行李运送、注意保护旅游者安全等日常事务外，还负责与饭店、餐馆、商店等提供旅游接待服务的相关部门进行必要的协调、沟通，使旅游者在旅游期间的生活顺利、愉快。第二，提供令人满意的旅行生活服务，可使旅游者对导游人员产生信赖感，逐渐消除初见时的隔膜和距离。同时，提供热情周到的旅行生活服务，可使旅游生活丰富多彩，旅游者精神轻松愉快、游兴浓郁。旅游者和导游之间关系融洽，有利于旅游者集中精力倾听导游人员的讲解，从而使导游讲解服务取得良好的效果。

趣味导游顺口溜

广东导游夸美味，云南导游赞翡翠；上海导游多长辈，四川导游不怕累；
新疆导游歌甜美，桂林导游说山水；西安导游一张嘴，北京导游走断腿。

第三节　导游服务的性质与特点

一、导游服务的性质

不同的国家和地区，由于社会制度、意识形态、民族文化和经济水平的不同，以及旅游业发展阶段的差异，对导游服务政治属性的认识有所不同。在西方国家，对于绝大多数导游人员来说，导游服务首先是一种谋生的方式。而在一些国家由于企业民族资本性质和发展中国家政府的干预和引导，导游服务并不是一项仅为赚钱的行业，这些国家的旅游部门认为导游是国家的一面镜子。

不管各国各地区在各方面的情况有何差异，但对导游服务性质的认识有几点是基本一致的，即导游服务具有社会性、文化性、服务性、经济性和涉外性。

（一）社会性

导游服务的社会性首先是指导游服务是一种社会职业。在古代的旅游活动中，由于旅游人数很少，充当旅游者的向导只是一种偶然的、临时的工作，不可能以此作为谋生的手段。随着旅游活动的发展，旅游业成为社会经济中的一个行业，以向导、陪同、接待员、讲解员等身份出现的专业人员和导游队伍随之产生，并逐渐成为一种社会职业，成为社会中一部分人谋生的手段。

导游服务的社会性其次是指导游服务是一种社会服务。旅游活动作为一种社会现象，它对促进社会的发展与进步起着非常重要的作用。而导游人员从事的是对旅游活动的主体——旅游者的接待服务，处于旅游接待服务的中心位置，即通过接待四海宾朋、八方来客，推动世界上这一规模最大的社会活动，所以，导游人员所从事的工作本身就具有社会性。

（二）文化性

导游服务的文化性产生于旅游者对异地他乡知识和文化品位的追求。行话说："看景不如听景。"锦绣山川、艺术宝库、文化古迹，只有加上导游人员的解说、指点，再穿插动人的故事，才能活起来，才能引起旅游者更大的兴趣，使人增长知识、领略到异乡风情、享受到审美的乐趣。限于语言和生存环境等方面的不同，旅游者同旅游目的地之间往往存在很大的文化差异，这会成为旅游者欣赏旅游目的地的障碍。为了加强旅游的美感和愉悦程度，旅游者需要通过导游人员的引导和服务，跨越不同的文化范畴，弥合文化差异。因此，导游服务既是传播文化的重要渠道，又是审美和求知的媒介。导游人员的讲解、翻译、与旅游者的日常交谈，乃至一言一行都对旅游者有着极大的影响，也在有意与无意中扩大自己国家、地区、民族的传统文化与现代文明的影响。导游人员为来自世界各国、各民族的旅游者服务，通过引导和生动、精彩的讲解给旅游者以知识、乐趣和美的享受；同时也对各国、各民族的传统文化和现代文明进行兼收并蓄，在有意无意间传播异国文化。

由此可见，导游服务起着沟通和传播精神文明、为人类创造精神财富的作用，直接或间接地起着传播一个国家或地区及其民族的传统文化和现代文明的作用。

（三）服务性

导游服务，顾名思义是一种服务工作。它是围绕旅游者在旅游活动过程中展开的全方位、全过程的服务性工作，工作内容涉及交通、餐饮、娱乐、购物、票证、货币和旅游者其他方面的生活需求。导游服务与第三产业的其他服务一样，属于非生产劳动，是一种通过提供一定的劳务活动来创造特殊价值的劳动。然而，导游服务不同于一般的、简单的技能服务，它是一种复杂的高智能、高技能的综合性的高级服务。

首先，导游服务可以提高旅途生活质量。旅游不同于平常的简单休息，它是一种人类高级消闲休息的形式，是在旅游动机的主导下进行的有目的的享受性、休闲性、娱乐性、提高性的活动，其基本特点之一就是异地性。旅游者身处陌生的环境，如果没有导游人员的服务，他们就会茫然不知所向，只好盲目游览、疲于奔命，这不但不能达到精神休息的目的，还会因为过分疲劳和无奈破坏旅游情绪。对于年迈体弱者，没有导游服务，还会直接影响自己的身体健康。旅游者要自己安排食、住、行，势必会分散游览观光的精力，也会影响旅游观光的顺利进行。有了导游人员的服务，旅游者就可获得事半功倍的旅游效果。即使那些旅游经验丰富而不需要导游的人也往往离不开物化的导游（即旅游指南和各种旅游地的指示）。

其次，导游服务可以促进文化交流，满足心理需求。人是群居动物，渴求一种归属感。旅游者身处他乡异地，满目陌生，很可能希望有对当地情况非常熟悉的人，可以对其在精神上进行抚慰、生活上尽心关照。热情的导游人员，能消除旅游者在旅游中出现的拘谨心理和寂寞感，增强安全感。同时，不熟悉当地的语言和风俗，也会给旅游带来不少麻烦。旅游生活中常有因对当地风俗不了解或因语言不通而造成误会的情况发生。旅游者有时甚至会因不熟悉情况，冒犯当地居民的风俗习惯而发生不愉快的事情，使旅游极为扫兴。因此，帮助旅游者避免上述现象发生的任务，就责无旁贷落在了导游人员的肩上。

（四）经济性

旅行社组合的旅游产品不同于一般的有形商品，它的销售是多次性的，贯穿于旅游全过程，即通过提供综合性服务来实现，而导游服务在其中起着举足轻重的作用。导游服务是导游人员通过向旅游者提供劳务而创造特殊使用价值的劳动。因此，导游服务具有经济属性。

1. 创收外汇，回笼货币

导游服务是一项直接面向旅游者的服务工作。在旅游过程中，导游人员通过为旅游者提供语言翻译服务、导游讲解服务、旅行生活服务以及各种代办服务，收取服务费和手续费。旅行社的产品最终是通过导游工作生产和提供出来的。由此可见，导游服务可以直接为国家建设创收外汇、回笼货币、积累资金。

2. 扩大客源、间接创收

旅游者是旅游业生存和发展的先决条件，没有旅游者，发展旅游业就无从谈起，导游人员也就没有了服务对象。所以，世界许多国家和地区的政府为支持旅游业的发展，不惜投入大量资金和人力，在国内外进行大规模的广告宣传和促销活动，以招徕旅游者。

然而，与广告宣传相比，另一种更为有效的宣传方式则是旅游者的“口头宣传”，即旅游者在旅游目的地参观访问之后，回去向其亲朋好友讲述他在旅游地所受到的接待、旅游经历和体验。这种“口头宣传”不仅向旅游者周围的人传播了旅游目的地的旅游信息，提高了旅游目的地和旅行社的知名度，而且在一定程度上会对其他旅游者今后的旅游流向产生影响。因为，旅游者的亲身体验比任何广告宣传更可靠，更令人信服。所以，导游人员向旅游者提供优质的导游服务，在招徕回头客、扩大客源，以及间接创收方面都起着不可忽视的作用。

3. 因势利导、促销商品

商品和旅游纪念品的开发、生产和促销是发展旅游业的重要组成部分。各国、各地对此都非常重视，并将其视作争夺游客的魅力因素和增加旅游收入的重要手段。据统计，在国际旅游总消费中，用于购物的部分约占消费总额的50%，在新加坡、中国香港等国家和地区的旅游总收入中，销售商品和纪念品的收入甚至已超过了上述比例。而在促销商品过程中，导游人员的作用举足轻重。

4. 牵线搭桥、促进经济交流

我国正在进行大规模的社会主义经济建设，各地都需要资金和先进的科学技术。在来中国旅游的海外人士及在国内的旅游者中，不乏科学家、教授及方方面面的专家和经济界人士，他们中有人希望借旅游之机与各地的同行接触，相互交流信息；或者想通过参观访问，了解合作的可能性以及投资的环境。因此，导游人员在与旅游者交往过程中要做一个有心人，设法了解他们的想法，并不失时机地向旅行社报告，在有关领导的指示下积极牵线搭桥，促进中外及地区间的科技、经济交流与合作，为国家和本地的现代化建设做出应有的贡献。

（五）涉外性

导游人员无论是为海外来华的旅游者提供导游服务，还是为中国公民提供出境陪同服务，两者都具有明显的涉外性。发展海外来华旅游业务是中国旅游业的长期方针，也是一项战略任务。自改革开放以来，随着经济的迅速发展，人民生活水平的不断提高，我国公民出境旅游的发展势头也很强劲。导游人员提供的涉外导游服务的政治意义和所起的民间外交的作用主要表现在宣传中国和发挥民间大使的作用两个方面。

1. 宣传中国

目前中国接待的海外来华旅游者中，绝大多数人都希望了解中国，了解中国的社会制度、建设情况和各族人民的生活，其中也不乏希望深入了解和研究中国的旅游者。因此，帮助来自四面八方的海外旅游者正确认识中国是导游人员义不容辞的责任。同样，导游人员陪同中国公民出境旅游时，目的地的人民也希望从中国导游人员那里了解中国的发展情况。所以，导游人员的导游讲解，甚至一举一动都是在宣传中国。作为中国的导游人员，在进行涉外导游服务时，应有鲜明的政治立场，要以积极的姿态，努力将对外宣传寓于导游讲解、日常交谈和参观游览娱乐中。对于那些希望了解中国的旅游者，更应不失时机地向他们宣传中国。当然，在宣传中，形式要多样化，方法要灵活多变，切忌呆板、僵化、千篇一律和强加于人。

2. 发挥民间大使的作用

旅游活动是当今世界规模最大的民间外交活动。从这个意义上讲，旅游促进了国家之间、地区之间的人际交往，增进了各国、各地区、各族人民之间的相互了解和友谊，消除了因相互隔绝而造成的误解、猜忌，对加强世界各国人民的团结，维护国家安定和世界和平具有重要意义。在这一方面，导游人员起着极为重要的作用。

在旅游者心目中，导游人员是一个国家或地区的代表，是人民的友好使者，是“民间大使”。导游人员可利用旅游活动的群众性、广泛性的特点广交朋友，可利用接触旅游者面广、机会多、时间长、无语言障碍又比较熟悉外国和旅游者等有利条件，与旅游者进行广泛接触，进行思想感情上的交流。事实上，绝大多数中国导游人员以其高尚的思想品德、渊博的知识、精湛的导游技艺、热情的服务态度，为来自五湖四海的旅游者提供了不同凡响的导游讲解服务和富有人情味的旅行生活服务，帮助旅游者认识和了解中国，增进中国与各国（地区）人民的相互了解，在为中国赢得友谊和朋友方面做出了重要贡献，履行着“民间大使”的重任。

了解外国旅游者的需求及其变化，既是导游人员的基本职责之一，也是导游人员做好导游服务工作的需要。因为了解旅游者的社会地位、文化水平、生活习惯、宗教信仰、兴趣爱好等是导游人员安排旅游活动的重要依据；了解对象国（地区）的概况、社会动态、风俗民情、生活方式、礼节习俗等，有助于导游人员给旅游者提供满意、惊喜的导游服务和旅行生活服务；了解旅游者的经济地位和购物需求，有助于导游人员向他们推荐旅游商品，提供购物服务；了解旅游者的情绪和心理状态，有助于导游人员能更有针对性地向他们提供心理服务……上述知识，导游人员虽然可从书本上获得，但是，书本上的只是一般性的理论知识，与具体实际情况存在着一定差距。因此，导游人员只有在同旅游者相处的过程中，从旅游者的言谈举止和对游览景观的兴趣与表现、对购物和参加文娱活动的反映来了解旅游者的需求与爱好，从中发现旅游者需求的变化。这种现场的了解更真实，对于导游人员有针对性地提供导游服务、提高导游服务质量更有帮助；也更有助于改进我国旅游产品的开发、设计，更具针对性地开展旅游宣传、招徕与促销活动。

导游服务的涉外性还要求导游人员对海外有关情况进行调查研究，特别是了解外国游客的需要及其变化，了解外国企业的运作和经营管理模式。

趣味导游顺口溜

放眼全球，献身旅游；广交朋友，其乐无穷。

起得比鸡还早，干得比牛还多；吃得比谁都杂，跑得比马还快。

二、导游服务的特点

导游服务作为一种高智能、高技能的服务工作，具有与服务行业中其他服务不同的特点，归纳起来有四个方面。

（一）独立性强

导游人员在接受了旅行社委派的任务后，独自带团外出，需要具有独当一面的能力。在旅游者的整个旅游活动过程中，往往只有导游人员与他们终日相处，时刻满足他们食、住、行、游、购、娱等方面的需求。导游人员要独立地提供各项服务，特别在回答旅游者政策性很强的问题或处理突发性事故时，常要当机立断，独立决策，事后才能向领导和有关方面汇报。导游人员在导游讲解时，也应有相应的独立性。同一景点，导游人员要根据不同旅游者的不同特征、不同时机进行针对性强的导游讲解，以满足他们的精神享受。导游人员的任务就是这样，必须独立完成，其他人无法代替。导游人员的头脑中必须储存无数资料，并随情况变化不断更新其知识宝库。

（二）脑力、体力劳动高度结合

导游服务是一项脑力劳动与体力劳动高度结合的服务性工作。一方面，由于旅游活动涉及面广，这就要求导游人员具有丰富而广博的知识，如此才能使导游服务工作做到尽善尽美，精益求精。除了掌握导游工作程序外，导游人员还必须具有一定的政治、经济、历史、地理、天文、宗教、民俗、建筑、心理学、美学等方面的基本知识，必须了解我国当前的大政方针和旅游业的发展状况及其有关的政策法规，掌握旅游目的地主要游览点、旅游线路的基本知识；同时，还要了解客源国（地区）的政治倾向、社会经济、风土民情、宗教信仰、禁忌等。导游人员在进行景观讲解、解答旅游者的问题时，都需要运用所掌握的知识和技能来应对，这是一项艰苦而复杂的脑力劳动。所以导游人员要不断学习，不仅在学校里学，而且还要在实践中学，努力扩大知识面，使自己成为“万事通”，并尽力掌握一两门专业知识，成为旅游者敬佩的导游艺术家。另一方面，导游人员的工作量也相当大，除了要在旅行游览过程中进行介绍、讲解，还要随时随地应旅游者的要求，帮助解决问题，事无巨细，也无分内与分外。尤其是旅游旺季时，导游人员往往会连轴转，整日、整月陪同旅游者，无论严寒酷暑，都要长期在外作业，体力消耗大，又常常无法正常休息。因此，导游人员必须具备较强的事业心和良好的体质。

（三）复杂多变

导游服务涉及食、住、行、游、购、娱各个方面。服务内容不仅繁杂，而且变化很大。其复杂性主要表现在四个方面。

1. 服务对象复杂

导游服务的对象是旅游者，他们来自五湖四海，不同国籍、民俗、肤色的人都有，他们职业、性别、年龄、宗教信仰和受教育的情况各异，性格、习惯、爱好等各不相同。导游人员面对的就是这样一个复杂的群体，而且每一次接待的旅游者都互不相同，这就更增加了服务对象的复杂性。

2. 旅游者需求多种多样

导游人员除按接待计划安排和落实旅游过程中的食、住、行、游、购、娱基本活动外，还有义务满足旅游者随时随地提出的各种个别要求，以及解决或处理旅游中随时出现的问题和情况，如旅游者要求会见亲友、传递信件、转递物品，旅游者患病、走失、财物被窃与证件丢失等情况。由于接待对象不同、时间场合不同、客观条件不同，同样的要求或问题也会出现在不同的情况下，这就需要导游人员审时度势、准确判断并妥善处理。

3. 接触的人员多，人际关系复杂

导游人员的工作是与人打交道的工作，其服务的进行触及方方面面的关系和利益。抛开导游人员是旅游目的地国家（地区）的代表不谈，如前所述，导游人员还是旅行社的代表，他们既要维护旅行社的利益，又不能损害旅游者的利益。导游人员除天天接触旅游者之外，在安排和组织旅游者活动时还要同饭店、旅游点、商店、娱乐、交通等部门和单位的人员接洽、交涉，以维护旅游者的正当权益，这自然是一项复杂的工作。单就旅游者而言，由于他们来自不同的国家，有着不同的旅游心愿和文化背景，他们的旅游需求基本一致却又各具特色，导游人员能够面对旅游者提供“CS（custorner success）服务”已是难能可贵。但良好的旅途感受是综合的，导游人员还要处理和协调导游人员中全陪、地陪与外方领队的关系，争取各方面的支持和配合。虽然导游人员面对的这方方面面的关系是建立在共同目标基础之上的合作关系，但是每一种关系的背后都有各自的利益，落实到具体人员身上，情况就更为复杂。因此，导游人员需要具备“十八般武艺”来面对纷繁复杂的人际关系。

4. 要面对各种物质诱惑和“精神污染”

“林子大了什么鸟都有”，导游人员常年直接接触各方旅游者，直接面对各色各样的意识形态、文化观点、价值观念和生活方式，有时还会面临金钱、色情、利益、地位的诱惑，直接面对“精神污染”的机会大大多于常人。常言道“近朱者赤，近墨者黑”，导游人员如果缺乏高度的自觉性和抵抗力，往往容易受其影响。所以，身处这种氛围中的导游人员需要有较高的政治思想水平、坚强的意志和高度的政治警惕性，始终保持头脑清醒，防微杜渐，自觉抵制“精神污染”。

（四）跨文化性

导游人员接待的旅游者来自不同的国家和地区，因此要了解各国、各地区、各民族的传统习惯、禁忌、思维方式、价值观念、思想意识等。只有这样，导游人员才能圆满地完成导游服务工作，并通过这一重要的渠道传播文化。

典型案例

国内某家国际旅行社，曾在杭州订购了一批纯丝绸手帕，名厂名产。每张手帕上绣着花草图案，美观大方，装在特制的纸盒里，盒子上印有旅行社的社徽。在我们看来，这是一份很像样的小礼品。一次，一位导游人员带着盒装的纯丝绸手帕，到机场迎接来自意大利的旅游者。待致完热情、得体的欢迎辞之后，这位导游人员代表他所在的旅行社送给车上每位客人一份包装精美的手帕作为礼品。没想到车上一片哗然，议论纷纷，客人显出很不高兴的样子，特别是一位夫人大声喊叫，表现得极为气愤，还有些伤感。这是为什么呢？原来在意大利和西方一些国家有这样的习俗：亲朋好友相聚一段时间告别时才赠送手帕，取意为“擦掉伤心的眼泪”。人家兴冲冲地刚踏上盼望已久的中国大地，准备开始愉快的旅行，你就让人家擦掉离别的眼泪，当然会招来不快和议论纷纷。那位气愤的夫人之所以大声喊叫，是因为她所得到的手帕上面绣着菊花图案。菊花在中国是高雅的花，但在意大利是葬仪用品，送给死者的物品上面才有菊花图案。人家怎能不愤怒！

三、导游服务在旅游服务中的地位和作用

（一）导游服务在旅游服务中的地位

旅游接待服务是旅游目的地向旅游者实际提供各项旅游服务的过程，也是旅游目的地向旅游者销售的旅游产品最终实现的过程。如果我们把旅游接待过程看作一条环环相扣的链条，那么，向旅游者提供的住宿、餐饮、交通、游览、购物、娱乐等服务分别是这根链条中的一个个环节。正是导游服务把这些环节连接起来，使相应服务的部门和单位的产品和服务的销售得以实现；使旅游者在旅游过程中的种种需求得以满足；使旅游目的地的旅游产品得以进入消费。因而，世界各国的旅游专家把导游服务视为现代旅游业的代表工种，并给予高度的评价。日本旅游专家土井厚认为“任何行业都有代表性的业务，在旅游业中，就是导游服务”。有些旅游界人士将导游服务冠以“旅游业的灵魂”“旅行社的支柱”以及“旅行游览活动的导演”等美称。由此可见，导游服务虽然只是旅游接待服务中的一种服务，然而与旅游接待服务中的其他服务（住宿服务、餐饮服务、购物服务）相比，导游服务无疑居于主导地位。导游服务的质量不仅关系到旅游者的满意程度，而且关系到这些部门和单位提供的产品和服务的价

值的顺利实现，从而关系到旅游目的地旅游业的健康发展。

（二）导游服务在旅游服务中的作用

1. 纽带作用

导游服务是各项旅游接待服务的联系纽带和中间桥梁。导游人员在旅游服务各环节之间相互协作、顾全大局方面，以及在沟通上下、连接内外、协调左右关系方面起着举足轻重的作用。

首先是承上启下的作用。导游人员是国家方针政策的宣传者和具体执行者，代表旅行社执行并完成旅游计划；同时，旅游者的意见、要求、建议乃至投诉，其他旅游服务部门在接待中出现的问题以及他们的建议和要求，一般也是通过导游人员向旅行社转递的，直至上达国家最高旅游管理部门。

其次是连接内外的作用。导游人员既代表接待方的旅行社的利益，又肩负着维护旅游者合法权益的责任；导游人员既有责任向旅游者介绍本国文化，同时又要多与旅游者接触，进行调查研究，了解外国，了解旅游者。

最后是协调左右的作用。导游服务与其他各项旅游服务的服务对象是共同的，因而在目标上、在根本利益上是一致的。然而，它们在服务内容上又各有区别，各部门、各单位又有各自的利益。这种情况决定了它们之间既有相互依存、相互合作的一面，又有相互制约、相互牵制的一面。导游人员作为旅行社派出的代表，对饭店、游览点、交通部门、商店、娱乐场所等企业提供的服务在时间上、质量上起着重要的协调作用。导游人员要通过自己的努力使旅游者在游览过程中的物质补偿及其他生活需求得到满足，而相互协作是导游服务中的生活服务得以顺利进行的重要保障；同时，高质量的生活服务又为导游讲解服务的成功奠定了基础。所以，处理好与各有关部门的相互协作对提高旅游质量至关重要，而导游人员处在各项旅游服务协调的中心位置，所负责任重大。

2. 标志作用

导游服务质量是衡量旅游服务质量最敏感的标志。导游服务质量包括导游讲解质量、为旅游者提供生活服务的质量以及各项旅游活动安排落实的质量。导游人员与旅游者朝夕相处，因此旅游者对导游人员的服务接触最直接，感受最深切，对其服务质量最敏感。虽然旅游服务中其他服务的质量也很重要，对旅游者的旅游活动也会有影响，但除特殊情况外，由于接触时间短，旅游者的印象一般不如对导游服务质量印象深刻。一般来说，如果导游服务质量高，令旅游者感到满意，他们会认为该旅游产品物有所值，而且在满载而归后，以其亲身体验向亲朋好友进行义务宣传，从而扩大旅游产品的销路。同时优质的导游服务还可以弥补其他旅游服务质量的某些不足。而导游服务质量低劣会导致旅游者抱怨和不满，并间接影响其周围的人，从而阻碍旅游产品的销路，这给旅游企业造成的损失是无法弥补的。因此，导游服务的质量直接影响旅游目的地旅游产品的销售情况，甚至关系着国家或地区旅游业的声誉。

3. 反馈作用

在旅游消费过程中，旅游者会根据自己的需要对旅游产品的型号、规格、质量、标准等做出这样或那样的反映。而导游人员在向旅游者提供导游服务的过程中，处在旅游接待的第一线，同旅游者交往和接触的时间最长，因此对旅游者关于旅游产品方面的意见和需求最了解。导游人员可充分利用这种有利条件，根据自己的接待实践，综合旅游者的意见，反馈到旅行社有关部门，促使旅游产品的设计、包装和质量得到不断改进和完善，更好地满足旅游者的需要。

4. 扩散作用

导游服务的质量在很大程度上决定着旅游产品的使用价值，而旅游者又是通过导游人员带领旅游者进行旅游活动的情况来判断旅游产品的使用价值的。因此，优质的导游服务能对旅游目的地的旅游产品和旅行社形象起到良好的传播作用。因为，优质的导游服务质量，会令旅游者感到满意，使旅游者认同旅游产品、旅行社和导游人员，而且会以其亲身体验向亲朋好友进行义务宣传，进而扩大旅游产品的销路。相反，如果导游服务质量不高，则会导致旅游者的抱怨和不满，间接影响到周围的人，从而阻碍旅游产品的销路。

导游服务质量的高低，均会影响旅游产品的销售。不同的是，服务质量高时对产品销售起到正面作用，服务质量低时则对产品销售起到负面作用。

应当指出的是，我们在此重点阐述导游服务在旅游服务中的地位和作用，并不意味着其他各项旅游服务就不重要。其实，旅游服务是一项综合性服务，导游服务只是其中一个重要环节，没有其他各项旅游服务的配合，导游服务也无法做好，旅游产品的价值也不可能充分实现。

请思考

人们为什么选择随团旅游？人们选择随团旅游的最大原因是有人会负责所有的旅行计划，除此以外还有什么原因？

第四节　导游服务的基本原则

导游人员的主要任务是完成旅行社委派的旅游接待事宜，即按照规定的标准或要求具体落实旅游接待计划或旅行社同旅游者达成的约定内容。然而，导游人员在完成接待任务的过程中，必须遵循一些基本的服务原则。这些原则既是长期导游服务实践的科学总结，也是国际旅游组织所倡导的，因而具有指导意义。

一、“宾客至上”原则

“宾客至上”是服务行业的座右铭，在导游服务中，它不仅是一句用来招徕旅游者的宣传口号，更应是旅游接待服务的宗旨、导游人员行动的指南、导游服务工作中处理问题的出发点。

注意

在导游过程中会经常遇到客人提这样那样要求的问题，我们的原则是永远不说“NO（不）”。

“永远不说NO”的原则首先要表现在导游人员的言行上。具体的就是：对客人提出的要求，最好是说“请您如何如何”，而不要说“请不要如何如何”。如果客人对你提出的要求你办不到，那么你最好向他说明你能够为他做什么，而不要只是说你不能为他做什么。如果你不能同意客人的某个建议，那么你最好提出你自己的建议，而不要只是简单地去否定客人的建议。如果某件事还没办妥，当客人问到你的时候，你最好对客人说很快就能办妥，或者告诉客人什么时候能够办妥。在同客人有分歧时，应当是“得理也要让人”。要记住客人是我们服务的对象，不是辩论和争吵的对象。从行动上讲，为了不以“NO”来回答客人，就要千方百计地争取为客人把事情办成办好。

首先，“宾客至上”意味着“顾客第一”“顾客是上帝”。众所周知，服务行业离不开顾客，他们是服务行业存在、发展的前提和基本保证。导游服务同样如此，没有旅游者，导游人员服务的价值就无从体现，旅游产品销不出去，旅行社的收益就无从谈起，也就失去了生存的可能。

其次，“宾客至上”表现在服务人员与顾客的关系上，服务人员要尊重顾客，全心全意地为顾客服务，即“服务至上”。这既是导游人员的一条服务准则，也是导游人员职业道德中最基本的一项道德规范。“服务至上”要求导游人员随时考虑的首先是旅游者的利益和要求，时时、处处关心旅游者，而不能过多地强调自己的困难和旅行社的得失，更不能以个人的情绪来对待或左右旅游者。导游人员只有通过尽心尽力的导游服务，使旅游者享受到应得的服务，才能使导游人员服务的价值体现出来，才能在一定程度上弥补导游工作中的某些差错和旅游服务的一些缺陷，获得旅游者的谅解和尊重。

最后，“宾客至上”表现在导游人员必须为全体宾客服务，为每一位旅游者而存在，即“为大家服务”。导游人员必须明白，旅游团的每一位成员都是自己的服务对象，他们交付了相同的旅游费用，因此，给以他们每一个人同样的待遇是应该的。如果导游人员不是一视同仁，而是偏爱旅游团的一部分人却冷落另一部分人，厚待一部分人但拒绝为另一部分人服务，必然会使旅游团内部关系紧张，也会为导游人员的工作制造障碍和困难。一位合格的导游人员想要顺利地工作，对旅游者的态度应不偏不倚，对每一位旅游者都同样热情、友好、礼貌，提供同样的服务。导游人员坚持“为大家服务”，才可赢得大家的尊重和信赖，才能避免很多不必要的麻烦，在处理问题时也可以防止偏颇。

典型案例

一次，某旅行社欧美部的英语导游人员小陈作为地陪，负责接待一个由说多种语言散客组成的旅游团。旅游团共13人，其中8人说英语，5人说普通话。在旅游车上，小陈用两种语言交替为旅游者讲解。到了一游览点时，小陈考虑到团员中讲英语的人较多，便先用英语进行了讲解，没想到他讲解完毕想用中文再次讲解时，讲中文的旅游者已全都走开了，因而他就没用中文再做讲解。事后，小陈所在旅行社接到了那几位讲中文旅游者的投诉，他们认为地陪小陈崇洋媚外，对待旅游者不平等。

二、维护旅游者合法权益原则

世界旅游组织制定的《旅游权利法案》和我国颁布的《中华人民共和国消费者权益保护法》、国家旅游局发布的《旅行社管理条例实施细则》，以及世界上许多国家的旅游法规都对旅游者的权利及其在旅游目的地应受到的保护做了明确规定。不仅旅行社在招徕旅游者的过程中必须遵守相关规定，而且导游人员作为旅行社的代表，在提供具体的导游服务时更要不折不扣地遵守规定，将维护旅游者的合法权益作为自己的行为准则。

旅游者的合法权益主要有八个。

（一）旅游自由权

旅游自由权包括旅行自由权和逗留权。前者是指旅游者在不违背现有法律规定和履行了必要手续的前提下，可以根据自己的意愿前往各地旅行，其旅行方式、旅行时间和旅行地点均不受任何不合理事项干预；后者是指旅游者在旅游目的地或中途地有合法停留的权利，其停留的时间、方式、地点不应受到不合理的限制。总之，在法律允许的范围内不受约束地自由旅行是每个人的权利。

（二）旅游服务自主选择权

旅游服务自主选择权是指旅游者有权自行选择从事旅游经营的企业、旅游线路、旅游项目和服务等级等，不受任何部门、企业、单位和个人的干预。

（三）旅游获知权

旅游获知权是指旅游者在接受旅游服务时，享有获得包括服务内容和其他相关信息的权利，旅游经营企业有向旅游者提供真实情况和信息的义务。如旅游者接受导游服务时，导游人员有如实向旅游者介绍有关景区、景点知识和相关知识的义务；旅游经营企业对旅游者就其服务项目和服务质量提出的咨询应给出真实明确的答复；对旅游地可能引起旅游者误解或产生冲突的法律规定、风俗习惯、宗教信仰等，导游人员应当事先给旅游者以明确的说明和忠告等。

（四）旅游公平交易权

旅游公平交易权是指旅游经营企业在同旅游者签订旅游服务合同或进行交易时，应遵循公正、平等、诚实、信用的原则，不得有强制、欺诈、违反公平的内容和行为。旅游者对交易的旅游商品和服务不满意时，有拒绝购买或签约的权利。如旅行社因故不能成团，将已签约的旅游者转让给其他旅行社时须征得旅游者的书面同意；未经书面同意，擅自将旅游者转让给其他旅行社的，应当承担相应的法律责任。旅游经营企业所提供的服务项目应明码标价，质价相符，不得有价格欺诈行为。

（五）依约享受旅游服务权

依约享受旅游服务权是指旅游者有享受旅游合同约定的服务的权利。旅游经营企业和导游人员应按约定的日期、线路、交通工具、旅游活动项目等提供符合标准的服务。旅游者对强加的计划外的项目有拒绝权。

（六）人身和财物安全权

在旅游活动过程中，旅游者享有其人身和财物安全不受侵犯的权利，它是旅游者应享有的最基本的权利。旅游经营企业和导游人员应当对旅游者提供符合保障旅游者人身、财物安全需要的服务。对有可能危及旅游者人身、财产安全的项目，导游人员应当向旅游者做出真实的说明和明确的警示，并采取防止危害发生的措施。

（七）医疗、求助权

旅游者在旅游期间如果有患病、受伤等情况发生，有权享有与当地居民同等待遇的医疗服务权。旅游经营企业和当地医疗机构应尽其可能，提供最优良的卫生和医疗条件，以及处理传染病和意外事故的预防措施。旅游者在旅游期间遇到困难时，有请求获得帮助的权利。

（八）求偿权和寻求法律救援权

旅游者在其合法权益受到损害或侵犯时，有向有关部门投诉和要求有关旅游经营企业或保险公司赔偿的权利。如果旅游者的要求得不到满足，其有权在当地寻求各种可行的法律支持，或者直接向法院提出诉讼。

典型案例

某旅游团从中国内地前往泰国旅游，泰国某旅行社以极低价格接待，泰国地陪为弥补损失，增加自己收入，与中国领队商议，利用旅游者对泰国不熟悉且语言不通等特点，将行程内的“玉佛寺”旅游景点取消，代之以一个大门外有一尊碧绿色大佛的购物商店。两人串通向客人谎称这里就是“玉佛寺”，而两人将省下的门票款及多加一个购物商店的提成费私分。客人返回国内后得知真相，向国内所在城市旅游局提起了投诉。

三、规范化服务与个性化服务相结合原则

规范化服务又称标准化服务，它是由国家和（或）行业主管部门所制定并发布的某项服务（工作）应达到的统一标准，要求从事该项服务（工作）的人员必须在规定的时间内按标准进行服务（工作）。目前我国关于导游服务已经发布和实施的国家标准和行业标准有三个：一个是 1995 年 12 月发布、1996 年 6 月 1 日实施的《导游服务质量》的国家标准；一个是由中华人民共和国国家旅游局于 1997 年 3 月 13 日发布、1997 年 7 月 1 日实施的《旅行社国内旅游服务质量要求》的行业标准；还有一个是 2002 年 7 月 27 日发布并实施的《旅行社出境旅游服务质量》的行业标准。它们是旅行社和导游人员招徕旅游者，并为其提供导游服务的基本要求和质量保证。

个性化服务也可称之为特殊化服务，或者超常服务、细微服务，它是导游人员在执行国家、行业标准规定的要求和旅行社与旅游者之间的约定之外，按照旅游者的合理要求而提供的服务。个性化服务的内容和项目在导游服务中俯拾皆是，如团队中有旅游者提着行李箱走过来，未等其开口，导游人员就已主动迎上去，代为提拿上楼梯；一旦遇到个别旅游者患急性病，导游人员千方百计地联系医院进行抢救，在病人住院期间，导游人员端饭送水不分昼夜、不辞辛劳地伺候在病人身边，真可谓“不是亲人，胜似亲人”。

导游服务是旅行社向旅游者提供的各项服务的一个重要方面。然而，按照上述的国家标准和行业标准进行的导游服务并不等于优质的导游服务。因为规范化的服务只能满足旅游者共性的需求，对于旅游者个性化的需求则显得力不从心。一般而论，旅游者对导游人员所提供的规范化服务的反应是不热烈的，因为他们觉得他们每个人都为此次旅游交纳了费用，这些一般的例行性的服务是完全应该提供的。相反，他们对导游人员针对旅游者的个别要求提供的个性化服务都是很赞赏的。个性化服务的内容和项目是超出旅游者期望的，它使旅游者看到自己和导游人员之间的关系并不纯粹是金钱买卖关系，更能体现出社会新型的人际关系，充满了人情味，因此它能密切导游人员和旅游者的关系，加深彼此间的友谊，充分体现出导游人员全心全意为旅游者服务的精神。规范化服务与个性化服务的结合是提供优质导游服务的根本。

典型案例

某年 8 月的一天，西安的导游江先生接待了一个 20 人的旅游团。在参观兵马俑的时候，他发现一位老人上厕所的次数十分频繁，而且对厕所卫生状况的要求也很高，厕所不干净或人多，他还不愿进，急时还尿裤子。经了解，原来是由于连日的旅游活动比较辛苦，加上他尿频的毛病，所以他这几天上厕所次数明显增多。于是除了观看一些重要的景点外，江先生都让他在车上多休息，不让他走太多的路。游览途中，江先生还特意在路过的饭店、商店门前停车，安排大家去卫生条件好的洗手间方便。每到一处，他总是提醒这位老人先去上厕所。回到饭店后，他又陪同老人去一家医院看病，为他开了一些医治尿频的药。由于采取了积极的措施，老人在以后的游览过程中没有再尿裤子，精神也好多了。

思考与练习

1. 导游服务是怎样产生的？中国第一家旅行社由谁在何时、何地创办？

2. 从导游服务的发展历程来看，导游服务与旅游、旅游业之间存在怎样的关系？导游服务会被其他的服务方式取代吗？为什么？

3. 什么是导游服务？导游服务的范围包括哪些？

4. 导游服务分为几种类型？

5. 为什么实地口语导游方式不仅不会消失，而且将越来越重要？

6. 导游服务具有哪些特征？其“复杂多变”表现在哪些方面？

7. 为什么导游服务能在扩大客源方面起重要作用？

8. 导游服务的性质是什么？怎样理解“导游服务是传播文化的重要渠道”？

9. 在旅游接待服务中，导游服务起着什么作用？

10. 导游服务应遵循哪些原则？

实训练习

1. 用案例及实证分析，训练学生对导游服务正确的认识和理解。

2. 教师带领学生参观一处当地景区（点），让学生了解导游服务的基本内容。

第二章 导游人员

引 言

周敏和陈实两人想考导游资格证，但听说通过导游资格考试很难，报考费用也要好几百元钱，就有些犹豫不决，决定去咨询已经在旅行社兼职的师兄。

周敏：师兄，我想报名参加今年的导游资格考试，我马上就要毕业了，万一毕业后找不到很理想的工作，还可以到旅行社当导游。听说拿了导游证，以后在全国各大景点旅游都不用买门票，如果是这样的话，即使不当导游也值呀。而且，听说做导游很挣钱，工作内容也很简单，就是带带路，随便讲讲这个石头像什么，那个山有什么传说的，然后就是不停地带大家去购物。

陈实：我倒是不想当导游，要一天到晚爬山钻洞满天飞，那哪成啊。而且听别人讲，导游人员是吃青春饭的，要是将来找不到团带就惨了。我想到旅行社做计调，听说旅行社里的计调工作是最重要的。

【学习目的】

本章要求学生了解导游人员的从业条件，重点掌握导游人员的分类、职责以及基本素质。通过学习，学生要了解国家对导游服务从业人员的相关规定和要求。

【主要内容】

· 导游人员的概念与分类

导游人员的概念　导游人员的分类

· 导游人员的资格获取

导游资格证书的获得　导游证的申办

· 导游人员的职责

导游人员的基本职责　出境旅游领队、全陪、地陪和景点景区导游人员的职责

· 导游人员的职业道德和行为规范

导游人员的职业道德　导游人员的行为规范

· 导游人员的职业素质

良好的思想品德　渊博的知识　较强的独立工作能力和创新精神　较高的导游技能 竞争意识和进取精神　身心健康　得体的仪表、仪态

第一节　导游人员的概念与分类

一、导游人员的概念

在旅游活动中，人们通常将导游一词理解为导游服务和导游人员的总称，或者将导游服务和导游人员简称为导游。从一般意义上讲，导游人员是指那些为旅游者在旅行、游览活动中提供向导、讲解服务和生活服务的人员。随着旅游业的发展，导游服务专业化程度的提高，许多国家越来越重视导游服务质量管理，对导游人员的资格有了较为严格的规定，对导游人员的概念也有了更加明确的界定。

于1987年11月14日国务院批准、1987年12月1日国家旅游局发布的《导游人员管理暂行规定》中规定，导游人员是指“为旅行者（包括旅游团）组织安排旅行和游览事项，提供向导、讲解和旅途服务的人员”。

于1995年12月22日国家技术监督局发布、1996年6月1日实施的《中华人民共和国国家标准导游服务质量》（GB/T 15971—1995）中规定，导游人员是指“持有中华人民共和国导游资格证书、受旅行社委派、按照接待计划，从事陪同旅游团（者）参观、游览等工作的人员”。

于1999年5月14日国务院修订发布、1999年10月1日起施行的《导游人员管理条例》中规定，导游人员是指依据《导游人员管理条例》的规定“取得导游证，接受旅行社委派，为旅游者提供向导、讲解及相关旅游服务的人员”。

由以上关于导游人员的法定概念可见，导游人员这一概念包含三层含义：

（1）导游人员是依照《导游人员管理条例》的规定取得导游证的人员。导游证是国家准许从事导游工作的证件。依法取得导游证的导游人员不同于日常生活中泛称的导游。

（2）导游人员从事导游活动，必须经旅行社委派。

（3）导游人员是为旅游者提供向导、讲解及相关旅游服务的人员。所谓“向导”，一般是指为他人引路、带路，而“讲解”则是指为旅游者解说、指点风景名胜，至于“相关旅游服务”一般是指为旅游者代办各种旅行证件，代购交通票，安排旅游住宿、旅程就餐等与旅行游览有关的各种服务。

小常识

电子导游证作为导游执业证，以电子数据形式保存于导游个人的移动电话等移动终端设备中。导游执业使用电子导游证，旅游执法检查等工作依托电子导游证开展。通过扫描电子导游证上的二维码，我们可以获知导游的身份信息、执业信息、社会评价、奖惩信息等。

2017年3月起，各地陆续组织导游登录平台申请电子导游证，同年6月30日原有IC卡导游证停止使用。

二、导游人员的分类

导游人员是以旅游者为工作对象，以指导参观游览、沟通思想为主要工作方式，以安排旅游者的食、住、行、游、购、娱为主要任务，以增进相互了解和友谊、为国家建设积累资金为工作目的的接待服务人员，也是进行民间外交和地区间横向联系的一线工作人员。导游人员由于业务范围、业务内容的不同，服务对象和使用的语言各异，其业务性质和服务方式也不尽相同。

（一）按业务范围划分

按照业务范围，我国导游人员可以分为以下四种类型：

1. 出境旅游领队

出境旅游领队是指依照《出境旅游领队人员管理办法》规定取得出境旅游领队证，接收具有出境旅游业务经营权的国际旅行社的委派，全权代表该旅行社带领旅游团从事出境旅游业务的工作人员。

从业务范围看，出境旅游领队是指率领中国公民到海外旅游，并为其提供全程导游服务的工作人员。

2. 全程陪同导游人员

全程陪同导游人员简称全程陪同或全陪，是指“受组团旅行社委派，作为组团社的代表，在领队和地方陪同导游人员的配合下实施接待计划，为旅游团（者）提供全旅程陪同服务的导游人员”（见《中华人民共和国国家标准导游服务质量》GB/T 15971—1995）。组团旅行社是指接受旅游团（者）或海外旅行社预订，制订和下达接待计划，并可提供全程导游服务的旅行社。

从业务范围看，全程陪同导游人员是指率领海外来华旅游者或中国旅游者在中国境内旅游，并为其提供全程导游服务的工作人员。

3. 地方陪同导游人员

地方陪同导游人员简称地方陪同或地陪，是指“受接待旅行社委派，代表接待社实施接待计划，为旅游团（者）提供当地旅游活动安排、讲解、翻译等服务的导游人员”（见《中华人民共和国国家标准导游服务质量》GB/T 15971—1995）。接待旅行社是指接受组团社的委托，按照接待计划委派地方陪同导游人员负责组织安排旅游团（者）在当地参观游览活动的旅行社。

从业务范围看，地方陪同导游人员是指接待海外来华旅游者或中国旅游者在其工作的地区旅游，并为其提供当地导游服务的工作人员。

4. 景点景区导游人员

景点景区导游人员亦称讲解员，是指在旅游景点景区，如博物馆、自然保护区等为旅游者进行导游讲解的工作人员。

从业务范围看，景点景区导游人员是指接待海外来华旅游者或中国旅游者在其工作的景点景区旅游，并为其提供该景点景区导游服务的工作人员。

（二）按职业性质划分

按照职业性质，我国导游人员可分为以下两种类型：

1. 旅行社专职导游人员

旅行社专职导游人员是指在一定时期内受聘于某家旅行社，以导游工作为其主要职业的导游人员。这类导游人员为旅行社正式员工，并由旅行社支付劳动报酬，缴纳社会保险费用。

2. 社会导游人员

（1）自由执业导游人员。自由执业导游人员是以导游工作为主要职业，但并不受雇于固定的旅行社，而是通过签订临时劳动合同为多家旅行社服务，或者是通过导游自由执业平台为散客提供导游服务的人员。

（2）兼职导游人员。兼职导游人员亦称业余导游人员，是指符合导游人员必备的资格条件，被旅游接待单位聘用，在本职工作以外利用业余时间从事导游工作并取得报酬的导游工作人员。

目前这类人员分为两种：一种是通过了国家导游资格统一考试，并取得导游证而从事兼职导游工作的人员；另一种是具有特种语言能力受聘于旅行社，领取临时导游证临时从事导游活动的人员。

（三）按导游使用的语言划分

按照导游使用的语言，我国导游人员可分为以下两种类型：

1. 中文导游人员

中文导游人员是指能够熟练使用汉语普通话、地方方言或少数民族语言，从事导游业务的人员。这类人员的主要服务对象是国内旅游中的中国公民和入境旅游中的香港、澳门、台湾同胞以及华侨、外籍华人。

2. 外语导游人员

外语导游人员是指能够熟练运用外语从事导游业务的人员。这类人员的主要服务对象是入境旅游的外国旅游者和出境旅游的中国公民。

（四）按技术等级划分

1. 初级导游人员

《中华人民共和国旅游法》中规定，“参加导游资格考试成绩合格，与旅行社订立劳动合同或者在相关旅游行业组织注册的人员，可以申请取得导游证。”也就是说，只要通过国家旅游局组织的导游资格考试，获得导游人员资格证书，并进行岗前培训，与旅行社订立劳动合同或在相关旅游行业组织注册后，才可以自动成为初级导游人员。

2. 中级导游人员

凡取得初级导游证满 3 年，或者具有大专以上学历的取得初级导游证满 2 年，申报前实际带团不少于 90 个工作日，业绩明显，考核、考试合格者都可以晋升为中级导游人员。初级中文导游和中级中文导游报考中级外语导游的，需具备所报考语种大专以上学历。

3. 高级导游人员

凡取得中级导游人员证书满 3 年，并且在申请前 3 年内以中级导游人员身份带团至少 90 个工作日以上，业绩突出，水平较高，在国内外同行和旅行商中有一定影响，考核、考试合格者都可以晋升为高级导游人员。高级导游人员要求本科及以上学历或旅游类及外语类大专学历。

4. 特级导游人员

凡取得高级导游人员资格 5 年以上，业绩优异，有突出贡献，有高水平的科研成果，在国内外同行和旅行商中有较大影响，经考核合格者都可以晋升为特级导游人员。

第二节　导游人员的资格获取

导游证是国家准许从事导游工作的证件，取得导游证是从事导游活动的前提。导游证的设立，是为了维护旅行社声誉，保证导游服务质量，便于旅游行政管理人员监督检查。我国导游职业资格准入制度是由资格考试制度和导游证制度两部分有机结合而成的。

一、导游资格证书的获得

根据《导游人员管理条例》的规定，具有高级中学、中等专业学校或以上学历，身体健康，具有适应导游需要的基本知识和语言表达能力的中华人民共和国公民，均可报名参加全国导游人员资格考试。考试由各省级旅游行政主管部门组织实施，包括笔试和现场考试（面试）两项内容。经考试合格的，由国务院旅游行政部门或国务院旅游行政部门委托省、自治区、直辖市人民政府旅游行政部门颁发导游人员资格证书。

小提示

导游人员资格考试分为中文与外语两大类，考生可根据自身情况选择报考类别。建议：一般考生可先报考中文普通话或方言类的，获得资格证书后，第二年再加试一门个人喜欢的外语语种的现场导游即可。

通常而言，中文普通话的讲解水平较高，又掌握一门外语（以英语为主），还会一门小语种，即具有两门外语能力的导游人员的竞争力比较强。

二、导游证的申办

我们通过考试取得导游人员资格，只是证明自己已经具备从事导游业务的知识水平和技能要求，而要实际从事导游活动还需要符合其他的条件，也就是说，取得导游人员资格证书并不意味着就可以从事导游活动了。取得导游人员资格证书的，经与旅行社订立劳动合同或在相关旅游行业组织注册，方可持所订立的劳动合同或注册证明材料，向省、自治区、直辖市人民政府旅游行政部门申请领取导游证。

根据《导游管理办法》的规定，有下列情形之一的不得颁发导游证：

（1）无民事行为能力或限制民事行为能力的；

（2）患有甲类、乙类以及其他可能危害旅游者人身健康安全的传染性疾病的；

（3）受过刑事处罚的，过失犯罪的除外；

（4）被吊销导游证之日起未逾 3 年的。

小提示

根据国家旅游局的相关文件规定，导游资格证书、等级证书、导游证、旅行社经理资格证书等在全国旅游行业内都有效，可通用。各旅游景点不得以任何理由阻止持导游证的人员正常带团进入本景点从事导游业务。持外省核发导游资格证书或导游等级证书的人员到当地旅游局办理导游证，当地旅游局不得拒绝办理。为了保证导游人员的素质，当地旅游局对持外省资格证书、等级证书的人员在办理导游证前可视情况组织培训，或者加试“地方导游基础知识”或“现场导游”内容。现实中，也有些省份并不要求加试。

第三节　导游人员的职责

一、导游人员的基本职责

各类导游人员由于其工作性质、工作对象、工作范围和时空条件各不相同，职责重点也有所区别，但他们的基本职责是相同的，就是为旅游者提供良好的导游讲解和旅行服务。每位导游人员各司其职、各负其责都是为了能圆满完成整个旅游团队的接待任务。国家旅游局于 1987 年 11 月 30 日发布的《导游人员管理暂行规定》第五条规定，导游人员的主要职责是：

（1）接受旅行社分配的导游任务，按照接待计划，安排和组织旅行者参观、游览；

（2）负责向旅行者导游、讲解，传播中国文化；

（3）配合和督促有关部门安排旅行者的交通、食宿，保护旅行者的人身和财物安全等事项；

（4）反映旅行者的意见和要求，协助安排会见、座谈等活动；

（5）解答旅行者的问讯，协助处理旅途中遇到的问题。

二、出境旅游领队、全陪、地陪和景点景区导游人员的职责

一个标准的、规范的、完整的旅游接待过程应该是由全程陪同导游人员、地方陪同导游人员、海外领队共同参与、共同配合才能完成的。同为导游人员正是由于职责分工、工作重点的不同，才有了各自特有的名称。他们虽然代表各自不同的旅行社，但他们却有着共同的工作对象、共同的工作任务和共同的努力目标。只有各导游人员

相互配合、协作和体谅，才能保证旅游团队的接待任务顺利完成。

（一）出境旅游领队的职责

出境旅游领队是经国家旅游行政主管部门批准组织出境旅游的旅行社的代表，是出境旅游团队的领导者和代言人。他在团结旅游团全体成员、组织旅游者完成旅游计划方面往往起着全陪、地陪无法起到的作用。其具体职责是：

（1）担任“跨国全程陪同”，陪同旅游团从出境到返回家乡的全部旅游活动过程；

（2）落实旅游合同，充当旅游团的代言人，维护旅游团的正当权益；

（3）做好中外双方组团社之间的联络工作，转达旅游者的建议和要求；

（4）做好旅游团的组织工作，维护旅游团内部的团结；

（5）配合旅游目的地国家或地区的导游人员的工作，保证旅游活动顺利进行。

（二）全陪导游人员的职责

全陪导游人员是组团旅行社的代表，对所率领的旅游团（者）的旅游活动负有全责，其职责重点在于从总体上把握旅游团的整个旅游计划的贯彻落实。其具体表现为：

（1）贯彻合同约定的接待方针和接待规格，落实各地接待社的接待准备工作和各项服务工作；

（2）负责组团社与各地接待社之间的通气、联络，掌握旅游活动的连贯性、一致性和多样性；

（3）协调旅游团在各地的旅游活动，听取旅游者的意见，维护旅游者旅游过程中的人身和财物安全；

（4）协助领队和地陪处理各项事务，共同做好接待工作；

（5）与地陪一起维护东道国的利益，向旅游者介绍中国（地方）文化和旅游资源，并开展市场调研，协助开发、改进旅游产品的设计和市场促销。

（三）地陪导游人员的职责

地陪导游人员是接待旅行社的代表，是旅游接待计划在当地的执行者。其工作的责任最大、处理的事务最多、所起的作用最关键。其具体职责是：

（1）严格按照接待计划做好旅游团在本地（站）的迎送工作；

（2）做好旅游团在参观游览过程中的导游讲解工作；

（3）负责落实计划内的食宿、购物、文娱等活动的安排；

（4）与领队、全陪密切配合，共同做好旅游接待工作，维护旅游者在当地旅游过程中的人身和财物安全，做好事故防范和安全提示工作；

（5）妥善处理各方面的关系和在本地出现的问题。

（四）景点景区导游人员的职责

景点景区导游人员的主要业务是从事所在景点景区的导游讲解工作。景点景区导游是导游服务的一个组成部分，包括旅游区、自然保护区、博物馆、纪念馆、名人故居等地的导游服务。导游人员应通过其讲解，使旅游者对该景区景点或参观地的全貌和主要特色有较为全面的了解，并增进其对保护生态环境、文物古迹意义的认识。其具体职责包括：

（1）负责所在景区景点的导游讲解，解答旅游者的问询；

（2）提醒旅游者在参观游览过程中注意安全，并给予必要的协助；

（3）结合景物向旅游者宣讲环境、生态和文物保护知识。

趣味导游顺口溜

亲近游客，自然轻松；赞美游客，友好沟通；笑话故事，幽默其中；
服务周到，认真用功；服务流程，不紧不松；注意细节，有始有终；
特色服务，超越时空；超常服务，补错立功；尊老爱幼，优良作风；
计划周密，成竹在胸；知识渊博，态度谦恭。

第四节　导游人员的职业道德与行为规范

导游作为一种职业具有其自身的特点，这些特点决定了导游从业人员应遵守的职业道德和行为规范。

一、导游人员的职业道德

导游人员的职业道德是导游人员在其职业活动中应该遵循的、与其职业活动相适应的道德规范，以及由此形成的道德观念、道德情操和道德品质等，是人们评价和判断导游人员职业道德行为的标准。

1996 年 11 月，国家旅游局下发了《关于加强旅游行业精神文明建设的意见》，明确规定了旅游从业人员的职业道德规范：

爱国爱企　自尊自强
遵纪守法　敬业爱岗
公私分明　诚实善良
克勤克俭　宾客至上
热情大度　清洁端庄
一视同仁　不卑不亢
耐心细致　文明礼貌
团结服从　大局不忘
优质服务　好学向上

具体到导游人员的职业道德，本书根据国家旅游局提出的旅游职业道德，略做归纳，就其精髓进行简单阐述。

（一）爱国敬业、忠于职守

国家旅游局文件曾指出：导游人员必须是热爱祖国的，他不仅自己是坚定的爱国主义者，而且要通过自己的讲解和服务，使来华访问的旅游者深深体会到中华民族的自尊心和自信心。这就要求导游人员必须树立起坚定的爱国心，要热爱祖国、热爱家乡、热爱社会主义制度，要努力将个人利益和国家利益融合起来，将导游服务工作与社会主义建设事业结合起来，要有历史使命感和社会责任感。

爱国主义要求导游人员做到：

（1）坚持祖国和人民的利益高于一切；

（2）自觉维护祖国的独立、完整、统一和尊严；

（3）自觉维护祖国各族人民的安定团结；

（4）自觉为祖国的繁荣昌盛奋发进取；

（5）有民族自尊心和自信心。

同时，导游人员要热爱自己从事的导游服务工作，乐于为广大旅游者服务，树立真心实意为旅游者服务的思想，要有很强的服务意识，要热情周到地为旅游者服务，努力使他们高兴而来、满意而归，要忠于职守、认真负责、勤恳工作、尽职尽责，并且以做好本职工作为自己最大的快乐。导游人员还要将自己融于集体之中，依靠集体，时时处处以大局为重，与其他旅游接待部门的工作人员通力合作，共同为旅游者提供高质量的旅游服务。

（二）诚实守信、宾客至上

诚实守信是中华民族的传统美德，是社会主义职业道德的主要标志之一。古人云："人无忠信，不可立于世。"诚实守信是人生的命脉，是做人、做事的根本，同时也是个人修养的基础。导游人员在为旅游者服务时，要视游客为朋友，要维护他们的利益，保护他们的安全；在游客面前，办事、做人要表里如一、言行一致，要真实诚恳、公平守信；在与游客交往时，要与人为善、遵守时间、信守诺言；在处理各种问题时要秉公办事、坚持原则、光明磊落、不牟私利、不徇私情。总之，导游人员应该坚决反对不讲信誉、不计后果的为人处世方式，努力维护自己的信誉，提高自己的信誉。

"宾客至上"是服务行业的座右铭，国际上许多学者把"好客"视为旅游业的重要资源。"宾客至上"就是要求导游人员在服务过程中始终将旅游者放在首位，一切为旅游者着想，努力满足旅游者合理、正当的要求，维护他们的合法权益。

（三）文明礼貌、优质服务

"文明礼貌、优质服务"是旅游职业道德的集中表现，也是衡量每一位旅游从业人员工作优劣最重要、最基本的标准。

文明礼貌是社会公德的重要内容，也是导游人员职业道德不可或缺的组成部分，更是服务行业一项极为重要的道德准则和行为规范。优质服务应该是规范化服务与个性化服务、细微服务完美结合的服务；应该是真诚、高效率的服务；应该是具有特色、富有魅力的服务；应该是有针对性、富有人情味的服务。每个导游人员都应该具备很强的服务意识，在导游服务过程中，做到"德诚于中，礼形于外"，对待旅游者要源自内心的真诚，要举止端庄、讲话和气、态度友善、服务周到；坚决克服导游服务中的"冷、硬、顶"，粗心大意、办事拖拉、推卸责任等消极现象，尽心、尽力、尽职、尽责，精益求精，努力为旅游者提供高质量的导游服务，努力使旅游者满意，感到宾至如归。

（四）一视同仁、不卑不亢

“一视同仁、不卑不亢”是爱国主义、国际主义在导游服务过程中的具体体现，是国际交往、人际关系的重要行为准则之一。

一视同仁是平等观念的集中体现，它要求导游人员对不同国籍、不同民族、不同肤色、不同地区、不同消费层次的旅游者及同一团队中的每一位客人，没有亲疏差别，均以热情友好的态度相待，切忌厚此薄彼，以地位取人、以貌取人、以钱取人、以肤色取人，反对崇洋媚外。

不卑不亢是爱国主义和国格、人格的具体表现，它要求导游人员在接待工作中，既要谦虚谨慎、稳重大方、尊重客人、热情友好，尽到自己的职业责任，又要自尊自爱、自信自强，表现出导游人员的主人翁精神。在旅游者面前或低三下四、卑躬屈膝，或趾高气扬、傲慢自大，都是导游人员行为之大忌。

（五）遵纪守法、顾全大局

遵纪守法，就是要自觉遵守组织纪律和国家的法律、法规。旅游活动接触面广、流动性大、享受性强、消费档次高，导游人员在这样的环境中常常受到来自各方面的诱惑，这就要求导游人员遵守国家的法律、法令，严格执行旅游行业和所在旅行社的各项规章制度，自觉以国家利益和集体利益为重，不做假公济私、损公肥私、徇情枉法之事。要努力将“道德”与“法治”紧密结合，不断提高职业道德素质，提高自己的思想道德境界，自觉运用社会主义道德原则和规范来指导自己的言行。同时树立高度的法制观念，反对行业不正之风，自觉抵制形形色色的“精神污染”。

导游服务是一项关联性强的服务行业，它由食、住、行、游、购、娱等各个环节的服务构成，每个环节的高质量服务就构成了优质的导游服务。所以，每个环节的服务都起着至关重要的作用，缺少其中任何一项都意味着旅游企业违背了服务承诺，而其中任何一项服务不到位都会影响高质量的导游服务的形成，使旅游业的声誉受到损害。顾全大局是旅游业内部处理同事之间、部门之间、行业之间，以及局部和整体、眼前和长远利益之间相互关系的道德行为准则，也是旅游业发展的可靠保证。导游人员在导游服务中，应该要处理好与有关旅行社及其他接待单位的关系，地陪、全陪、领队、司机及其他接待人员之间要团结协作、相互配合、相互支持；要有远大的目光，努力摆正国家、集体和个人之间的关系；遇到特殊情况、突发事故时，能够从大局出发，通力协作，迅速妥善处理，不搞本位主义，反对以邻为壑，反对互相扯皮、推诿责任，在旅游业内部建立起团结友爱、平等互助的新型人际关系。

（六）钻研业务、提高技能

钻研业务、提高技能是旅游行业一项重要的职业道德规范，也是为旅游者提供高水平、高质量服务的关键。钻研业务、提高技能对于导游人员的基本要求就是刻苦钻研、不断进取，掌握过硬的基本功，努力扩大知识面，把掌握和提高职业技能作为自己义不容辞的道德义务。导游人员只有具备丰富的业务知识和高超的职业技能，才能使自己的服务水平提升到更高层次。对于那些在工作中不思进取、不求上进和满足于一般化的思想都应在职业道德建设中加以克服。

典型案例

文花枝是湖南省湘潭市新天地旅行社的一名普通导游，从事导游职业两年多。2005 年 8 月 28 日，文花枝所带领的旅游团队遭遇特大交通事故，造成 6 人死亡，22 人受伤（其中 5 人重伤）的严重后果，她本人也身负重伤。在等待救援的过程中，她不断用从容的声音鼓励旅游者坚持，当救援人员赶到现场时，处于援救有利位置的她，在生死关头镇定地对施救人员说"我是导游，先救游客!"文花枝把宝贵的救援机会让给了旅游者，自己却因延误了最佳救治时机永远失去了左腿。

二、导游人员的行为规范

为了保护国家利益，维护祖国的尊严和中国导游队伍的荣誉，为了确保导游服务工作的顺利完成，发展我国的旅游事业，每个导游人员都必须具有很强的法纪观念，时时处处遵纪守法，自觉用导游人员必须遵守的纪律和守则约束自己的行为。

（一）严守国家机密，坚持"内外有别"原则

（1）导游人员要严守国家机密，在接待入境旅游者时要坚持"内外有别"原则。

（2）在参观企业、科研单位时，外语导游人员要特别注意避免泄露国家情报。

（3）在旅游者面前，导游人员不谈论内部情况；在涉外场合，不携带内部文件；注意企业机密，不泄露其旅游团的收支细目。

（4）不带旅游者到不对外开放的单位和地区参观游览，未经允许不带旅游者到导游人员的办公室。

（5）导游人员要时时处处以国家利益为重，保护国家财产是导游人员的神圣职责；要阻止个别游客破坏文物、景物，若发现有人偷盗、走私文物，必须及时报告有关部门并主动配合其工作，使违法者依法受到处理。

（二）严格按规章制度办事，执行请示汇报制度

（1）导游人员应当按照旅行社确定的接待计划，安排旅游者的旅行、游览活动，不得擅自增加、减少旅游项目或中止导游活动。

（2）导游人员在引导旅游者旅行、游览过程中，遇到可能危及旅游者人身安全的紧急情形时，经征得多数旅游者的同意，可以调整或变更接待计划，但是应当立即报告旅行社。

（3）导游人员在引导旅游者旅行、游览过程中，应当就可能发生危及旅游者人身、财物安全的情况，向旅游者做出真实说明和明确警示，并按照旅行社的要求采取防止危害发生的措施。

（三）自觉遵纪守法

（1）导游人员严禁嫖娼、赌博、吸毒，也不得接受、收集，更不得索要反动、黄色的书刊及音像制品。

（2）导游人员不得欺骗、胁迫旅游者消费，也不得与经营者串通欺骗、胁迫旅游者消费。

（3）导游人员不得收受商店、游览点、娱乐场所等经营者给予的回扣，不得营私舞弊、假公济私。

（4）导游人员不得带旅游者到非合同商店购物，不得擅自更改就餐地点。

（5）导游人员不得从事或代理他人从事商业活动，不得向旅游者强行销售物品，也不得购买旅游者的物品。

（6）导游人员不得以明示或暗示的方式向旅游者索取小费，不准因旅游者不给小费而拒绝提供服务或降低服务质量。

（7）导游人员不得套汇、炒汇，也不得以任何形式向入境旅游者兑换、索取外币。

（四）自尊、自爱，不失人格、国格

（1）导游人员不得“游而不导”，不得擅离职守，懒散松懈，不搞本位主义，不推诿责任。

（2）导游人员不要与旅游者过分亲近，不介入旅游团的内部矛盾和纠纷，更不在旅游者之间拨弄是非，避免与旅游者正面冲突，严禁与旅游者吵架、打架。

（3）导游人员要关心旅游者，维护旅游者的合法权益，对旅游者态度不冷漠，工作不敷衍，对待旅游者一视同仁，不厚此薄彼。

（4）导游人员有权拒绝旅游者提出的侮辱其人格尊严或违反导游人员职业道德的不合理要求。

（5）导游人员不得迎合个别旅游者的低级趣味，不得在讲解、介绍时掺杂庸俗下流的内容。

（五）注意小节

（1）导游人员不应随便单独去旅游者的房间，更不要单独去异性旅游者的房间。

（2）导游人员不应与入境旅游团的领队同住一室。

（3）导游人员不得携带自己的亲友随团活动。

（4）严禁酗酒，若导游人员因工作饮酒，则不要超过本人酒量的1/3。

请思考

有一名导游人员喜欢在本团旅游者的房间之间来回串门，说这样可以增进了解和友谊。这样做对吗？为什么？

第五节　导游人员的职业素质

世界各国对导游人员的要求都是很严格的。20 世纪 60 年代，我国旅游界根据周恩来总理对外事翻译人员提出的要求，将翻译导游人员应具备的素质概括为“三过硬”，即思想过硬、业务过硬和外语过硬。随着我国旅游业几十年来的不断发展和旅游市场需求的变化，我国对导游人员的要求变得更加具体。现代导游既是一种服务，又是一门专业、一门艺术。要成为一名合格的中国导游人员，必须在思想、知识、技能、身心、仪容、仪表等各方面具备较高的素质。

一、良好的思想品德

联合国教科文组织曾邀集著名专家就“21 世纪需要什么样的人才”进行研讨，专家们一致认为“高尚的道德永远居于首位”。可见，在任何时代、任何国家，人的道德品质总是处于最重要的地位。导游人员的思想品德高尚与否不仅关系到导游人员的个人形象，更是代表着一个国家、一个地区居民的基本素质。

（一）热爱祖国

热爱祖国是导游人员的首要条件，导游这个职业必须要具有强烈的爱国主义情怀。导游人员的一言一行都与祖国（家乡）的荣辱息息相关。在海外旅游者的心目中，导游人员就是国家形象的代表，旅游者正是透过导游人员的思想品德和言行举止来观察和了解中国的。很难设想一名不爱祖国、不爱家乡、不爱人民的导游人员会热情洋溢地向旅游者介绍祖国和家乡的灿烂文化、壮丽山河以及中国人民的伟大创造和辉煌成就，也很难设想他的导游讲解能给旅游者留下深刻的印象，为祖国和家乡赢得荣誉。因此，每个导游人员必须要有很强的社会责任感和历史责任感，把祖国利益、社会主义事业摆在第一位，自觉维护祖国尊严、民族尊严，并把对祖国（家乡）的热爱化为工作的动力。

（二）爱岗敬业

爱岗敬业是一名合格的导游人员应具备的基本素质。导游工作是一项传播文化、促进友谊的服务性工作。导游人员在为八方来客提供旅游服务时，不但可以结识众多的朋友，而且能增长见识、开阔视野、丰富知识。为此，导游人员应该有很强的事业心，以能成为导游人员而感到自豪，努力钻研业务，勤于学习，不断进取，以饱满的热情和充沛的精力投入工作，为旅游者提供优质的导游服务。

（三）品行端正

品行端正是塑造导游人员良好形象的要素。一方面，导游人员要有较强的法律观念和职业意识，要有较强的自律能力，要能够自觉维护国家的利益，能够遵守导游工作的职业道德。另一方面，导游人员要有明辨是非、辨别善恶、分清荣辱的能力，能够自觉抵制形形色色的精神污染和物质诱惑，力争做到“财贿不足以动其心，爵禄不足以移其志”，始终保持高尚的道德情操。

二、渊博的知识

旅游者出游除了消遣，还想通过旅游来增长知识、扩大阅历、获取教益。进入21世纪，随着人们旅游经历的增加，旅游者求新、求美、求知的需求在广度和深度上又有了进一步的提高，也更加追求旅游活动中的文化内涵，这就对导游人员提出了更高的要求。渊博的知识是导游工作的前提，是讲解的后盾。导游人员只有具备真才实学，才能做到导游内容丰富、言之有物。导游人员的知识面越广、信息量越大，对相关知识理解得越深，就越有可能把导游工作做得有声有色，就会在更大程度上满足旅游者的要求，从而成为一名优秀的导游人员。

（一）扎实的历史、地理和文化知识

一名优秀的导游人员，可以说是一位文化大使，他要向来自异国他乡的众多旅游者传播旅游目的地的文化。这就要求导游人员应通晓包括历史、地理、宗教、民族、风俗民情、风物特产、古建园林、文学艺术等各方面的知识。这些知识是导游讲解的素材，是导游服务的“原料”，是导游人员的看家本领。

一名优秀的导游人员应该上知天文、下晓地理，对本地及邻近省、市、地区的旅游景点、风土人情、历史典故、民间传说等了如指掌，尤其要善于将本地的风景名胜与历史典故、文学名著、名人逸事等有机地联系在一起，并对国内外的主要名胜、客源国（地区）以及目的地国家（地区）概况、宗教信仰、礼俗禁忌等亦有所了解，通过知识积累和不断提高艺术鉴赏能力来提高自己的文化功底。

（二）必要的政策法规知识

政策法规是导游人员工作的指针。导游人员必须具有高度的政策观念和法制观念，要以国家的有关政策和法律、法规指导自己的工作和言行。导游人员在导游讲解、回答旅游者有关问题的问询或同旅游者探讨有关问题时，必须以国家的方针政策和法规作指导，否则会给旅游者造成误解，甚至给国家造成损失。在旅游过程中出现的有关问题，导游人员要以国家政策和有关法律法规予以正确处理。导游人员自身的言行更要符合国家政策法规的要求，遵纪守法。

（三）丰富的心理学和美学知识

导游人员的工作对象主要是人，包括形形色色的旅游者和国内各旅游服务部门的工作人员。掌握必要的心理学知识，对于带好旅游团（者）具有重要的意义。导游人员要随时了解旅游者的心理活动，有的放矢地做好导游讲解工作，有针对性地提供心理服务，从而使旅游者在心理上得到满足，在精神上获得享受。

旅游活动是一项审美活动。导游人员的责任在于不仅要向旅游者传播知识，也要传递美的信息，让他们获得美的享受。一名合格的导游人员要懂得什么是美，知道美在何处，并善于用生动形象的语言向不同审美情趣的旅游者介绍美，而且还要用美学

知识指导自己的仪容、仪态，因为导游人员代表着国家（地区），且本身就是旅游者的审美对象，导游人员的自身美在宣传中国、宣传中华文明中起着重要的作用。

（四）各种旅行知识

旅游顾名思义就是旅行和游览，作为旅行、游览活动导演的导游人员掌握各种旅行常识是十分必要的。旅行常识既广又杂，包括入（出）境知识、海关知识、交通知识、通信知识、货币知识、保险知识、救护常识、卫生常识、生活常识等。

导游人员带领旅游者在旅游目的地旅游，为旅游者提供导游服务的同时，还要随时随地帮助旅游者解决旅行中的种种问题。导游人员掌握必要的旅行知识，不仅便于工作，少出差错，提高工作效率，还能提高导游服务的水平，这对旅游活动的顺利进行尤为重要。

三、较强的独立工作能力和创新精神

导游人员在接受了旅行社委派的任务后，独自带团外出，需要独当一面的能力。导游人员的工作对象形形色色，旅游活动丰富多彩，出现的问题和性质各不相同，故不允许导游人员工作时墨守成规。相反，导游人员必须根据不同的时空条件采取相应的措施，予以合理处理。因此，较强的独立工作能力和创新精神，充分发挥主观能动性和创造性，对导游人员具有特殊的重要意义。

（一）较强的组织协调能力和灵活的工作方法

导游人员接受任务后要根据旅游合同安排旅游活动，并严格执行旅游接待计划，带领旅游者游览好、生活好。这就要求导游人员具有较强的组织、协调能力，要求导游人员在安排旅游活动时有较强的针对性，并留有余地，在组织各项活动时讲究方式方法，并及时掌握变化着的客观情况，灵活地采取相应的有效措施。

（二）善于和各种人打交道的能力

导游人员的工作对象广泛复杂，善于和各种人打交道是导游人员最重要的素质之一。与层次不同、品质各异、性格相左的中外人士打交道，要求导游人员必须掌握一定的公共关系学知识，并能熟练运用，要随机应变处理问题，搞好各种关系。导游人员具有相应的公关能力，就会在待人接物时表现得更自然、得体，能动性和自主性的水平会更高，更有利于提高导游服务质量。

（三）独立分析、解决问题、处理事故的能力

沉着、果断、正确地处理意外事故是导游人员最重要的能力之一。旅游活动中意外事故在所难免，能否妥善处理事故是对导游人员的一种严峻考验。临危不惧、头脑清醒、遇事不乱、处理果断、办事利索、积极主动、随机应变是导游人员处理意外事故时应具备的能力，导游人员具备了这些能力可以减少旅游意外造成的损失，最大限度地保障旅游者的生命和财产安全。

四、较高的导游技能

语言、知识、服务技能构成了导游服务三要素，缺一不可。只有三者的和谐结合才称得上是高质量的导游服务。导游人员若缺乏必要的知识，势必“巧妇难为无米之炊”。语言则是导游人员的基本功，是进行文化交流以及与客人沟通的工具。而导游作为一种操作性较强的工作，技能对导游人员来说是比知识更为专门的素质。导游技能是保证导游人员完成导游活动的潜在系统，它的高低将直接影响到导游活动的效果。

技能是指掌握和运用专门技术的能力。服务技能可分为操作技能和心智技能两类。导游服务需要的是心智技能，即导游人员同领队协作共事，与旅游者成为伙伴，使旅游生活愉快的带团技能；根据旅游接待计划和实情，巧妙、合理地安排参观游览活动的技能；选择最佳游览点、线，组织活动，当好导演的技能；触景生情、随机应变，进行生动精彩的导游讲解的技能；灵活回答旅游者的询问，帮助他们了解旅游目的地的宣讲技能；沉着、果断地处理意外事故的应急技能；合情、合理、合法地处理各种问题和旅游者投诉的技能等。

五、竞争意识和进取精神

21 世纪是竞争激烈的时代，导游服务作为一种高智能的服务则是以导游人员的智力资源为主要依托的，导游人员只有不断充实、更新知识、不断进取，才能面对激烈的竞争和各种挑战。尤其是随着一年一度的导游考试的进行，导游人员的队伍在不断扩大，优秀导游人员层出不穷。因此，导游人员应有居安思危、优胜劣汰的思想准备。“物竞天择，适者生存。”只有树立强烈的竞争意识，将压力变为动力，不断开拓进取，才能在 21 世纪的导游事业中立于不败之地。

六、身心健康

导游工作是一项高智能的服务工作，工作纷繁，不仅体力消耗大，各种诱惑也大。因此，导游人员必须是一个身心健康的人，否则很难胜任这项工作。

（一）身体健康

导游人员从事的工作，要求既要运用丰富的知识和智慧来完成导游讲解任务和应付旅游活动过程中的各种问题，还要长期在外作业，消耗极大的体力陪同旅游者旅行、游览和帮助旅游者解决、满足途中遇到的问题、要求。

（二）心理平衡

导游人员每天都要面对旅游者，其精神状况直接影响着旅游者的情绪，因此，导游人员在旅游者面前要始终表现出良好的精神状态，要善于调整自己的心态和控制自己的情绪，不受任何外来因素的影响，不将丝毫不悦情绪带到导游工作中去，要以一颗平常心，心态平和地做好服务工作，这样才能与旅游者建立和谐的人际关系。

（三）头脑冷静

在导游服务过程中，导游人员应始终头脑清醒，处事沉着、冷静、有条不紊；处理各方面关系时要机智、灵活、友好协作；处理突发事件以及旅游者挑剔、投诉时要干脆利索。

（四）思想健康

导游人员应具备高尚的情操和很强的自控能力，抵制形形色色的诱惑，清除种种腐朽思想的污染。

七、得体的仪表、仪态

导游人员的从业素质大多是隐性的，最终要通过仪表、仪态和行为等外在化的形式来表现。导游人员作为旅行社的代表，要保持与其行业特点、企业形象相一致的仪表、仪态。

仪表即人的外表，一般指服饰和容貌。仪表是导游人员内在素质的体现和个人修养的标志。对导游人员仪表的总体要求，一是规范化，导游人员的穿着打扮、容貌修饰等方面要合乎导游职业的规定，服饰整洁端庄，要与周围的环境、场所协调，不能过分花里胡哨，与从事的工作不相宜；二是审美性，要适合自己的气质和性格特点；三是整体性，仪表是一种精神面貌的外在表现，唯有内在素质和外在仪表的统一，才会产生更大的魅力。

仪态是指人的姿态和风度，主要是通过举手投足、一颦一笑所表现出来的。导游人员的仪态包括体态和表情。导游人员要站有站姿、坐有坐相，举止大方，端庄稳重，表情自然，诚恳和蔼，不能给旅游者傲慢或轻浮之感。

趣味导游顺口溜

上知天文地理，下知鸡毛蒜皮；上山能够禽鸟，下河能够摸鱼。

唱歌跟着感觉走，旅游跟着导游走；大家互爱手拉手，团结一起向前走。

趣味导游顺口溜

新老导游，训练有素；优质服务，增加收入。

轻松学知识，快速长技能；脱口讲故事，潇洒做导游。

每天早晨早早起，读书数页心有底；知识渊博不怕比，力争做到总经理。

思考与练习

1. 解释下列概念：出境旅游领队、全程陪同导游人员、地方陪同导游人员、景点景区导游人员、初级导游人员、中级导游人员、高级导游人员、特级导游人员。

2. 如何理解导游人员法定概念的含义？

3. 我国的导游人员可分为哪几类？

4. 我国导游人员的基本职责是什么？

5. 对比分析不同工作范围的导游人员的工作职责差异。

6. 身心健康对导游人员来说至关重要，为什么？怎样才能算是“身心健康”的导游人员？

7. 为什么导游人员必须具有相当的独立工作能力？请举例说明。

8. 导游资格证和导游证的区别是什么？

9. 一名合格的导游人员应具备怎样的素质？

实训练习

1. 用案例及实证分析，训练学生对导游人员素质要求的认识和理解。

2. 以“21世纪的中国旅游业需要怎样的导游人员”为题，搜集中外优秀导游人员的模范事迹，加以评述，相互交流。

第三章　团队导游服务程序与规范

引　言

新人导游周敏和陈实正在交流旅行社岗前培训以及初次随老导游人员跟团后的体会。

周敏：我觉得给我们做岗前培训的老师太呆板了，地陪的工作哪有那么复杂！每次上团都要重新准备导游词；每天都要等把客人的食宿安排好了，我们才能吃饭睡觉；第二天还要提前起床做准备工作；还要求我们要注意跟司机搞好关系。我真不懂司机有什么需要巴结的！今天我看见我们跟团的导游，在爬山时还不忘讲解，还帮那些走得慢的客人背包哩！照他这样带团，非把人累死不可！我看别的旅行社的导游人员与客人嘻嘻哈哈、打打闹闹的，时不时讲点那种荤段子，也照样没事啊！而且，别人可都是将主要精力放在怎么设法鼓动客人购物上，这才是为自己，要不然，我们带团干嘛？

陈实：话也不能这么讲，我觉得这样做更专业，不能只顾挣钱，多数客人还是心里有杆秤的。你没看到送团时，客人都是发自内心的依依不舍吗？那气氛好感人啊！

周敏：好了，不谈这些事了。下周就要跟团做全陪了，老师要我们预先搜集沿线城市的资料，真麻烦！听其他社的导游人员讲，做全陪不就是背着一包钱（团款）到处跑嘛，反正各地都有地陪。

【学习目的】

本章要求学生熟悉地陪、全陪、出境旅游领队、景区景点导游人员的导游服务程序与服务质量要求，通过地陪导游服务程序的学习和室内模拟操作，学生应重点掌握地陪导游服务规范的国家要求。

【主要内容】

· 地陪导游服务程序与规范

服务准备　迎接服务　入店服务　核对、商定日程安排　参观游览服务　其他服务　送站服务　后续工作

· 全陪导游服务程序与规范

服务准备　实际接待阶段　接待结束阶段的工作

· 出境游领队导游服务程序与规范

服务准备　全程陪同服务　接待结束阶段的工作

· 景区（点）导游服务程序与规范

服务准备　导游服务　送别服务

导游服务程序是导游人员自接受了旅行社下达的旅游团接待任务起至送走旅游团、做完善后工作为止整个过程的工作流程。在整个过程中，地方陪同导游人员、全程陪同导游人员和旅游团领队三者构成了导游服务集体，他们有着各自的工作职责和服务程序，三者的密切配合至关重要，直接关系到导游服务的质量和接待效果。导游服务要达到专业水准，并符合国际上各种导游服务规范，导游接待就必须规范化、标准化。国家技术监督局于 1996 年 6 月 1 日开始实施的《导游服务质量标准》为导游人员的规范化服务提供了依据。

第一节　地陪导游服务程序与规范

地陪导游服务程序是指地方陪同导游人员（简称“地陪”）从接受旅行社下达的旅游团接待任务起，到旅游团离开本地并做完善后工作为止的工作程序。《导游服务质量标准》中指出，“地陪服务是确保旅游团（者）在当地参观游览活动的顺利，并充分了解和感受参观游览对象的重要因素之一”，并要求“地陪应按时做好旅游团（者）在本地的迎送工作，严格按照接待计划，做好旅游团（者）参观游览过程中的导游讲解工作和计划内的食宿、购物、文娱等活动的安排，妥善处理各方面的关系和出现的问题”。

地陪应严格按照以下服务规范提供各项服务：

一、服务准备

“凡事预则立，不预则废。”做好充分而完备的准备，可以保证导游人员在导游服务过程中掌握充分的主动权，凡事可以做到心中有数、处变不惊，从而有计划、有准备地开展各项工作。

（一）熟悉接待计划

接待计划是旅行社日常接待工作的重要文字依据，是组团社与接团社的财务依据。接待计划主要由旅游团的基本情况和要求、旅游日程表和团员名单三部分组成。地陪应在旅游团抵达之前认真仔细地阅读接待计划和相关资料，必须掌握以下情况：

（1）旅游团基本概况，包括发团社名称、联络人姓名电话、客源地组团社名称、旅游团的名称和等级等。

（2）旅游团成员基本情况，包括该团旅游者姓名、人数、年龄、性别、职业、宗教信仰、成员间关系等。

（3）旅游团全程旅游线路、出入境地点。

（4）抵离本地所乘交通工具的班次、时间和地点。

（5）交通票据预定情况。

该团去下一站的交通票是否按计划订妥，有无变更，以及更改后的落实情况；有无订购返程票（若有，是否落实交通票信息）。

（6）特殊要求和注意事项。

①该团在住房、用车、游览、用餐等方面的特殊要求；

②该团在迎送、会见、宴请等方面的特殊要求；

③该团是否有老弱病残等需要特殊照顾的客人。

（二）落实接待事宜

在旅游团到达的前一天，地陪应与旅行社相关部门和人员一起检查落实旅游团的接待事宜。

（1）核对行程安排。

根据接待计划，地陪应认真核对旅游团在当地的行程安排，包括出团时间、游览项目、就餐地点、住宿饭店、购物点、自由活动和晚间活动时间安排等。如果在核对过程中发现与行程安排有出入的地方，地陪应立即与旅行社相关人员联系，弄清楚正确安排。

（2）落实旅游客车。

地陪应与旅游客车司机联系，确认旅游车的类型、车牌号、座位数、车内设施设备的完好与否，并提醒司机确认第二天接团的时间和地点。

（3）落实住房及用餐。

（4）与饭店联系、落实行李运送情况。

（5）了解不熟悉的景点的情况。

对新的旅游景点或不熟悉的参观游览点，地陪应事先了解其概况，如开放时间、最佳游览路线、厕所位置等，以便游览活动顺利进行。

（6）掌握联系电话。

地陪应备齐并随身携带有关旅行社各部门、餐厅、车队、剧场、购物商店、组团人员、行李员和其他导游人员的电话和手机号码。

（7）与全陪联系。

如果是入境站，地陪应提前一天与该旅游团的全陪了解第二天的接团地点、时间及其他注意事项。

（三）物质准备

地陪在上团前，要做好下列物品的准备工作。

（1）证件：包括电子导游证、胸卡、身份证等。

（2）单据：包括行程单、结算单等。

（3）导游服务用品：导游旗、接站牌、旅行社社徽、扩音器、记事本、名片、手机等。

（四）语言和知识准备

地陪在语言和知识准备方面应做好以下五个方面的工作：

（1）根据接待计划上确定的游览项目，就翻译、导游的重点内容，做好外语和介绍资料的准备，并做好餐饮、购物、娱乐等方面的导游讲解。

（2）接待有专业要求的旅游团队，要重点做好相关方面的知识和技能准备。

（3）根据旅游者的年龄、职业、类别，做好相关方面的知识准备。

（4）做好客源地知识准备。

（5）做好当前热门话题、国内外重大新闻、旅游者可能感兴趣的话题等方面的知识准备。

（五）形象准备

地陪在形象上应做好下列准备工作：

（1）着装要符合本地区、本民族的着装习惯和导游人员的身份，衣着得体、大方、整齐、简洁，要方便导游服务工作。

（2）佩戴首饰要适度，女士只化淡妆，不用味道浓重的香水。

（3）正确佩戴导游证和旅行社社徽。

（六）心理准备

1. 准备面临艰苦复杂的工作

导游人员的工作在常人眼里就是陪同客人游山玩水，吃吃喝喝，不用花钱就可以周游各地，但其中的辛苦是常人难以想象的。导游人员不仅要为旅游者提供热情周到的服务，还要在遇到问题、发生事故的时候去面对、处理，所以导游人员要在这方面有足够的心理准备。

2. 准备承受抱怨和投诉

导游人员的工作非常繁杂，很难保证不出任何问题和错漏，因此可能会遇到一些旅游者的挑剔、抱怨甚至投诉，对于这些，导游人员一定要善于控制情绪，善于冷静地进行思考，保持自信、沉着以及心态的平和，做出积极、恰当的情绪反应，避免消极、不恰当的情绪反应。

3. 准备面对形形色色的“精神污染”和“物质诱惑”

导游人员在接团过程中，经常要与各种各样的旅游者接触，还要同一些商家打交道，他们的言行举止可能有意无意地传播某些不健康的内容，甚至用美色或物质利益来进行引诱。因此，对于这些言行，导游人员应有充分的思想准备，坚持兢兢业业带团，堂堂正正做人。

二、迎接服务

迎接服务在地陪的整个接待程序中至关重要，因为这是地陪和旅游者的第一次直接接触，这一阶段的工作直接影响着以后接待工作的质量。因此，地陪应使旅游团在迎接地点得到及时、热情、友好的接待，使其了解在当地参观游览活动的概况。

（一）旅游团抵达前的服务安排

接团当天，地陪应提前到达旅行社，全面检查准备工作的落实情况，如果发现纰漏，要立即与有关部门联系落实，做到万无一失。

1. 确认旅游团所乘交通工具抵达的准确时间

地陪从旅行社出发之前，要与机场（车站、码头）的问讯处或交通信息台联系，问清该旅游团所乘的飞机（火车、轮船）到达的准确时间（一般情况下应在飞机抵达的预定时间前 2 小时，火车、轮船预定到达时间前 1 小时向问讯处或交通信息台询问）。

2. 与旅游车司机联络

掌握了该团所乘交通工具到达的准确时间以后，地陪要立即与为该团在本地提供交通服务的司机联系，与其商定出发的时间，确保提前半小时抵达机场（车站、码头），确定接头地点；在前往接站地点途中，地陪应告知司机该团的活动日程和具体时间安排；到达接站地点后，地陪应与司机商定车辆停放的位置。

注意

在前往接站地点途中，地陪应告知司机该日主要活动行程及具体时间安排，并征询司机意见。到达接站地点后，地陪应与司机商定旅行车停放的位置和大致等候时间。

3. 再次核实旅游团抵达的准确时间

地陪提前抵达机场（车站、码头）后，要再次核实该旅游团所乘航班（车次、船次）抵达的准确时间。

4. 与行李员联络

地陪应在旅游团出站前与为该团提供行李服务的旅行社行李员取得联系，通知该行李员行李送往的地点。

5. 持接站标志迎候旅游团

该团所乘飞机（火车、轮船）抵达后，地陪应在旅游团出站前，持接站牌，站在出口处醒目的位置热情迎接旅游团。接站牌上应写清旅游团团名、团号、领队或全陪姓名，接小型旅游团或无领队、全陪的旅游团时要写上旅游者的姓名。

（二）旅游团抵达后的服务

1. 认找旅游团

旅游团出站后，地陪应尽快找到自己的旅游团。认找旅游团时，地陪应站在明显的位置上，举起接站牌以便领队、全陪（旅游者）前来联系。同时，地陪也可以从出站旅游者的民族特征、衣着、组团社的徽记等来分析、判断或上前委婉询问，主动认找自己的旅游团。如该团有领队或全陪时，地陪应及时与领队、全陪接洽，问清该团的国别（地区）、客源地组团社的名称、领队及全陪姓名等，并与领队、全陪互换名片，互致问候。如该团无领队和全陪，地陪应逐一核对团名、国别（地区）及团员姓名等，以上情况无任何出入才能确定是自己应接的旅游团。

2. 核实实到人数

地陪接到旅游团后，应立即向领队、全陪或旅游团成员核对实到人数。如出现与计划不符的情况，地陪要及时通知当地接待社的有关部门。

3. 集中清点行李

在核实实到人数之后，地陪应协助本团旅游者将行李集中放在比较僻静、安全的地方，提醒旅游者检查其行李是否完好无损，然后与领队、全陪、接待社行李员一同清点行李。行李核对无误后，移交给接待社行李员，双方办好交接手续。若有行李未到或破损，地陪应协助当事人到机场登记处或其他有关部门办理行李丢失或赔偿申报手续。

4. 集合登车

（1）地陪要提醒客人带齐随身携带物品，然后引导旅游者前往乘车处。

（2）客人上车时，地陪要恭候在车门旁，搀扶或协助老弱客人上车。

（3）上车后，地陪应协助旅游者就座，待客人坐稳后，再检查一下行李架上的物品是否放稳。

（4）待旅游者到齐坐稳后，地陪应礼貌地清点人数，并请司机开车。地陪在清点游客人数时，主要是用目光默数的方式，不能用手指点着游客来数。

（三）赴饭店途中的服务

从机场（车站、码头）到下榻饭店的行车途中，地陪要做好如下工作，这是导游人员给旅游者留下良好的第一印象的重要环节。

1. 致欢迎辞

这是地陪第一次面对全体旅游者讲话，它直接影响着旅游者对地陪的信赖程度和旅游者与地陪之间的人际关系，影响着旅游者的旅游情绪和地陪今后工作的正常进行，所以，地陪必须全力致好欢迎辞。致辞时，如果旅游车的车型允许，地陪应该采取面向旅游者的站立姿势（两腿稍稍分开，上身自然挺拔）；位置应选在车厢前部靠近司机、全体旅游者都能看到的地方；如果旅游车是大型客车，还应使用话筒讲话，注意话筒不要正对着自己的嘴而要稍微有点倾斜。欢迎辞的内容应视旅游团的性质及其成员的文化水平、年龄、职业及居住地区等情况而有所不同，注意用词要恰当，要给旅游者亲切、热情、可信之感。欢迎辞一般包括以下内容：

（1）表示欢迎，即代表接待社、组团社向旅游者表达欢迎之意；

（2）介绍人员，即介绍自己，介绍参加接待的领导、司机和所有人员；

（3）预告节目，即介绍一下城市的概况和在当地即将游览的节目；

（4）表示态度，即愿意努力工作、为大家热情服务，确保大家满意；

（5）预祝成功，即希望得到旅游者的支持与合作，努力使游览获得成功，预祝大家体验到愉快的旅行。

欢迎辞切忌死板、沉闷，内容应视旅游团的性质及旅游者情况而有所不同，力求给旅游者亲切、热情、可靠的感觉。如欢迎辞能风趣、自然，则会缩短与旅游者的距离，使大家很快成为朋友，熟悉起来。另外，欢迎辞若引用一些谚语、名言，富有文采，会收到很好的效果。

文采固然好，含蓄也令人回味，但有时平平淡淡，也会令人感到平淡中出艺术、显技巧。现在我们来看一位香港十佳导游开场的欢迎辞："各位早上好，欢迎大家光临香港。我是王××，今天非常高兴有机会与各位一起游览九龙和新界。这个观光行程全程约 113 千米，需要五个钟头。各位如果有什么问题，请随便提出，我将尽我所知为各位解答。祝大家今天旅程愉快并喜欢我的导游介绍。"

欢迎辞，若注意以上要点，并切实做好，就会令旅游者有个美好的“第一印象”，也使“行”有了良好的开端。

2. 调整时间

接入境旅游团时，地陪在致完欢迎辞后，要介绍两国（两地）的时差，请旅游者将自己的表调到当地时间。

3. 首次沿途导游

地陪必须做好首次沿途导游，以满足旅游者的好奇心和求知欲，这是地陪显示知识、技能的好时机。精彩的首次沿途导游会使旅游者对地陪产生信任感和满意感，有助于导游人员树立良好的形象。

首次沿途导游依路途远近和时间长短而定，主要介绍当地的风光、风情及下榻饭店的情况。

（1）风光导游。地陪在为旅游团做沿途风光导游时，要做到简明扼要，语言节奏明快，讲解内容与所见景物同步，见人说人，见物说物，且取舍得当。总之，反应要敏捷，时机要恰当，贵在灵活。

（2）风情介绍。地陪应向旅游者介绍当地的概况，包括历史沿革、行政区划、人口特点、气候情况、社会生活、文化传统、土特产品等，并在适当的时间向旅游者分发导游图。地陪还可以适时介绍市容、市貌及其发展概况。

（3）介绍下榻饭店。地陪应向本团旅游者介绍所住饭店的基本情况：饭店的名称、位置、星级、规模、距机场（车站、码头）的距离，还可以介绍该饭店的概况、主要设施和设备及使用方法、如何办理入住手续、住店的有关注意事项等。

注意

途中讲解导游人员要做到“眼疾嘴快”，反应敏捷，时机恰当，内容上紧密结合车外景观，详略得当，符合旅游者口味。要注意讲解内容不要过多过繁，为防止旅游者产生突兀之感，导游人员一定要结合沿途风光“借题发挥”，内容过渡尽量自然，忌将风光与风情完全割裂开来进行介绍。

4. 宣布集合时间和地点

当旅游车驶至该团下榻的饭店时，地陪应在下车前向旅游者讲清并请其记住集合的时间、地点及车牌号码。

三、入店服务

地陪应该在旅游者抵达饭店后尽快办理好入住手续，带领旅游者进住房间并取到行李，让旅游者及时了解饭店的基本情况和住店的注意事项，知道当天或第二天的活动安排。

（一）协助办理住店手续

旅游团抵达饭店后，地陪要协助领队和全陪办理住店登记手续，请领队分发住房卡。

地陪要掌握领队、全陪和团员的房间号，并将与自己联系的办法如房间号（如果地陪住在饭店）、电话号码等告诉全陪和领队，以便有事时尽快联系。

注意

通常，由地陪协助将旅游团安顿在下榻饭店，让游客稍事休息和用餐。在旅游团入住饭店的过程中，地陪主要是起协助作用，配合领队和全陪或旅游者联系饭店前台，尽快办理入住手续。切记不要越俎代庖、反客为主。

（二）介绍饭店设施

进入饭店后，地陪应向旅游者介绍饭店内的外币兑换处、中西餐厅、娱乐场所、商品部、公共洗手间等设施的位置及有关设施的开放时间，并讲清住店注意事项。

（三）照顾行李进房

地陪应等待本团行李送达饭店，负责核对行李件数，并督促饭店行李员及时将行李送至旅游者的房间。

（四）带领旅游团用好第一餐

旅游者进入房间之前，地陪要向其介绍饭店内的就餐形式、地点、时间及餐饮的有关规定（如酒水费用是否需自付）。旅游者到餐厅用第一餐时，地陪应主动引领，并将领队介绍给餐厅经理或主管服务员，告之旅游团的特殊要求。

（五）宣布当日或次日的活动安排

地陪应向全团旅游者宣布当天或第二天活动的安排以及集合的时间、地点。

（六）处理店内问题

旅游者进入客房后，地陪应在楼层停留一段时间，以便及时解决旅游者在入住时遇到的问题，待一切就绪后再离开。因为有许多具体的问题，只有在旅游者进入房间后才能发现。比如行李未到或发错；房间内还有其他人住；房间没有打扫；卫生间用品不全；房间不合适，旅游者要求调换；门锁有故障；设施有问题，如浴室无热水、空调失灵等。对这些或其他意外问题，地陪应协助有关人员妥善解决，并向旅游者说明情况并致歉。

（七）安排好叫早服务

地陪在结束当天活动离开饭店之前，应与领队商定第二天的叫早时间，并请领队通知全团，地陪则应通知饭店总服务台或楼层服务台。

四、核对、商定日程安排

旅游团在一地的参观游览内容一般在旅游协议书上都已明确规定，而且在旅游团到达前，旅行社有关部门已经制定好该团在当地的活动日程。即便如此，地陪也必须进行核对、商定日程的工作。

在核对、商定日程时，对出现的不同情况，地陪要采取相应的措施。

（一）领队或旅游者提出小的修改意见或要求增加新的游览项目

（1）地陪应及时向旅行社有关部门反映，对合理又可能满足的项目，应尽量予以安排。

（2）需要加收费用的项目，地陪要事先向领队或旅游者讲明，按有关规定收取费用。

（3）对确有困难无法满足的要求，地陪应向领队或旅游者说明原因并耐心解释。

（二）领队或旅游者提出的要求与原日程不符且涉及接待规格

（1）一般情况下，地陪应婉言拒绝，并说明我方不便单方面不执行合同。

（2）如确有特殊理由，并且由领队提出时，地陪必须请示旅行社有关部门，视情况而定。

（三）领队（全陪）手中的接待计划与地陪的接待计划有部分出入

（1）地陪应及时报告旅行社，查明原因，分清责任。

（2）若是接待方的责任，地陪应实事求是地说明情况，并向全体旅游者赔礼道歉。

注意

在旅游团出发之前，领队、全陪、地陪和旅游者都已经各有一份简易行程表。为防止各家旅行社向导游人员下达接待任务时出现失误，地陪和全陪、领队要将各自得到的日程安排对照一下，如发现有不一致的地方，应该迅速查清原因，然后向旅行社报告，以获得下一步的行动指导。游客也有权审核活动计划，提出自己的意见。向游客宣布日程是领队的职权，地陪不要轻易冒犯。

五、参观游览服务

参观游览活动是地陪工作的核心内容，是全方位展示导游人员服务能力和服务态度的中心环节，也是地陪最辛苦、最艰巨的工作。在旅游团的参观游览过程中，地陪应努力使参观游览全过程安全、顺利，使旅游者详细了解参观游览对象的特色、历史背景及他们感兴趣的问题。为此，地陪必须认真准备、精心安排、热情服务、生动讲解。

（一）做好出发前的各项准备

出发前，地陪应提前10分钟到达集合地点。这样做不仅可以在时间上留出余地，以身作则遵守时间，应付紧急突发的情况，还便于礼貌地招呼早到的旅游者，与他们进行一些交流，了解他们的想法、建议，并做好各项准备工作。

（1）检查一下小旗、胸卡和必要的票证是否带齐。

（2）督促旅游车司机做好各项准备工作。

（3）核实、清点实到人数。

若发现有旅游者未到，地陪应向领队或其他旅游者问明原因，设法及时找到；若有的旅游者愿意留在饭店或不随团活动，地陪要问清情况并做出妥善安排，必要时应联系饭店有关部门，请其给以关照。

（4）提醒注意事项。

地陪要向旅游者预报当日天气和游览景点的地形、行走路线的长短等情况，必要时提醒旅游者带好衣服、雨具及换鞋等。

（5）准点集合登车。

地陪在早餐前向旅游者问候时，应再次提醒集合时间和地点。旅游者陆续到齐后，地陪要清点实到人数并请客人及时上车，此时地陪应站在车门一侧，一面招呼大家上车，一面帮助老弱者上车；开车前，地陪要再次清点人数。

（二）途中导游

1. 重申当日活动安排

开车后，地陪要向旅游者重申当日活动安排，包括午餐、晚餐的时间、地点；向旅游者报告到达参观游览景点途中所需时间；视情况介绍当日国内外重要新闻。

2. 风光导游

在前往景点的途中，地陪应在相应时机向旅游者介绍本地的风土人情、自然景观和沿途的风光，回答旅游者提出的问题。

3. 介绍游览景点

旅游团抵达景点前，地陪应向旅游者介绍该景点的简要情况，尤其是景点的历史价值和独特之处。此时的讲解应简明扼要，其目的是满足旅游者事先想了解有关知识的心理，激起其游览该景点的欲望，也可节省在景点内的讲解时间。

4. 活跃气氛

如果旅途较长，地陪可以组织旅游者开展讲故事、讨论问题、学说中国话（地方话）、唱歌、猜谜语等娱乐活动，以活跃气氛。

（三）景点导游、讲解

1. 交代游览中的注意事项

（1）抵达景点时，地陪要在下车前讲清并提醒旅游者记住旅游车的标志、颜色、车号和停车地点及开车的时间。

（2）在景点示意图前，地陪应讲明游览路线、所需时间、集合的时间和地点等。

（3）地陪还应向旅游者讲明参观游览过程中的有关注意事项，如提醒旅游者有些地方不允许拍照，在购买土特产品时应妥善处理与当地商家的关系。

2. 游览中的导游讲解

抵达景点后，地陪应对景点进行讲解。讲解内容应繁简适度，包括该景点的历史背景、特色、地位、价值等方面的内容。讲解的语言应生动，富有表达力，随时将旅游者的注意力吸引到导游讲解中去。

在景点导游的过程中，地陪应保证在计划的时间与费用内让旅游者能充分地游览、观赏，做到讲解与引导游览相结合，集中与分散相结合，劳与逸相结合，并给老弱病残者以特别的关照。

3. 留意旅游者的动向，防止旅游者走失

在游览时，地陪要自始至终与旅游者在一起活动，留心旅游者的动向并观察周围的环境，要和全陪、领队密切配合，随时清点人数，保证旅游者的安全，防止旅游者走失或发生意外事件。

请思考

某旅行社接待一老年旅游团，在当天的参观游览结束登车时，地陪发现一位客人还未回来，于是就去寻找。一个小时后，地陪找到该客人，并将其带回车上，其他游客纷纷埋怨那位客人，而那位客人却说他不知道几点集合。此时，作为地陪应该怎样做？

（四）参观活动

旅游团的参观活动一般都需要提前联系、安排落实并有主人接待，应先介绍情况，后引导参观，主客之间还可能进行一些讨论。如接待的是外国旅行团，在参观活动中，地陪的工作更多的是做正确、传神的翻译，主人的言语若有不妥之处，地陪在翻译前应给以提醒，请其纠正，如来不及纠正可以改译或不译，但事后要说明情况。

（五）返程中的工作

1. 回顾当天活动

从景点返回途中，地陪应简单回顾一下当天的参观游览内容，并做必要的补充讲解，使旅游者对参观游览点的认识得到升华；还可以回答旅游者的问询，或者与旅游者进行交流。

2. 沿途风光导游

如果旅游车不从原路返回，地陪应做沿途风光导游；若到餐厅就餐，还应介绍其饭菜特色。

3. 宣布次日活动安排

返回饭店下车前，地陪要预报当晚或次日的活动日程、集合地点、出发时间等。下车时要提醒旅游者带好随身物品；地陪要先下车，然后照顾客人下车，再与他们告别。随后，地陪还要再检查一下旅游车，看是否有客人遗忘的东西。若有，应设法及时交给客人。

六、其他服务

除参观游览活动外，丰富多彩的其他活动是旅游服务中必不可少的部分，是参观游览活动的继续和补充。地陪要努力为旅游者安排好文明、健康的各类活动。

（一）社交活动

社交活动包括宴请、风味品尝、会见、舞会等，要因团而异，在重大的节庆活动期间或接待专业旅游团时，地陪应多安排一些这类的活动。

1. 宴请和品尝风味

这类活动包括宴会、冷餐会、酒会和风味餐等。地陪带领旅游团参加宴会要准时，着装要整齐大方，若旅行社另有规定，则必须按要求着装赴宴。入席时，地陪应让旅游者按主人的安排就座。地陪作为翻译赴宴时，不得边翻译边吸烟。

品尝具有地方特色的风味，是旅游团经常参加的宴请活动，一般形式自由，不排座次。旅游者品尝风味有两种形式，一种是计划内的，另一种是计划外的。后一种是旅游者自费品尝风味，若邀请导游人员参加，导游人员要注意不要反客为主。不管是哪一种情况，地陪都要向旅游者介绍风味名菜及其吃法并进行广泛交谈。

2. 会见

旅游团（主要是专业团）若要会见中国方面的同行或负责人，必要时地陪可以充当翻译；若有翻译，地陪则在一旁静听。地陪还要事先了解会见时是否互赠礼品，礼品中是否有应税物品，若有应提醒有关方面办妥必要的手续。

3. 舞会

遇有重大节庆活动，如有关单位组织社交性舞会邀请旅游者参加时，地陪应陪同前往；有时旅游者自发组织娱乐性舞会时，地陪可代为购票，是否参加可自便，无充当舞伴的义务。

4. 文娱活动

旅游团的活动计划内若有观看文娱节目的安排，地陪必须准时陪同旅游者前往，并向旅游者介绍剧场的设施（如休息室、吸烟室、卫生间）的位置；要与司机商定好出发的时间和停车的位置；要引导旅游者入座，自己的座位应靠近过道，便于进出处理事情；要适时向旅游者介绍节目内容。总之，地陪要自始至终坚守岗位。如果在大型娱乐场所活动，地陪应主动和全陪、领队配合，注意本团旅游者的动向和周围环境，提醒旅游者不要分散活动。

（二）购物服务

购物是旅游团的一项重要活动，旅游者能够买到称心如意的商品可以为成功的旅游活动锦上添花。地陪应严格按照《中华人民共和国旅游法》的规定来操作，根据接待计划规定的购物次数、购物场所和停留时间带领旅游者购物。当好旅游者的购物顾问和参谋，并注意避免安排购物次数过多、强迫旅游者购物等问题出现。导游人员不得私自收取商家给予的购物“回扣”。

在旅游者购物时，地陪应向全团讲清停留时间及购物的有关注意事项；介绍本地商品特色，承担翻译工作；如旅游者需要可协助其办理商品托运手续。

对商店不按质论价、销售伪劣商品、不提供标准服务等行为，地陪要向商店负责人反映，以维护旅游者的利益。

遇到有小贩强买强卖时，地陪有责任提醒旅游者不要上当受骗，不能放任不管。

典型案例

一个23人的新加坡旅行团在N市由地陪王小姐负责接待。午后参观某佛寺后，王小姐向大家介绍了本地一家新开业的珍珠馆，她说："店主是我的好朋友，保证价廉物美。"

在珍珠馆，一位姓朱的女士对标价为4 000元的珍珠项链产生了兴趣，王小姐立即主动向其介绍了识别真假珍珠的方法，并为其讨价还价，最终以900元成交。

16时40分，旅行团游览某景点，因景点即将关门，大家匆匆摄影留念后即离去。在返回饭店的途中，旅行团中数名男士提出要去书店购买中国地图，几位女士则希望购买中国烹饪书籍，王小姐表示可以安排。

次日出发前，朱女士手持前日所购的珍珠项链要求王小姐帮其退换，说："一位对珠宝很内行的朋友认定它为残次品。"王小姐表示已经买了的东西不可能退还。上午结束参观后，王小姐又带全团去了一家定点工艺品商店购物，许多人不感兴趣，只在车中坐着。王小姐恳求说："大家帮帮忙，不买东西没关系，进店逛一圈也可以。"于是，一些旅游者才不情愿地下车、进店。

13时30分，在赴机场的途中，数名旅游者又提起购书一事。王小姐说："没有时间了。"

一周后，旅行社接到新加坡组团社发来的传真，声明该社今后若有团赴N市，不能由王小姐带团。

（三）餐饮服务

地陪要提前落实本团当天的用餐，对午餐、晚餐的用餐地点、时间、人数、标准、特殊要求逐一核实并确认。

用餐时，地陪应引导旅游者进餐厅入座，介绍餐厅的有关设施、饭菜特色、酒水的类别等；告诉领队、全陪用餐地点及用餐后的出发时间。用餐过程中，地陪要到餐厅巡视一两次，解答旅游者在用餐中提出的问题，监督、检查餐厅是否按标准提供服务并解决出现的问题。

（四）自由活动

晚间旅游团若无集体活动，旅游者可以自由安排活动。由于活动分散，地陪一般不陪旅游者外出，但应做好以下三点工作：

（1）旅游者若在饭店附近散步，地陪应建议他们不要去秩序混乱的场所。

（2）旅游者若想去远处活动，地陪应给以必要的协助。如帮助叫出租车；提醒带好饭店的店徽或写便条让他们带上，以便他们能顺利返回；建议他们不要回来太晚等。

（3）在特殊情况下地陪应婉言劝阻旅游者外出，但要说明原因（例如安全问题），以免造成误会。

七、送站服务

旅游团结束本地的参观游览活动后，地陪就可以开始着手送站服务。地陪应让旅游者顺利、安全地离开本地，并妥善处理遗留问题。

注意

送站服务这一环节既是游客极易发生物品遗失、人员走失、误机（车、船）等事故的危险时期，又是导游人员就工作中曾出现过的失误或其他问题进行补救的最后机会，同时还影响到旅游团的后续活动甚至离境。所以，地陪在这一环节更要加倍认真、仔细，多做弥补工作，多提供个性化服务，做到善始善终。

（一）送站前的服务

1. 核实、确认交通票据

（1）旅游团离开本地的前一天，地陪应核实该团离站的交通票据，核对团名、人数、去向、航班（车次、船次）、起飞（开车、起航）时间（要做到时间上的四核实，即计划时间、票面时间、时刻表时间、电话问询时间应吻合）、在哪个机场（车站、码头）启程等事项。

（2）如果旅游团在本站离境，地陪应提醒或协助领队提前72小时确认机票。

2. 商定出行李的时间

（1）在核实确认了交通票据之后，地陪应首先与旅行社行李部联系，了解旅行社行李员与饭店行李员交接行李的时间（旅行社规定的时间），然后再与饭店行李员商定地陪、全陪、领队与饭店行李员四方交接行李的时间。

（2）与饭店行李员商定后，地陪应再与领队、全陪商定旅游者出行李的时间，然后通知全团，同时要向旅游者讲清托运行李的具体规定和注意事项。

3. 商定出发、叫早和早餐时间

（1）因为司机一般比较了解路况，所以地陪应与旅游车司机商定出发时间，向司机说明该团是乘国内航班还是乘国际航班离开。为了安排得更合理，还应及时与领队、全陪商议，确定后立即通知本团旅游者。

（2）如果该团出发的时间较早，地陪应与领队、全陪商定叫早和用餐的时间并通知旅游者。如该团需要改变用餐时间（早于餐厅的营业时间）、地点和方式，地陪应通知饭店有关部门提前安排。

4. 协助饭店结清与旅游者有关的账目

为了在出发时能让旅游者顺利离开饭店前往机场（车站、码头），地陪应做好以下工作：

（1）提醒本团旅游者尽早与饭店结清有关账目，如洗衣费、长途电话费；如有旅游者损坏了客房设备，地陪应协助饭店妥善处理赔偿事宜。

（2）及时通知饭店有关部门该团的离店时间，提醒其提前与旅游者结清账目。

5. 及时归还证件

一般情况下，地陪不应保管旅游团的旅行证件，用完后要立即还给领队或旅游者。在离站前一天，地陪要检查自己的物品，看是否保留有旅游者的证件、票据等，若有应立即归还，并当面点清。出境前，地陪要提醒领队准备好全部护照和行李申报单，以便交边防站和海关检查。

请思考

国内航班登机时，旅游者发现自己的有效证件放在托运行李中了，应怎么处理？

（二）离店服务

1. 集中交运行李

旅游团离开饭店前，地陪要按商定好的时间与饭店行李员办好行李交接手续。旅游者的行李集中后，地陪应与领队、全陪共同确认托运行李的件数（包括全陪托运的行李），检查行李是否上锁，捆扎是否牢固，有无破损等，然后交付饭店行李员，填写行李运送卡。行李件数一定要当着行李员的面点清，同时告知领队和全陪。

2. 办理退房手续

旅游团离开饭店前，若无特殊原因，地陪应在规定时间以前办理退房手续或通知有关人员办理。超过规定时间，饭店将加收半天房费。

3. 集合登车

（1）出发前，地陪应询问本团旅游者与饭店的账目是否已结清；提醒旅游者有无遗落的物品；收齐旅游者房间的钥匙，交到饭店总服务台。

（2）集合全团旅游者上车。照顾旅游者上车入座后，地陪要仔细清点人数。旅游者全部到齐后，要再次请旅游者检查一下随身携带的物品，若无遗落则请司机开车离开饭店。

（三）送行服务

1. 致欢送辞

在去机场（车站、码头）途中，地陪应向全体旅游者致欢送辞。致欢送辞时的语气应真挚、富有感情。

欢送辞的内容应包括：

①回顾旅游活动，感谢大家的合作；

②表达友谊和惜别之情；

③诚恳征求旅游者对接待工作的意见和建议；

④若旅游活动中有不顺利或旅游服务有不尽如人意之处，导游人员可借此机会再次向游客赔礼道歉；

⑤表达美好的祝愿。

典型案例

以下是重庆一位导游人员在送别一个日本东京汉诗研究团时所致的欢送辞："两天来，由于各位的盛情和通力合作，我们在重庆的游览就要结束了，在此，我谨向各位表示深深的谢意！虽然重庆和东京相距几千千米，但只不过是一水之隔。'我住长江头，君住长江尾。'我们两国是一衣带水的友好邻邦，我唯一的遗憾是不能按照你们日本古老的风俗给你们一束彩色的纸带，一头在你们手里，一头在我们手里，船开了，纸带一分两半，但却留下不尽的思念。虽然没有有形的纸带，但却有一条无形的彩带，那就是友谊的纽带。虽然看不见、摸不着，我却感受得到它已经存在两千多年了。当年唐代诗人李白从这里去三峡的时候，有感于亲友不能登舟随行，写下了'仍怜故乡水，万里送行舟'的诗句。我也不能登舟随各位远行，就让我的故乡水——长江水送各位去三峡，经武汉、上海回东京好了。中国有句古话说'人唯求旧，物唯求新'，东西是新的好，朋友还是老的好。这次我们是新知，下次各位有机会再来重庆，我们就是故交了。祝各位百事如意，健康幸福，一路顺风，谢谢大家！"

2. 提前到达机场（车站、码头），照顾旅游者下车

地陪必须留出充裕的时间带团到机场（车站、码头），其具体要求是：乘出境航班提前 2 小时，乘国内航班提前 1.5 小时，乘火车提前 1 小时。

旅游车到达机场（车站、码头）后，地陪应在旅游者下车前提醒旅游者带齐随身的行李物品。旅游者下车后，地陪要再检查一下车内有无客人遗落的物品。

3. 办理离站手续

（1）送乘坐国内航班（火车、轮船）离站的团。

①移交票据。带团进入机场（车站、码头）大厅后，地陪应迅速与旅行社行李员取得联系，将其交来的交通票据、行李托运单或行李卡一一清点并核实，然后交给全陪（无全陪的团队则交给领队）并请其当面清点核实。

②等旅游团所乘交通工具驶离后，地陪方可离开。

（2）送乘坐国际航班（火车、轮船）出境的团。

①移交行李。送出境的旅游团，地陪和领队、全陪一起与旅行社的行李员交接行李，清点无误后协助旅游者拿走自己的行李。

②地陪要向领队或旅游者介绍如何办理出境手续。

③旅游团进入隔离区后，地陪方可离开。

4. 与司机结账

送走旅游团后，地陪应与旅游车司机结账，在用车单据上签字，并保留好单据。

请思考

请运用导游服务的规范程序知识分析导游小李这一段工作中的不足之处。

清晨8时，某旅行团全体成员已经在旅行车上就座，准备离开饭店前往车站，地陪小李从饭店外匆匆赶来，上车后清点人数，又向全陪了解了全团行李情况（全陪告诉他全团行李一共16件，已与领队、饭店行李员交接过），随即讲了以下一段话："女士们、先生们，早上好！我们全团15个人都已经到齐。现在我们去火车站。今天早上，我们乘9:30的××次火车去××市。两天来大家一定过得很愉快吧，我十分感谢大家对我工作的理解和支持。中国有句古话是相逢何必曾相识。短短两天，我们增进了相互之间的了解，成了朋友。在即将分别的时候，我希望各位女士、先生今后有机会再来我市旅游。人们常说，世界变得越来越小，我们肯定会有重逢的机会。现在，我为大家唱一支歌，祝大家一路顺风，旅途愉快！（唱歌）女士们、先生们！火车站到了。现在请下车。"

八、后续工作

（一）处理遗留问题

下团后，地陪应认真、妥善处理好旅游团的遗留问题；按有关规定和领导指示办理旅游者临行前委托办理的事宜。

（二）结账

地陪应按照旅行社的要求，在规定的时间内填写清楚有关接待的财务结算表，连同保留的各种单据、接待计划、活动日程表等按规定上交有关人员存档，并到财务部门结清账目。

（三）总结工作

下团后，地陪要将旅游者填写的"游客意见调查表"交回旅行社，主要包括旅游团基本情况，接待人员（含全陪）情况，协作部门及其接待情况，旅游者的表现、反映与意见等。

旅游中若发生重大事故，地陪要将具体情况整理成文字材料向接待社和组团社汇报。

除了以上的书面总结外，地陪在下团之后，还应进行一下自我总结：对自己本次带团过程中各方面的表现做一个回顾，看自己对哪些问题的处理较为妥当，值得总结经验；哪些方面做得不够好甚至较差，应该吸取教训，及时改进提高。

第二节　全陪导游服务程序与规范

全陪服务是保证旅游团队的各项旅游活动按计划顺利、安全实施的重要方面。

全陪作为组团社的代表，应自始至终参与旅游团全旅程的活动，负责旅游团移动中各环节的衔接，监督接待计划的实施，协调领队、地陪、司机等各方面接待人员的关系。

全陪应严格按照《导游服务质量标准》和旅游合同提供各项服务。

一、服务准备

准备工作是做好全陪服务的重要环节之一。

（一）熟悉接待计划

上团前，全陪要认真查阅接待计划及相关资料，了解所接待旅游团的全面情况，注意掌握该团重点旅游者的情况和该团的特点。

（1）记住旅游团的名称（团号）、国别、人数和领队姓名。

（2）了解旅游团成员的组成情况。

（3）掌握旅游团的行程计划。

（4）熟悉全程各站的主要参观游览项目。

（5）了解全程各站安排的文娱节目、风味餐饮等事宜。

注意

每一地的具体活动日程早已经由组团旅行社和地方接待旅行社协商确定，全陪不一定需要详细掌握各地活动的具体内容。但是，旅游团在各旅游目的地之间的转接过程，基本上都是由全陪来提供导游服务的，因此，全陪对上下站之间的衔接要非常熟悉。全陪必须掌握各个地方接待社的联系方法和各站转接的方式及时刻。

（二）物质准备

接团前，全陪要做好必要的物质准备，携带必备的证件和有关资料。

（1）必带的证件：本人身份证、导游证、边防通行证等。

（2）所需结算单据和费用：拨款结算单、支票、差旅费等。

（3）其他物品：旅游团接待计划、日程表、旅游宣传品、行李卡、徽记、全陪日志等。

（三）与接待社联络

（1）接团的前一天，全陪应同接待社取得联系，互通情况，妥善安排好相关事宜。

（2）摘记各站接待社有关部门的电话号码和传真号码或电子邮箱地址，以便随时联系。

注意

如果接待的是外宾团，要在旅游团抵达本地的前一天同首站地的地陪取得联系，妥善安排相关事宜，并约好次日会合的时间及地点。

如果接待的是内宾团，要在旅游团出发的前一天同旅游团的客人取得联系，约好次日出发登机（车、船）的时间及地点。

二、实际接待阶段

（一）首站接团服务

首站接团服务，要使旅游团在抵达后能立即得到热情友好的接待，让旅游者有宾至如归的感觉。

（1）接团之前，全陪应向接待社了解首站接待工作的详细安排情况。

（2）全陪应提前半小时到达接站地点，与地陪一起迎候旅游团。

（3）全陪应协助地陪尽快找到旅游团，向领队做自我介绍后，立即与领队核实实到人数、行李件数、住房、餐饮等方面的情况。

（4）全陪应协助领队向地陪交接行李。

（5）致欢迎辞。待旅游团的旅游者全部上车后，全陪应在地陪之前，代表组团社和个人向旅游团致欢迎辞。欢迎辞的内容包括表示欢迎；自我介绍（同时将地陪介绍给全团）；表示提供服务的真诚愿望；预祝旅行愉快。

注意

如果接待的是内宾团，全陪先要做的应该是带领全团启程赴首站地。如果接待的是外宾团，全陪应与首站地地陪取得联系，与之一起前往旅游团入境的机场（车站、码头）迎接旅游者的到来。

（二）进住饭店服务

进入饭店后，全陪应使旅游团尽快完成住宿登记手续，住进客房并取得行李。为此，全陪应做好以下几方面工作：

（1）主动协助领队办理旅游团的住店手续。

（2）请领队分配住房，但全陪要掌握住房名单，并与领队互留各自房号以便联系。

（3）热情引导旅游者进入房间。

（4）如地陪不住店，全陪要负起全责，照顾好旅游团成员，随时处理可能出现的问题。

（5）掌握饭店总服务台的电话号码和与地陪联系的办法。

（三）核对、商定旅游活动日程

全陪应认真和领队核对、商定旅游活动日程，如遇难以解决的问题，应及时反馈给组团社，使领队得到及时答复。

（四）各站服务

全陪在旅途各站的服务，应使接待计划得以全面顺利实施，使各站之间有机衔接，各项服务适时、到位，并使旅游者的人身和财产安全得到保护，遇到突发事件能及时、有效地处理。

（1）全陪应向地陪通报旅游团的情况，并协助地陪工作。

（2）监督各地接待服务质量，酌情提出改进意见和建议。若活动安排与上几站有明显雷同，应建议地陪进行必要调整。若对当地接待工作有意见或建议，要诚恳地向地陪提出，必要时向组团社汇报。

（3）保护旅游者的安全，预防和处理各种问题和事故。

①在游览活动中，全陪要注意观察周围的环境，留意旅游者的动向，协助地陪圆满完成导游讲解任务，避免旅游者走失或发生意外。

②提醒旅游者注意人身和财物安全，如发生意外事故，应依靠地方组织妥善处理。遇到旅游者患病住院、发生重大伤亡事故、发生失窃案件、丢失护照及贵重物品等情况时，要迅速向组团社汇报请示。

③境外旅游者购买贵重物品特别是古玩时，要提醒其保管好发票，不要将古玩上的火漆印去掉，以备出海关时查验；购买中成药、中药材时，要向他们讲清中国海关的有关规定。

（4）做好联络工作。做好领队与地陪、旅游者与地陪之间的联络、协调工作；做好旅游线路上各站间，尤其是上、下站之间的联络工作，及时通报情况（如领队的意见、旅游者的要求），落实接待事宜。

（五）离站服务

在旅游团离开各地之前，全陪应做好如下工作：

（1）提醒地陪落实离站的交通票据及离站的准确时间。

（2）协助领队和地陪办理离站事宜。向旅游者讲清航空（铁路、水路）有关托运或携带行李的规定；协助领队、地陪清点旅游团的行李。

（3）妥善保管票证。到达机场（车站、码头）后，全陪应与地陪交接交通票据、行李卡或行李托运单。交接时一定要点清、核准并妥善保存，以便到达下站后顺利出站。

（六）途中服务

（1）乘飞机（火车、轮船）旅行时，全陪要积极争取民航（铁路、航运）部门工作人员的支持，共同做好安全保卫和生活服务工作。

（2）在旅行途中，全陪应提醒旅游者注意人身和财物的安全。

（3）全陪应组织好娱乐活动，协助安排好旅游者的饮食和休息，努力让旅途轻松、愉快。

（4）全陪应保管好行李托运单和机（车、船）票等单据，抵达下站时将其交予当地的地陪。

（5）乘火车旅行，全陪应事先请领队分配好包房、卧铺铺位。若无领队陪同，则此项工作应由全陪负责。

（七）末站服务

（1）当旅游活动结束时，全陪要提醒旅游者带好自己的物品和证件。

（2）征求旅游者对整个接待工作的意见和建议。

（3）在末站地的地陪之后致欢送辞，对旅游者给予的合作支持表示感谢并欢迎再次光临。

三、接待结束阶段的工作

（1）旅游团离境后，全陪应认真处理好旅游团的遗留问题，提供可能的延伸服务，如有重大情况，要向本社做专题汇报。

（2）认真、按时填写“全陪日志”或提供旅游行政管理部门（组团社）所要求的资料。“全陪日志”的内容包括：旅游团的基本情况；旅游日程安排及飞机、火车、航运情况；各地接待质量（包括旅游者对食、住、行、游、购、娱各方面的满意程度）；发生的问题及处理经过；旅游者的反映、意见和建议。

（3）按财务规定，地陪应尽快结清该团账目。

（4）归还所借物品。

小常识

乘客乘飞机必须交验有效身份证件。据机场安检站透露，在历年检查中均发现有些旅客存在侥幸心理，使用假证登机，最终被卡在安检未能成行。

乘坐飞机的旅客出门前一定要先查看自己的身份证件是否齐全、有效。一旦发现身份证丢失或过期，千万不可抱着侥幸心理借用他人身份证或用伪造证件闯关，假证是逃不过安检人员的“火眼金睛”的，那时不仅行程受阻，还将受到治安处罚，悔之晚矣。

据调查，持假证者多数为身份证丢失或过期者。身份证丢失或过期来不及办新的，其实大可不必着急，更不必弄虚作假，以下几种办法可助您顺利成行：一是到本人户口所在地公安机关开具临时身份证明，证明上应写明姓名、性别、年龄、家庭住址、工作单位、有效日期等，贴上本人的近期免冠照片并加盖公安机关公章；二是向身份证遗失地公安机关报失，由该地公安机关出具报失证明；三是携带本人身份的有效证件，向乘机地民航公安机关申请开具临时登机证明，民航公安机关值班室设在机场候机楼内。如是在外地旅行期间，上述这些有效证件都不在身边，可就近向民航公安机关咨询解决。

第三节　出境游领队导游服务程序与规范

中国公民出境旅游近年来得到飞速发展，按照《中国公民出国旅游管理办法》的规定，目前我国出境旅游主要采取团队形式，“团队的旅游活动须在领队的带领下进行”。出境旅游领队是经国家旅游行政管理部门批准的国际旅行社委派的出境旅游团队的专职服务人员，代表该旅行社全权负责旅游团在境外的旅游活动。在旅游过程中，出境游领队起到派出方旅行社和境外接待方旅行社、旅游者和旅游目的地国家（地区）导游人员之间的桥梁作用。出境游领队的主要任务是：维护旅游团成员间的团结，协调旅游团同境外接待方旅行社导游人员之间的关系；监督接待方旅行社全面执行旅游合同规定的内容，协助各地导游人员落实旅游团食、住、行、游、购、娱等各项服务；维护旅游团成员的正当权益；负责处理旅游团在境外所遇到的各种紧急事宜，保证旅游团在境外旅游安全和顺利。

一、服务准备

出境游领队带团出发前，需要做大量的准备工作。2002 年 7 月 27 日国家旅游局发布并于同日实施的《旅行社出境旅游服务质量》中的“出团前的准备”一节，规定如下：“领队接收计调人员移交的出境旅游团队资料时应认真核对查验。出境旅游团队资料通常包括团队名单表、出入境登记卡、海关申报单、旅游证件、旅游签证/签注、交通票据、接待计划书、联络通讯录等。”

（一）熟悉旅游接待计划

1．掌握旅游团资料

（1）出境游领队要了解旅游团成员的姓名、性别、职业、年龄、联系方式和旅游团中的重点旅游者、需要特殊照顾的对象及旅游团的特殊要求等情况，并据此制订有的放矢的工作计划，帮助各地导游人员将接待工作做得更完善。

（2）熟悉旅游团的整个行程安排。团队行程是出团信息最集中的一份文件，是出境游领队执行旅游计划的基本依据，出境游领队只有对旅游团的行程安排得非常清楚，才能更好地为团队服务，并协调好各地接待社之间的关系。

领队对组团旅行社拟发给旅游者的旅行行程以及与境外接待旅行社确认的接待计划书要精心准备，做到烂熟于心，对每天的行程要熟悉到能够复述。对旅游行程计划应掌握的要点有：掌握旅游团的详细行程计划，包括旅游团抵离各地的时间及所乘的交通工具；熟悉并记住行程计划当中所开列的全部参观游览项目；熟悉并记住行程中应下榻的各地饭店的名称；了解旅游团全部行程当中的文娱节目安排、用餐安排等事项。

（3）掌握团队等级，确保付款准确无误。

2．了解目的地的概况

领队在上团前，要了解目的地的历史、地理、文化、政治、经济等情况，特别需要熟悉当地的气候与风俗习惯。

3. 研究旅游计划

（1）了解各接待社的游程安排是否与自己的旅游日程表一致，若发现问题应立即汇报，请组团社向接待社及时通报并妥善处理。

（2）如果旅游团方面出现人数变动、提出新的要求等情况时，应尽早通知接待方旅行社。

（3）掌握接待社联系资料。要掌握各地接待社社名、联系人姓名、联系电话，尤其要掌握全陪和首站地陪的有关情况。

（二）核对各种票据、表格和旅行证件

1. 核对旅游者护照和团队名单以及护照内的签证

以护照为准核查名单表上客人信息是否准确无误，如有错误，修正后须加盖印章。

2. 核对机票及行程

仔细核对航班、日期和时间，如有转机的情况，必须核对两个航班之间的间隔时间。另外，出境游领队还要核对护照与机票上的姓名，如果姓名有误，必须到航空公司团队出票处更改。

3. 检查全团的疫苗注射情况

一般情况下，旅行社在召开出境前说明会时，会请卫生检疫部门的医生来为旅游者统一接种注射。团队出境前，要在机场、口岸卫生检疫部门办理黄皮书，购买药品。

4. 准备多份境外住店分配名单

在编制住店名单表时，出境游领队应当根据旅游者参团时的住房要求确定分房顺序。对于零散旅游者，出境游领队应当综合考虑其所在单位、年龄、职务等相关因素来安排住房，以减少旅游者间的差异感。

（三）物质准备

（1）准备好领队证、已核对好的票据、证件和各种表格（前往国家或地区的出入境卡、海关申报表等）。

（2）准备好机场税和团队费用。

（3）准备好社旗、社牌、胸牌、行李牌等。

（4）准备好国内外重要联系单位的电话号码、名片等。

（5）准备好领队日志、游客问卷调查表、班机时刻表、旅程地图、各国简介和各地气温表。

（四）开好出境前的说明会

在办理好护照、签证、机票等有关手续后，出境游领队要召集本团队旅游者开一次“出境旅游说明会”。说明会是领队与团队成员正式见面的开始，是领队与团队成员熟悉的机会。领队参加并主持说明会，可以尽早消除旅游者的陌生感，加强领队与旅游者双方之间的熟悉度，使团队成员及时感受到领队的亲切。同时，旅游团成员之间也可以相互认识，增进了解，为在境外的旅游活动奠定良好的团队气氛。

《旅行社出境旅游服务质量》当中对行前说明会已经明确列出了一部分，即出团前，组团社应召开出团行前说明会。在会上，组团社应：

（a）向旅游者说明出境旅游的有关注意事项以及外汇兑换事项与手续等；

（b）向旅游者发放出境旅游行程表、团队标志和旅游服务质量评价表；

（c）向旅游者介绍相关的法律法规知识以及旅游目的地国家的风俗习惯；

（d）向旅游者翔实说明各种由于不可抗力/不可控制因素导致组团社不能（完全）履行约定的情况，以取得旅游者的谅解。

因此，在说明会上，出境游领队要落实五点工作内容。

1. 代表旅行社致欢迎辞

欢迎辞内容包括：代表旅行社表示欢迎，自我介绍，表明愿意为大家服务，希望予以合作，预祝旅游顺利成功等。

2. 旅游行程说明

向旅游者发放出境旅游行程表、团队标志和旅游服务质量评价表，并进行旅游行程说明。该说明主要包括旅游日程，出境、入境手续如何办理及相关的注意事项等内容。在介绍行程前，领队必须首先强调集合时间、集合地点和航班的起飞时间。不少旅游者对乘坐国际航班需要提前 2 个小时到达机场不理解，为此，领队要仔细介绍出境所需办理的各项手续，如海关申报、换登机牌、托运行李、卫生检疫、出境边防检查、安全检查等，使旅游者理解提前集合的原因并给以配合，避免误机事故的发生。另外，要向旅游者介绍行程中的主要景点和城市间转移的时间安排等事宜。

3. 介绍旅游目的地国家（地区）的基本情况及风俗习惯

领队应对即将参观游览的国家或地区的概况加以介绍，可能的话，可以播放一些有关游览国家或地区的资料片，使旅游者获得初步的感性认识。领队还应将该国或地区的风俗习惯、礼仪、禁忌等介绍给旅游者；提醒旅游者要特别注意和必须遵守的要点。

4. 提出要求，讲清注意事项

对于出境旅游的注意事项，领队可以从下述几方面提醒旅游者：

（1）出门在外，注意安全。首先是注意人身安全。在许多国家，机动车及行人要遵循左侧通行的原则，旅游者乘车时要从左边门上车。自由活动时一定要结伴而行，去什么地方最好事先跟领队和导游人员打招呼，以防万一。其次是财物安全。在外活动时，个人的钱款和贵重物品应存入酒店的保险箱，不要放在酒店的房间内或随身携带太多的钱物。

（2）自备生活用品，做到有备无患。为防止旅游者在异国他乡水土不服，领队应提醒旅游者带好常备药品，如止泻药、感冒药、消炎药、止痛药、创可贴、风油精、晕车药及针对自己身体状况需备的药，带齐盥洗用品、拖鞋。

（3）根据目的地的气候，准备服装鞋帽。就东南亚而言，一年四季无论何时前往，夏装都是应时的，一般再备件薄外衣，以便在冷气太足的室内或汽车上使用。鞋子应当轻便舒适，如有乘船或前往海滩的日程安排，就要准备可以淌水的鞋，另外还有太阳镜、太阳帽、晴雨伞等物品。盛装物品的行李箱重量不要超过 20 千克。

(4) 了解饭店个人消费项目，及时结账。使用饭店房间内电话打长途或市内电话，饮用冰箱或吧台饮料、酒水，使用宽带上网，收看收费电视频道等，都要在离店前到总服务台自行付款。

(5) 遵守旅游纪律，文明旅游。领队要叮嘱旅游者在游览时应先听导游讲解，然后再拍照，要随时注意团队的去向，以免掉队。领队要提醒旅游者，在旅游活动中，必须遵守时间，记住旅游车的车号，牢记导游以及领队的手机号码以便联系。在公共场所，举止要文明。乘机旅行时，按照国际惯例，团队办理登记手续是按客人姓氏的英文字母顺序发给登机牌。如果需要调整座位，应在飞机起飞且平稳后再商量调换，切不可挡住通道，影响他人通行。在飞机上用餐时，应将座椅靠背调直，避免影响他人。如果需要服务人员提供服务，应按呼叫按钮，不能大呼小叫。

(6) 领队应提示旅游者购物时要量力而行，仔细斟酌；购买贵重商品要向商店索要完整的收据和购买证明。

(7) 了解货币常识，方便消费。目前人民币在一些国家和地区可以兑换当地货币，了解中国海关关于每人可携带外币和人民币出境的数额的有关规定。了解旅游者可以使用的国际信用卡。

(8) 入乡随俗，遵守当地法律法规。领队要叮嘱旅游者，严格遵守旅游目的地的法律法规，自觉遵守其出入境管理条例及海关规定，对所携带的行李物品，应据实申报，不得走私、漏税、携带违禁品或超过限量携带物品。

5. 落实有关分房、交款、特殊要求等事项

确认有没有加床、不占床或需要单间房的情况；落实境外机场建设税的缴纳方式；确认是否有单项服务、离团活动等特殊要求；确认是否有伊斯兰教徒、食素者等。

二、全程陪同服务

从出境的一刻起，对领队真正的全面考验就已经开始了。在此后的一段时间里，领队要独立面对将要发生的所有事情，并以一种负责任的态度，依靠自己的独立工作能力，带领团队在其他国家（地区）旅行，还要在完成全部预定计划后，再把团队顺利带回。

(一) 办理出境手续

旅游者出入任何国家或地区，均须根据当地政府的规定，办理出入境手续，按国际惯例进行 C. I. Q. 检查。C（customs）代表海关，检查行李、货品、违禁品、课税品、金银币卷等；I（immigration）代表出入境管理、证照查验，检查旅客护照、签证、机票等，清查飞机（船舶）离到站旅客人数；Q（quarantine）代表卫生检疫，对旅客、货物、交通工具进行检疫。

(1) 领队提前到达集合地点并准时集合、清点人数。领队要提醒旅游者提前做好申报准备，申报物品不要放在托运的行李内，要让海关人员检查实物。清点人数时，若有未到旅游者，领队应确认其所在位置，督促其尽快赶到。

（2）带领全团成员办理出关手续和卫生检疫。

①领队事先收齐全团旅游者的物品申报单，持全团集体签证（无集体签证时先收齐全团的护照）、领队的护照、国际机票（车票、船票），走红色通道，办理申报手续。海关检查后，须在申报单上盖章，在机票上盖检查标记。

②领队持盖有海关检查标记的国际机票，到行李托运处办理行李过秤托运手续，领取行李牌、登机牌，交纳机场建设费，提醒旅游者注意登机时间和登机口等事项。

③带领旅游者过卫生检疫，出示黄皮书或购买药品的发票。

④带领旅游者过边检。旅游者持护照按出境名单顺序通过，未在出境名单上的旅游者须填写出境卡。领队要提醒旅游者注意一米线，尊重现场工作人员。过边检时将出境名单一式三联交给边检人员，检查通过后，边检留存一份，另两份由领队收存，回国入境时据此通行。

（3）带领旅游者过安检、候机、登机。

（二）乘机旅行服务

办理完中国境内的全部出境手续后，直到抵达目的地国家（地区），办好入境手续，与当地导游人员会合之前，领队始终是一个人在对出境旅行社派出的整个旅游团进行负责。尤其是在飞行途中，领队应协助机组人员向旅游者提供必要的帮助和服务。

1. 协助旅游者调换座位

因航空公司常常会按照旅客姓氏的字母顺序发放登机卡，有亲属关系或朋友结伴同行的旅游者拿到的登机卡上的座位号大多会不在一起，因此，领队应尽可能地帮助旅游者调换座位，满足其座位需求。

2. 旅游者的特殊用餐要求

团队当中如果有在用餐方面有特殊要求的旅游者，如伊斯兰清真餐、素食餐、儿童餐等，领队应根据行前说明会上的统计数据及早与机上空乘人员进行沟通。

3. 熟悉飞机上的救生设备

领队应当熟悉飞机上救生设备的使用和安全门的设置，登机后认真听取空乘人员的讲解演示。一旦空中飞行期间发生意外，领队首先应自己懂得如何使用救生设备及开启安全门，并在需要时给团内旅游者讲解。

4. 回答旅游者的其他提问

旅行途中，旅游者最经常问的问题就是抵达时间、目的地的天气以及目的地国家（地区）最值得看的景观等。领队应当随时保持清醒的头脑，认真回答旅游者的询问。

（三）办理国外（地区）入境手续

旅游团到达旅游目的地国家（地区）后，领队应带领旅游团办理卫生检疫、证照查验和海关检查等入境手续。

（1）旅游团成员下飞机后，领队应先集中团队客人，清点人数后前往移民局入境检查站，出示护照、有效签证和已填好的入境卡，经移民局官员核实后加盖入境章即可入境。

（2）入境审查结束后，根据机场行李台的指示，前往所乘航班的行李旋转台领取行李。如果发现旅游者行李受损或没有出来，领队应协助旅游者持机票底联、行李牌、登机卡前往航空公司办事处办理必要的手续。

（3）到海关办公室报告团队性质、人数、国籍和行李件数，并接受海关检查。

（四）境外旅游服务

（1）抵达目的地后，领队要立即与当地接待社的导游人员接洽。

（2）清点行李和团员人数。

（3）安排团队入住饭店。这包括：负责办理入住手续并分配房间；通知旅游者叫早、早餐及出发时间；告知旅游者早餐用餐地点；告知酒店内电话的拨号方式及其他设施的使用方法；告知领队、导游人员的房间号和电话号码；检查行李是否送到了客人房间；协助团员解决入住后的有关问题。

（4）与当地导游人员商定日程。一要注意遇有当地导游人员修改日程时，应坚持“调整顺序可以，减少项目不行”的原则，必要时报告国内组团社；二要注意当地导游人员推荐自费游览项目时，领队要征求全体旅游团成员的意见。

（5）监督实施旅游计划。领队带团出境并不是到了目的地把团队交给当地接待社的导游人员就算完成任务，而是要按照旅游合同，逐项监督落实。

（6）参观游览服务。主要有以下注意事项：

①游览景点时，领队一般应走在后面，注意行走路线，留意旅游者的动向。

②嘱咐旅游者，团队旅游务必要遵守时间，同时应记住旅游车车号和导游人员的手机号码以便联系。

③在不影响导游人员工作的前提下，多问候和提醒旅游者，以体现领队的作用。

④观光活动中，对导游人员推荐的收费项目，要征求全体旅游者的意见。

如导游人员随意加价或强迫消费，领队应以妥善的方式指出或制止，要维护旅游者的利益，问题严重时，应及时与接待社或国内组团社联络。

（7）与接待旅行社密切合作，妥善处理各种事故和问题。在境外旅游活动期间，旅游团也可能遇到一些问题甚至事故，比如漏接，旅游者违规，旅游者走失、受伤、生病，旅游者票证、财物丢失，旅游者重病、死亡等。领队应尽量与导游人员、司机搞好关系，共同协作，把各类问题和事故处理好，让旅游者满意。

（8）指导购物。旅游者出境旅游时经常会购买旅游地的特色产品，回来赠送亲友或自己留作纪念。领队既要尊重旅游者购物时的自由选择权，又要提醒团队成员在购物时，不能轻信商家的溢美之词，还要监督、控制购物时间和次数，保护旅游者的权益。要注意以下情况：

①出现当地导游人员安排购物次数过多或延长购物时间的情况，领队要及时与之交涉；当地导游人员推荐购物时，领队不要大肆鼓动客人，给予适当配合即可。

②购物时，领队要提醒旅游者注意商品的质量和价格，谨防假货或以次充好；如果旅游者购买价格昂贵的商品，领队应尽可能帮助他们把好质量关，索要发票或保修单等，并办好退税的相关手续等。

③领队应当提醒旅游者尊重旅游地的消费习惯，不能一味地、无原则地要求商家

对自己选中的商品降价，特别是在欧美和日本的百货公司，没有讨价还价的余地，而在东南亚、非洲和中南美洲买东西，可以还价。

（五）团结工作

领队要维护旅游团内部的团结，协调好旅游者之间的关系。一个团队的旅游者来自不同的社会阶层，由于生活背景、工作环境和受教育情况各不相同，团队成员间难免会产生一些矛盾和纠纷。领队在旅游者发生矛盾时，切记不可介入，应尽量避免当面评判谁是谁非，可以和当事人个别交流，善意地提出建议，本着求大同存小异的原则，化解矛盾，多渠道创造条件使这个临时的大家庭团结和睦。

（六）保管证件和机票

进入目的地国家或地区，特别是敏感国家或地区，领队必须及时收取旅游者的护照和签证集中保管，并保管好全团机票和各国入境卡、海关申报单。

（七）旅游活动结束前的工作

（1）落实票证。在即将结束旅游目的地的活动时，领队应与全陪、地陪一起落实出境的票证，如机票、车票、船票等。

（2）向合作者告别。临别前，领队要代表旅行社和全体团员向接待方旅行社的导游人员（包括全陪、地陪）致谢；若对方有不足之处，可以在适当的场合提出诚恳的建议；若对方有需要领队配合填写的表格，应积极给以协作。

（八）办理离境手续

（1）办理托运行李的安全检查。境外许多国家在托运前会进行行李安全检查，检查过的行李要粘封条或用打包机打包。领队要提醒或带旅游者将安检过的行李送到托运处交运。

（2）办理登机牌和行李托运手续。在所乘航班的办理柜台办理登机牌和行李托运手续，清点行李件数，核对行李领取牌是否与所乘航班相符。分发登机牌时，领队应强调登机口和登机时间。

（3）填写出境卡，缴纳国际机场税。有些国家的出境卡只有在柜台才能拿到，比如澳大利亚和新西兰。领队应指导旅游者填写出境卡，必要时代旅游者填写。有些国家的机场税没有含在机票中，如柬埔寨、泰国等，须在现场购买。

（4）通过移民局接受出境检查。进入隔离区后，旅游者递交护照和出境卡及登机牌接受移民局出境检查站检查。如果旅游团所持签证为团体签证，领队应要求旅游者按名单顺序排队，依次审核出关。

（5）通过安全检查。领队带旅游者将随身物品通过 X 光仪检测，人体要通过金属探测门。

（6）购买免税商品及退税。各国机场都设有免税商店，在市区购买的免税品可以在机场提货；可以退税的商品，退税手续也在这里办理。

（7）登机。

（8）出境。

（九）办理入境手续

（1）领队应告诉旅游者遵守中国边检及海关规定，不得携带违禁品、管制品入境，也不得携带未经检验的水果入境。

（2）按名单顺序排队，依次到边检处审验护照。

（3）填写健康说明书。通常不必每人都填，只要领队在统一名单上说明全团人员均健康即可（患规定检疫疾病的除外）。对于人数较多的团队，入境时尽量每人都填写一份，以免日后麻烦。

（十）与旅游者告别

代表旅行社举行告别宴会，致欢送辞，诚恳征求旅游者的意见，充分利用时间让旅游者填写旅游服务质量评价表，为旅游活动画上圆满的句号。

三、接待结束阶段的工作

（一）完成“领队日志”

领队带团返回后，要填好“领队日志”。“领队日志”的主要内容包括：旅游团名称与编号、人数、出入境时间、全程路线、各接待社名称、全陪及地陪姓名；旅游者状况、表现、意见、建议以及本人与各地导游所做的有针对性的工作；接待方导游人员的服务水平、工作能力与表现；接待方落实旅游接待计划的状况以及存在的主要问题，包括饭店（等级、实际用房数）、交通（车、船状况）、餐饮、景点、娱乐场所等旅游设施状况及接待水准；与接待方导游人员之间的合作情况；旅游过程中出现的问题或事故的原因、处理经过与结果以及旅游者的反映等；成功的经验和体会、工作中的不足及今后的改进方法；对今后工作的建议。

（二）整理反映材料

出境游领队应将旅游者有价值的建议、重大事情处理过程、尚待解决的问题整理后交旅行社。

（三）处理委托与投诉

出境游领队应妥善处理旅游者的委托事宜并协助旅行社处理可能出现的投诉问题。

第四节　景区（点）导游服务程序与规范

景区（点）导游是导游服务的一个组成部分，包括旅游区、自然保护区、博物馆、纪念馆、名人故居等地的导游服务。导游人员应通过其讲解，使旅游者对该景区（点）或参观地的全貌和主要特色有较为全面的了解，并增进旅游者对保护文物或环境、生态系统的认识。

一、服务准备

（一）熟悉情况

（1）了解接待的旅游团（者）的基本情况，如人数、旅游团性质、成员身份等。

（2）熟悉景区（点）或参观点的管理规定。

（3）掌握必要的环境和文物保护知识以及安全知识。

（二）物质准备

（1）准备好导游图册或有关资料。

（2）准备好导游讲解的工具或器材。

二、导游服务

（一）致欢迎辞

欢迎辞的内容应包括：表达欢迎，自我介绍，表示愿意为大家服务，欢迎多加指导。

（二）景点讲解

景区导游讲解景点要做到知识性、趣味性和科学性三者兼备，景点讲解主要包括对自然风光的讲解和对人文景观的讲解。

1. 自然风光的讲解内容

（1）山水风光的形态特征，如山的雄、奇、险、秀，水的浩瀚、旷远，草原的广阔无垠，峡谷的曲折幽深，以及山水中的动植物特点等。

（2）山水风光的内涵特征，包括山水形成的地质地理条件，蕴藏在景观中的神话传说、奇闻逸趣等。

（3）山水风光的独特价值，如是否被列入世界遗产名录、属哪一级自然保护区等。

2. 人文景观的讲解内容

（1）历史背景，即何年所建，当时的历史条件是什么等。

（2）景点用途，即为何而建，为纪念名人、为保护文物、还是为教育后代等。

（3）景点特色，即建筑结构布局有何特点，也就是欣赏价值如何。

（4）景点地位，即景点在世界上、国内、省内、市内处于什么地位，是何级文物保护单位等。

（5）景点价值，即景点的历史价值、文物价值、旅游价值、欣赏价值等。

（6）名人评论，即历史名人、国家领导人、世界名人参观游览后有何评论。

（三）注意事项

（1）带领旅游者按参观游览路线进行分段讲解。讲解应视旅游者的不同类型和兴趣、爱好有所侧重。

（2）结合有关景物或展品相机宣传环境、生态系统或文物保护知识，并解答旅游者的问询。

（3）注意旅游者的动向与安全。

三、送别服务

送别服务中最重要的内容是致欢送辞。首先，景区景点导游人员应对旅游者参观游览中的合作表示感谢；其次，征求旅游者意见和建议，并欢迎客人再度光临指导；最后，向旅游者赠送景区（点）有关资料或小纪念品。

思考与练习

1. 作为地陪，应怎样做好接团的准备工作？
2. 熟悉接待计划的目的是什么？
3. 接团前导游人员落实接待细节的作用是什么？
4. 沿途导游应注意什么？怎样使长途旅行的气氛活跃起来？
5. 简述参观游览过程中的主要工作内容。
6. 导游人员在购物环节中的作用是什么？
7. 送团前，导游人员应提醒客人哪些事情？
8. 在各接待站之间的交通工具上，全陪应如何为旅游者服务？
9. 我国出境游领队在出境前要做好哪些准备工作？
10. 全陪、地陪和出境游领队的服务程序各有什么侧重点？地陪服务程序包括哪些部分？

实训练习

1. 教师设定旅游行程计划及特定的游客群体，学生按照欢迎辞和欢送辞的基本要素笔头及口头创作一篇欢迎辞和欢送辞。

2. 教师示范与学生模拟相结合，按照地陪导游服务规范，学生分组进行室内模拟导游服务程序操作练习。

3. 分组演示：每组三名同学分别扮演地陪、全陪和领队，其他同学扮演旅游者，进行一次日程的商谈。

第四章　散客导游服务规范

引　言

一位刚获得导游证的年轻女导游，第一次接受旅行社委派去火车站迎接由三位女性组成的旅游团。当接到客人后她显得很激动，不是帮助客人搬运行李，就是为她们代办有关手续。在旅游车上面对客人讲欢迎辞时，她却变得紧张起来，慌忙中用颤抖的声音说了声："女士们、先生们，大家好！"三位女客人听后目瞪口呆，面面相觑，见女导游满脸绯红、不知所措，不由咯咯地笑了起来。

【学习目的】

通过本章的学习，学生要掌握散客旅游的基本概念和特点，了解散客旅游与团队旅游的区别；熟悉散客旅游服务的类型、特点；全面掌握散客导游服务程序与服务质量。

【主要内容】

· 散客导游服务的类型与特点

散客导游服务的类型　散客导游服务的特点

· 散客导游服务程序与服务质量

接站服务　导游服务　送站服务

近年来，散客旅游迅速发展，已成为国际旅游业和我国旅游业的主要形式。散客旅游发展是旅游市场成熟的标志之一，这说明旅游者自主旅游的意识日趋增强，旅游消费观念日趋成熟。近年来，我国散客旅游发展得十分迅速，据权威部门分析和预测，我国散客旅游占旅游市场的比例将突破 70%，成为旅游市场的主角。散客对旅游服务的效率和质量的注重往往比团队旅游者更甚。这一情况要求引起旅行社和导游人员的注意，提供针对性服务，满足散客的旅游需求。

第一节　散客导游服务的类型与特点

散客旅游又称为自助游或半自助旅游，是指由旅游者自行安排旅游行程，零星现付各项旅游费用的旅游形式。"散客"并不意味着只有一个客人，可以是一个家庭或几个亲朋好友，也可以是临时组织起来的散客旅游团，只是人数较少，通常为 9 人以下。

散客旅游中有不少活动都需要借助旅行社的帮助，如委托旅行社代订交通票据和宾馆客房，出游中委托旅行社派遣人员接送，或者参加旅行社组织的选择性旅游等。其中，涉及的导游人员只是受旅行社委派向散客提供接待服务而已。

散客旅游与团队旅游的不同，主要表现为四点。第一，人数不同。散客旅游的人数多少不一，我国目前通行散客包价旅游的人数为9人（含9人）以下，团队包价旅游须在10人以上。第二，付费方式不同。散客多采用零星现付方式，即购买什么，购买多少，都按零售价格当场支付，而团队旅游多采用包价形式，即全部或部分基本旅游费用由旅游者在出游前一次性提前支付。第三，价格不同。通常散客的旅游活动项目按零散价支付，比享受折扣优惠的团队旅游的价格更高。第四，行程自由度不同。散客旅游一般由旅游者自行计划和选择行程，旅行社提供咨询服务，行程节奏变化大，而团队旅游则受旅行社计划及自身组织性约束。

一、散客导游服务的类型

散客旅游服务就是旅行社按照散客的要求提供各项导游服务，主要包括旅游咨询服务、单项委托服务和选择性导游服务。

（一）旅游咨询服务

旅游咨询服务是旅行社散客部接待人员向旅游者提供各种与旅游有关的信息和建议的服务。旅游信息包括旅游交通、饭店住宿、餐饮设施、旅游景点、旅行社产品种类以及各种旅游产品的价格等。旅游建议是指旅行社散客部接待人员根据旅游者的初步想法向其提供若干种旅游方案，供其选择与考虑。

旅游咨询服务分为电话咨询服务、当面咨询服务和信函咨询服务。

（二）单项委托服务

单项委托服务指旅行社为散客提供的各种单项计价的可供选择的服务，这类服务主要包括抵离接送，行李提取，保管和托运，代订机、车票和饭店，代租汽车，代办出入境、过境临时居住和旅游签证，代向海关办理申报检验手续，代办国内旅游委托，导游服务等。

单项委托服务分为受理散客来本地旅游的委托、办理散客赴外地旅游的委托和受理散客在本地的各种单项服务委托。

1. 受理散客来本地旅游的委托

这类委托包括：

（1）记录有关内容。受理散客到本地旅游委托时，旅行社应记录散客的姓名、国籍（地区）、人数、性别、抵达日期、所乘交通工具抵达时间、需提供的服务项目、付款方式等。如要代办在本地出境的交通票据，则要记录下客人护照上准确的姓名拼写、护照或身份证号码、出生年月、交通工具档次，以及外地委托社名称、通话人姓名、通话时间等。

（2）认真填写任务通知书。任务通知书一式两份，一份留存备查，一份连同原件送经办人办理，若散客要求提供导游接待服务，旅行社应及时安排导游人员。

(3) 如果旅行社无法提供散客委托的服务项目，应在24小时内通知外地委托旅行社。

2. 代办散客赴外地旅游的委托

旅行社为散客代办赴外地旅游的委托应在其离开本地前三天受理，若代办当天或次日赴外地旅游的委托，要加收加急长途通信费。如委托人在国外，旅行社可告知该国与其业务有关系的外国旅行社，通过该旅行社办理；如委托人在我国境内，可让其直接到旅行社相关部门办理。接受此项委托任务时，旅行社必须耐心询问客人要求，认真检验其身份证件。根据客人各项服务要求，逐项计价，现场收取服务费用，出具发票或收据。如果客人委托他人代办委托手续，受委托人在办理委托时，必须出示委托人的委托书和委托人身份证件，然后再按上述程序进行。

3. 受理散客在本地旅游的委托

受理散客在本地旅游的委托的操作与代办散客赴外地旅游的委托的相同。

(三) 选择性旅游服务

选择性旅游服务是通过招徕旅游者，将赴相同旅游线路、景区（点）的不同旅游者组织起来，分别按单项价格计算的旅游形式。

选择性旅游的形式众多，主要有小包价旅游中的可选择部分、散客市内观光游览、晚间文娱活动、风味品尝、到近郊或临近城市景区（点）的短期游览参观活动，如现在较为热门的一日游、购物游等。

选择性旅游服务品种多、范围广、订购时间短，较团队旅游更复杂琐碎，难度较大。因此必须做好旅游产品宣传销售、旅游服务采购和旅游接待服务工作。

二、散客导游服务的特点

虽然散客导游服务在内容和程序上与团队包价旅游有相同之处，但其自身的特点亦十分明显。

(一) 服务项目少且比较单一

除了散客包价旅游之外，其他形式的散客导游服务在服务项目上相对较少，有的只提供单项服务，如接站服务、送站服务，导游人员只需将旅游者从交通港接送至饭店或将旅游者从饭店送至交通港即可。服务项目少是因为散客导游服务项目完全是散客个人自主选择而定的。但是，散客导游服务项目少，甚至单一，并不意味着在某些服务中其服务程序也少、服务标准也低；相反，有时甚至比团队包价旅游服务程序更为复杂，要求更高。

(二) 服务周期短，周转较快

散客导游服务由于服务项目少，有的比较单一，因而同团队包价旅游相比，所需服务的时间较短，人员周转较快，同一导游人员为旅游者服务的频率较高，即同一导游人员在同一时期内接待的旅游者数量也较多。

（三）服务难度较大，服务程序相对复杂

由于散客导游服务服务周期短、周转时间快，导游人员几乎每天、甚至每一两个小时就要面对不同面孔、不同类型、不同性格的旅游者，与旅游者的沟通、对旅游者的适应的时间都非常短，因此导游人员在进行导游服务时会比团队导游服务难度更大、程序更复杂。

（四）旅游者自由度高，变化大

散客由于自主意识强、兴趣爱好各异，在接受导游服务时，一方面不愿导游人员过多干涉其自由，另一方面又经常向导游人员提出一些要求，并且往往根据各自的喜好，向导游人员提出一些变动的要求，如提前结束旅游活动或推迟结束游览时间等。

第二节　散客导游服务程序与服务质量

散客旅游与团队旅游，在接待工作和接待程序上有许多相似的地方，但也有不同之处。导游人员受旅行社的委派接待他们或帮助办理有关委托事项，涉及导游人员的服务通常为接站服务、导游服务和送站服务。

一、接站服务

接站服务是散客到达旅游目的地之前向旅行社办理的委托服务，导游人员的主要任务是按散客委托要求将其从航空港、车站、码头等地接送到客人预定的饭店。其服务规程如下：

（一）服务准备

导游人员接到迎接散客旅游者的任务后，应认真做好迎接散客的准备工作，这是接待好散客的前提。

1. 认真阅读接待计划

导游人员应明确迎接的日期，航班（车、船）的抵达时间；散客的姓名及人数和下榻的饭店；有无航班（车、船）及人数的变更；提供哪些服务项目；是否与其他散客合乘一辆车至下榻的饭店等。

2. 做好出发前的准备

导游人员要准备好迎接散客旅游者的姓名或散客包价旅游团的标志，如随身携带的导游证、胸卡、导游旗或接站牌；检查所需票证，如离港机（车、船）票、餐单、门票等。

3. 联系交通工具

导游人员要与计调部或散客部确认司机姓名并与司机联系，约定出发的时间、地点，了解车型、车号。

（二）接站工作

导游人员在接站时，要使散客旅游者或小包价旅游团受到热情友好的接待，有宾至如归的感觉。

1. 提前到站等候

导游人员若迎接的是乘飞机而来的散客或散客包价旅游团，应提前 20 分钟到达机场，在国际或国内进港隔离区门外等候；若是迎接乘火车而来的散客或散客包价旅游团，应提前 30 分钟进车站站台等候。

2. 迎接旅游者

接散客比接团队旅游者要难，因为散客人数少，大家又互不认识，稍有疏忽就会出现漏接、错接的事故。因此，在航班（火车、轮船）抵达时，导游人员和司机应站在不同的出口并举牌迎接旅游者。确认迎接到应接的旅游者后，应主动问候，并介绍所代表的旅行社和自己的姓名，对其表示欢迎。询问旅游者在机场或车站还需办理的事情，并给以必要的协助。询问旅游者行李件数，并进行清点，帮助其提取行李和引导上车。如果是小包价旅游团，将行李清点后交行李员运送。

如果没有接到应接的旅游者，导游人员应该：

（1）询问机场或车站工作人员，确认本次航班（火车、轮船）的乘客已经全部下来。

（2）导游人员和司机在机场（车站、码头）附近尽可能的范围内寻找（至少 20~30 分钟），看旅游者是否走远。

（3）与客人下榻的饭店联系，查询其是否已自行到饭店。

（4）若确实找不到应接的散客，导游人员应打电话与计调人员联系并告知情况，进一步核实其抵达的日期和航班（火车、轮船）是否有变更的情况。

（5）当确定迎接没有希望时，必须先向旅行社汇报情况，经过计调部或散客部同意方可离开机场（车站、码头）。

（6）对于没有接到旅游者的导游人员来说，回到市区后，应前往旅游者下榻的饭店前台，确认旅游者是否已入住饭店。如果旅游者已经入住饭店，必须主动与其联系，并诚恳表示歉意。

（三）沿途导游服务

在从机场（车站、码头）至下榻的饭店途中，导游人员对散客也应该像对团队一样进行沿途导游，介绍所在城市的概况、下榻饭店的地理位置和设施，以及沿途景物和有关注意事项等。所不同的是对于个体散客，沿途导游服务可以采用对话的方式进行讲解。

（四）入住饭店服务

导游人员帮助旅游者进入饭店后，要尽快帮助旅游者完成住宿登记手续，并记下客人的房间号码。导游人员应该热情介绍饭店的主要服务项目及住店的有关注意事项，与旅游者确认日程安排与离店有关的事宜。

1. 帮助办理入住手续

散客抵达饭店后，导游人员应帮助散客办理饭店入住手续。按接待计划向散客明确说明饭店将为其提供的服务项目，并告知散客离店时要现付的费用和项目，记下散客的房间号码。散客行李抵达饭店后，导游人员负责核对行李，并督促行李员将行李运送到散客的房间。

2. 确认日程安排

导游人员在帮助散客办理入住手续后，要与散客确认日程安排。当散客确认后，将填好的安排表、门票及赶赴下一站的飞机（火车、轮船）票交与散客，并让其签字确认。对于有送机（车、船）服务项目的散客要与其商定好离站时间和送站安排。

3. 确认机票

若散客将乘飞机去下一站，而散客又不需要旅行社为其提供机票时，导游人员应叮嘱散客要提前预订和确认机座；如果散客需要协作确认机座时，导游人员可告知其确认机票的电话号码；如果散客愿意将机票交与导游人员帮助确认，而接待计划上又未注明需协助确认机票，导游人员可向散客收取确认费，并开具证明。

导游人员帮助客人确认机票后，应向散客部或计调部报告核实确认的航班号和离港时间，以便及时派人、派车提供送机服务，并将收取的确认机票服务费交给旅行社。

4. 推销旅游服务项目

导游人员在迎接散客的过程中，应灵活询问散客在本地停留期间还需要旅行社为其代办何种事项，并表示愿意竭诚为其提供服务。

（五）后续工作

迎接散客完毕后，导游人员应及时将同接待计划有出入的信息及旅游者的特殊要求反馈给散客部或计调部。

二、导游服务

由于参加散客旅游的旅游者通常文化层次较高，而且有较丰富的旅游经验，他们对导游服务的要求高，更重视旅游产品的文化内涵，这就要求接待散客的导游人员应具有较高的综合素质、高度的责任感和丰富的带团经验，多倾听散客的意见，做好组织协调工作。

旅游过程中，因为散客来自不同的国家、地区、省份，彼此语言、习惯、信仰不同，又无领队、全陪，游览中相互无约束，集合很困难。导游人员更应尽心尽力，多做提醒工作，多提合理建议，努力使客人能安全、顺利地参观游览。

提供散客旅游服务的导游人员，在散客接待前期必须请旅游者或代理人填写“接待委托书”，办理委托手续，缴纳费用；热情、耐心地介绍可提供的各项服务、参观游览点及费用情况，商定可提供的住房、车辆、游览及导游服务等项目；接待有身份的散客旅游者或旅游者委托旅行社安排某种会见时，须报告有关部门，根据领导决定为其安排、落实各项服务。导游人员与散客商定日程时必须遵循“主随客便”与“合理而可能”的原则，要当好顾问，不强加于人。

（一）出发前的准备

出发前，导游人员应做好有关的准备工作，如携带门票、导游小旗、宣传材料、游览图册、胸卡、名片等，并与司机联系集合的时间、地点，督促司机做好有关准备工作。

导游人员应提前15分钟抵达集合地点，引导客人上车。如是散客包价旅游团，客人分住不同的饭店，导游人员应该同司机驱车按时到各饭店接客人。客人到齐后，再驱车前往游览地点。根据接待计划的安排，导游人员必须按照规定的路线和景点率团进行游览。

（二）沿途导游服务

散客的导游服务与团体旅游者大同小异。如导游人员接待的是临时组合起来的散客包价旅游团，初次与这些客人见面时，应像接待团队客人一样，代表旅行社、司机向客人致以热烈的欢迎，表示愿竭诚为大家服务，希望大家予以合作，多提宝贵意见和建议，并祝大家游览愉快、顺利。

导游人员除做好沿途导游之外，应特别向客人说明在游览过程中要注意安全。

（三）现场导游讲解

抵达游览景点后，导游人员应对景点的历史背景、特色等进行讲解，语言要生动，有声有色，引导客人观赏。

如果是个体旅游者，导游人员可采用对话形式进行讲解。游览前，导游人员应向其提供游览路线的合理建议，由客人自行选择。提醒客人上车时间、地点和车型、车号。

如果是散客包价旅游团，导游人员应陪同旅游团，边游览边讲解，随时回答客人的提问，并注意观察客人的动向和周围的情况，以防客人走失或发生意外事故。

接待计划规定的景点游览结束后，导游人员要将游客送回下榻的饭店。

（四）其他服务

回到饭店后，由于散客自由活动时间较多，导游人员应当好他们的顾问，应客人要求，可协助其安排购物或晚间娱乐活动，要提醒客人注意安全，引导他们去健康的娱乐场所。

（五）后续工作

接待任务完成以后，导游人员应及时将接待中的有关情况反馈给散客部或计调部，或者填写零散旅游者登记表。

请思考

地陪小王在陪同一对老年夫妇游览故宫时，工作认真负责，在两个半小时内向客人详细讲解了午门、三大殿、乾清宫和珍宝馆。老人提出了一些有关故宫的问题，小王说："时间很紧，现在先游览，回饭店后我一定详细回答您的问题。"在参观游览过程中，客人还建议她休息，她都谢绝了。虽然很累，但她很高兴，认为自己出色地完成了导游讲解任务。然而出乎她意料的是，那对老年夫妇不仅不表扬她，反而写信给旅行社的领导批评了她。她很委屈，但领导了解了情况后说老年游客批评得对。

为什么说旅行社领导说老年游客批评得很对？导游人员应该怎样接待老年散客？

三、送站服务

客人在结束本地参观游览活动后，导游人员应使客人顺利、安全地离站。

（一）服务准备

1. 详细阅读送站计划

导游人员接受送站计划后，应详细阅读，明确所送客人的姓名或散客包价旅游团的人数、离开本地的日期、所乘航班（火车、轮船）；有无航班（火车、轮船）与人数的变更；是否与其他客人或散客包价旅游团合乘一辆车去机场（车站、码头）。

2. 做好送站准备

导游人员必须在送站前24小时与客人或散客包价旅游团确认送站时间和地点；若客人不在房间，应留言并告知再次联络的时间，然后再联系、确认，同时要备好客人的机（车、船）票。

导游人员应同散客部或计调部确认与司机会合的时间、地点及车型、车号。

如客人乘国内航班离站，导游人员应掌握好时间，使客人提前1.5小时到达机场；如客人乘国际航班离站，必须使客人提前2小时到达机场；如客人乘火车离站，应使客人提前40分钟到达车站。

（二）到饭店接送客人

按照与客人约定的时间，导游人员必须提前20分钟到达游客下榻的饭店，协助客人办理离店手续，交还房间钥匙，付清账款，清点行李，提醒客人带齐随身物品，然后照顾客人上车离店。

若导游人员到达散客下榻的饭店后未找到要送站的客人，导游人员应到饭店前台了解客人是否已经离开饭店，并与司机共同寻找；若超过约定的时间20分钟仍未找到，应向散客部或计调部报告，请计调人员协助查询，并随时与其保持联系；当确认实在无法找到客人，经计调人员或旅行社有关负责人同意后，导游方可停止寻找，离开饭店。

若导游人员要送站的散客与住在其他饭店的旅游者合乘一辆车去机场（车站、码头)，导游人员要严格按照约定的时间顺序抵达各饭店。

若客车运送散客途中遇到严重交通堵塞或其他特殊情况，需调整原约定时间顺序和行车路线时，导游人员应及时打电话向散客部或计调部报告，请计调人员将时间上的变化通知其他饭店等待送站的散客，或者请其采取其他措施。

（三）送站工作

在送散客到机场（车站、码头）途中，导游人员应向客人征询在本地停留期间或游览过程中的感受、意见和建议，并代表旅行社向客人表示感谢。散客到达机场（车站、码头）以后，导游人员应提醒和帮助客人带好行李和物品，协助客人登机（车、船）。

导游人员应协助游客办理登机手续、托运行李，然后送他们至隔离区入口处，向其道别，欢迎他们下次再来；乘火车离站时，如导游人员能进站，导游人员要安排游客上车入座，协助他们安放好行李、交接车票后向其道别，欢迎他们再来。

（四）结束工作

散客经常有临时增加旅游项目或其他变化的情况而需要导游人员向旅游者收取各项费用，因此，在完成接待任务后，导游人员应及时结清所有账目，并及时将有关情况反馈给散客部或计调部。

思考与练习

1. 散客旅游与团队旅游的主要区别有哪些？
2. 什么是散客旅游？散客旅游有何特点？
3. 与散客商定旅游日程时必须遵循什么原则？
4. 简述散客导游服务的基本程序。
5. 在给散客讲解时，导游人员应采取何种形式？
6. 散客导游服务分为哪几种类型？
7. 散客旅游的发展和特点向导游人员的接待服务提出了哪些方面的要求？
8. 导游人员接待个体散客的接站服务同接待团队旅游者的接站服务有什么不同？
9. 导游人员在陪同个体散客游览时应注意什么？
10. 导游人员到饭店接散客去机场时要注意什么？如果找不到这位散客，导游人员该怎么办？

实训练习

学生分组进行在机场迎接散客、散客入住饭店、景点讲解、到饭店接送客人等环节的室内模拟训练。

第五章　导游人员的服务技能

引　言

已经当了半年多导游的陈实最近带团总觉得有点力不从心，同一个景点，有时甚至就是同一个笑话或同一个典故，不知道为什么自己讲出来总是不出彩，更没有达到以前听老导游人员讲解时那种隔半晌仍觉得意味深长、耐人寻味的效果。而且对像教师团、上海团等任务还有点不敢接，因为有好几次带团要不是及时打电话向同事请教方法，都不知道如何收场。更让人苦恼的是，有的团好带，可有的团说实话真不好带，要求多，迟到拖沓是常事，团员三五一伙，意见总不统一，你在讲解，他在聊天，还当众考你。有时甚至你真心为他们好，可是客人就是不领你的情，真觉得多做多错，不如不做！

【学习目的】

本章要求学生了解和掌握导游服务中的组织技能、语言表达技能、导游讲解技能和导游词的撰写技巧。重点掌握导游语言的运用原则和导游讲解遵循的基本原则，以此进行导游词的创作。要求在当地任选一个风景名胜区作为创作对象，完成导游词创作和讲解任务。

【主要内容】

· 导游人员的组织技能

导游人员的吸引力与形象塑造　组织活动与日程安排的技能　旅游团的组织技能

· 导游人员的语言技能

导游语言的主要表达形式　导游语言的表达技能

· 导游人员的讲解技能

导游讲解应遵循的原则　不同场合的导游讲解技巧　常用的导游讲解方法和技巧

· 导游词撰写技巧

导游词的结构　导游词的写作要求　导游词写作注意事项

导游服务技能即导游艺术技巧，就是导游人员为成功地完成导游服务工作，并达到预期的效果，运用掌握的知识和经验，所采用的正确的、巧妙的、带有艺术性的方法和技能。导游服务技能是课堂所学知识在实践运用中的提高和完善。

导游服务技能包括的范围很广，如人际交往技能、组织协调技能、宣传技能、语言运用技能、导游讲解技能、运用导游器材技能等。总之，凡是在导游服务过程中，能为旅游者提供服务，使旅游者的旅游活动安全、顺利进行的技能，导游人员均应学习和掌握。在实际工作中，每位导游人员都有自己独特的导游服务技能，这是因为导游服务技能的掌握主要不是依靠书本知识获得的，它需要导游人员不断地学习和实践，只有将自己知识的深度和广度不断地延伸，并在实践中加以创造性地灵活运用，通过总结、调整、丰富，努力形成自己的导游风格，才能使导游服务技能不断完善。

第一节　导游人员的组织技能

导游人员作为旅行社派出的代表，其目的在于组织旅游者完成参观游览活动，获取一次到旅游目的地满意的旅游经历和体验，同时也使旅行社产品价值最终得以实现。此时，导游人员作为组织旅游者进行旅游产品实地消费的核心人物，熟练运用行之有效的组织技能是非常重要的。导游人员的组织技能体现在从自我形象塑造开始，到安排活动日程、组织旅游团队或散客参观游览，再到与同行及相关人员的合作等各种具体环节之中。简而言之，导游人员的组织技能就是导游人员根据旅游者的合理要求，与各方人员友好合作，通过精心设计和巧妙安排，有效利用各种资源提高旅游产品使用价值的方法和能力。

一、导游人员的吸引力与形象塑造

（一）旅游者心目中的导游人员

1. 游客之友

导游人员较长时间地陪同旅游者旅行、游览，同他们朝夕相处，为他们安排各项旅游活动，关心和照顾他们的健康和安全。因此，在旅游者的心目中，导游人员不仅是为他们提供服务的人员，更是既懂礼貌、讲礼节，又尊重人、理解人、热心帮助人的朋友，是可以信赖、能与之交流思想感情、共同审美赏景的伙伴。

2. 游人之师

导游人员在进行导游活动时，向旅游者讲解旅游地点的人文和自然情况，介绍风土人情和习俗，解答旅游者提出的问题。因此，在旅游者心目中，导游人员不仅是他们进行旅游活动的组织者、协调人，而且是通晓旅游目的地各方面情况的“老师”，从其身上可以学到很多知识，获取很多教益。

3. 国家（地区）形象的代表

导游人员虽然受旅行社委派，代表旅行社来安排和接待旅游者，但是，在外国（外地）旅游者的心目中，导游人员不管代表哪个旅行社，总之是中国人（当地人）的代表，代表国家（地区）形象。因此，外国（外地）旅游者往往从导游人员的言行举止、服饰仪表来衡量中国人（当地人）的道德水准和价值观念，从导游人员的讲解和对问题的处理来看中国（当地）的导游水平和旅游服务质量。

（二）树立良好形象

树立良好形象就是指导游人员要在旅游者心目中确定可信度，建立旅游者相信他有能力带领他们、帮助他们安全、顺利地在旅游目的地进行旅游活动的形象。

1. 树立良好形象的必要性

树立良好的形象有助于增强旅游者对导游人员的信任感，提高与导游人员合作的概率。旅游团的旅游者来自他乡，人生地疏，一般而言，他们对导游人员既有依赖感，也有怀疑。如果导游人员树立了良好的形象，旅游者对导游人员的信任度提高，就会自觉配合导游人员工作。

树立良好形象有助于导游人员较深入地了解旅游者的需求，有针对性地做好导游服务工作；树立良好形象有利于缩短旅游者与导游人员之间的心理距离，提高旅游者的信任度，融洽彼此之间的关系。

2. 树立良好形象的途径

导游人员树立良好形象的途径是多方面的，主要还是要靠导游人员的实际行动。

（1）重视“第一印象”。

第一印象常常构成人们的心理定式，不知不觉成为判断一个人的依据。导游人员与旅游者接触的时间短，给客人留下良好的第一印象就显得更为重要。导游人员在工作一开始的初次亮相，通过仪表、仪态与语言诸方面的表现，如果能给旅游者留下整洁、利索、美观、大方、从容、充满自信心的良好印象，就会为以后工作的顺利进行打下好的基础。

导游人员的形象在旅游者心目中是本国或本地区的镜子，不仅仅是代表个人。作为一名导游人员应是旅游者最可信赖的人，好比“拐棍”，是借以开启知识宝库的“金钥匙”，是在旅游地与异国他乡的人们交流感情的“桥梁”，是辨别方向的“指南针”。所以，旅游者会用敏感的眼光审视前来迎接他们的导游人员。也就是要进行一番鉴貌辨色的工作，导游的形象被摄入“第一镜像”，这个“镜像”的优劣对导游人员以后的工作是否顺利影响很大。因此，导游人员必须要十分注意自身的仪容、仪态、语言和举止。

仪容是指导游人员的容貌、着装、服饰及表现出的神态。导游人员的衣着要整洁、得体，化妆和发型要适合个人的身体特征和职业特点，衣着打扮不能太光艳，以免夺取被服务对象的风采，引起他们的不快；不能因自己的服饰扎眼而影响工作，要尽量避免让人用“太”“过”等字眼来评价自己的服饰打扮。记住旅游者永远都是很挑剔的。他们可能会认为太注重修饰、打扮的导游人员“哪有时间照顾别人”，或者衣冠不整、邋邋遢遢、不修边幅的导游人员“连自己都照顾不好的人又怎能照顾好别人”。所以，导游人员在服饰打扮方面，一定要把握好一个度。

仪态表现在导游人员的动作、姿态与风度诸方面，体现了一个人的道德品格、思想情操、性格气质、学识教养和处世态度。要求导游人员做到与人相处直率而不鲁莽，活泼而不轻佻，自尊而不狂傲，工作紧张而不失措，服务热情而不巴结讨好，重点关照而非溜须献媚，礼让三分但不低三下四，友善而非亲密，礼貌而非卑躬，助人不为索取。这样的导游人员比较容易获得旅游者的信任。另外，导游人员要站、坐、行有度。做到站姿挺拔，正确的站姿是两脚叉开时不超过肩宽，腰板自然挺起，手势柔缓，给人一种稳定、轻松之感；坐姿文雅，双腿基本并拢，头不宜后仰，也不能半躺半坐，以免给人一种懒散无力或自命不凡的感觉；走姿稳健，从容自然，不能摇头晃脑，左右摇摆。

树立良好的第一印象，不仅要求导游人员要把握好外表和态度对旅游者心理的影响，而且还应依靠周密的工作安排和良好的工作效率，从机场到饭店所需要的交通工具、行李运送、住房安排和导游书面资料等都要做好妥善的安排，迅速地满足旅游者的需要，使他们产生“宾至如归”的感觉，而不致感到烦躁不安。

（2）多干实事，不说空话、大话。

多干实事是指在合理而可能的情况下，根据旅游者的需要为其提供个性化服务。按理导游人员是为旅游者服务的，只要旅游者所需要的就是导游人员所应该做的，对导游人员来说，工作无所谓“分内”“分外”之别，凡是与该旅游团（者）有关的事情就是导游人员应该做的“分内”事，但还是有一般性的、例行性的服务（接待计划要求的、规范化的服务）和个性化服务之分，旅游者一般认为导游人员所提供的一般性的、例行性的服务是应该的，他们每个人都是为此次旅游缴纳了费用的。但个性化服务是超出旅游者期望的，充满人情味的，往往会起到事半功倍的效果。

不说空话、大话是指导游人员在其工作中要言必行、行必果。导游人员尽可能地为旅游者提供有人情味的服务，说话算数、不随口许诺、不开空头支票是取得旅游者信赖的重要方面。开空头支票会给游客不可靠、不信赖的印象。

（3）多同旅游者进行意见和感情的沟通。

导游人员与旅游者之间的意见沟通，有利于相互了解和统一意见；导游人员与旅游者感情的沟通，有利于满足旅游者正当的情感需要，在旅游活动过程中，导游人员始终应该是旅游者的真正旅伴，应该与旅游者同游、同赏、同乐。

总之，导游人员良好的印象、诚恳的态度、热情周到的服务、谦虚谨慎的作风，以及让旅游者获得自我成就感的做法都是很得人心的，这都有助于建立伙伴关系，使旅游活动更富人情味，从而体现一个导游人员带团的魅力。

二、组织活动与日程安排的技能

导游人员的工作首先应遵守导游服务工作程序，在此基础上要注意不断积累经验，不断探索导游服务工作的科学性，使导游服务工作更主动有效，使旅游者更轻松并获得身心更大的满足。

（一）正确引导旅游者购物

旅游活动包括食、住、行、游、购、娱六个环节，其中购物是大多数旅游者必不可少的一项活动。绝大多数旅游者都会以极大的兴趣在旅游过程中购买他们所喜爱的旅游纪念品，这能使旅游经历成为物化的“美好回忆”，那些来自旅游目的地的工艺品和名特产品还是馈赠亲朋好友的礼物。同时，旅游者购物还为旅游目的地国家或地区增加收入、促进经济繁荣做出了重要的贡献。但是，旅游者又都对产品缺乏了解，加上时间的仓促，如果没有导游人员的正确引导，是很难买到称心如意的物品的。如果旅游者买了不称心的物品，即使回到家里，也直接影响了“美好回忆”。因此导游人员应本着对旅游者有益的原则，重视并做好这项工作。

旅游者对旅游商品的需求在种类、档次、数量等方面有很大的差异，因此，导游人员应该了解当地商品的特色，在旅游者愿意购物的前提下当好购物参谋与顾问，如实地向客人介绍本地商品的特色及选购方法，突出商品的实用性、收藏性、装饰性和纪念性。对不熟悉的商品及价格不要轻易发表意见，以免引起不必要的误解。

（二）向旅游者推荐好的附加旅游项目

很多旅行社都给旅游者提供了一些可供选择的额外支付费用的附加旅游项目，因为满足旅游者不同兴趣的最理想的方法，是帮助旅游者规划他们的空闲时间。

附加的旅游项目是对旅游者此次旅游的补充与调剂，好的附加旅游项目能使旅游者对此次旅游更加满意，成为旅游者一次有趣的经历。导游人员不能向旅游者推荐无聊和货不真价不实的附加旅游项目，否则不仅会给旅游者造成损害，还将间接影响旅行社的经营与信誉。

附加旅游项目可以单列在发给旅游者的日程表下方，这样使旅游者有选择机会并愿意支付额外的费用。

（三）合理安排日程，组织丰富的旅途活动

导游人员是旅游活动的组织领导者，引导和帮助旅游者做出最佳的选择和安排是导游人员的职责，导游人员要根据旅游接待计划着手安排旅游团在本地的参观游览活动日程。团队旅游通常都要按照商定的日程进行各项活动。旅游活动日程表的内容一般包括接待社名称、旅游团名称或代号，日期、出发时间及参观游览项目，就餐时间和地点，风味品尝、购物，晚间活动、自由活动时间及会见等特殊事项。此外，导游人员在日程表的基础上还要在心中构思出每个参观游览点具体导游方案的轮廓，即根据时间、景点等具体情况选择最佳线路以及讲解内容的大致情形。旅游者的旅游时间有限，日程安排得合理就可以让旅游者在有限的时间内获得最大的收获。

日程安排应遵循的原则主要有：

（1）主要活动安排必须适合旅游团的特点，尽量从旅游者的要求、需要出发安排活动。

（2）要兼顾参观、游览和购物等各项活动，使旅游者在当地逗留期间充实而愉快。

（3）游览项目要体现本地特色，并且注意点面结合。

（4）要考虑旅游团成员的年龄、身体等情况，劳逸结合、留有余地。

（5）活动安排上注意内容多姿多彩，尽量避免雷同。

（6）游览活动要做到“渐入佳境”，努力做到让旅游者越游越有兴致。

组织旅途中的活动也是导游服务的重要内容。在坐火车或汽车进行长途旅行时，由于路途远，又比较枯燥，导游人员要对沿途的景物进行介绍、讲解，并调剂和活跃旅途中的气氛，使旅游者忘记旅途疲劳。一方面，导游人员应尽可能当个多面手，讲

故事、说笑话、猜谜语、演小品、唱流行歌曲等样样都得会一点；另一方面，导游人员要善于调动旅游者的积极性，把旅游者组织起来，共同参与旅途中的活动，打扑克、做游戏、下棋、唱歌或讨论问题，使旅游者的旅途生活更加丰富多彩。

典型案例

某地陪带一内宾团游江归来，车停在水晶店前，因时逢盛夏，经过一天的奔波，客人已是又累又饿，尽管时间才是下午5:30，客人还是拒绝进店，声称要赶回去洗澡。地陪二话没说，请司机开车回饭店。第二天，这个团按计划须乘下午2:30的飞机离开，而早上仅剩一个溶洞未游览。地陪将参观溶洞控制在上午10:30游完。上车后，地陪让司机把车开到附近的江边停下，然后对大家说："现在有三种选择：一是开车到餐厅去等一个小时；二是大家原地在江边照相，等待一个小时再去餐厅；三是开车到昨天我们没进的水晶店去，既满足两位昨天感到遗憾的团友购买水晶的欲望，其他人也可顺便开开眼界，看看什么叫水晶洞，听听辨别真假水晶的方法。"结果许多团友都大喊："去水晶店!"

三、旅游团的组织技能

（一）与旅游者友好相处的技能

在旅游活动中，旅游者是客人、是消费者，导游人员是主人、是服务人员，正确处理、协调好主客关系是带好旅游团的重要保证。

1. 了解旅游者的心理

旅游团是由旅游者组成的，导游人员要带好团，最重要的是把主要注意力放在旅游者身上。当旅游者的某种旅游动机变成行为的时候，在其旅游活动的整个过程中，会产生一系列的心理活动，导游人员只有随时了解旅游者的心理变化，有效地、针对性地向旅游者提供心理服务，才能搞好导游服务，使旅游者感到你能理解他们的心情和需要，满足他们的愿望，从而自然地对你产生亲切感和信赖感。

导游人员要有的放矢地提供心理服务，首先必须要了解旅游者的心理与变化，这是提供心理服务的前提。了解旅游者的心理需要主要从以下几方面入手：

（1）从人口统计因素、旅游者所处地理环境因素等方面了解旅游者。人口统计因素一般包括旅游者的年龄、性别、职业、收入、受教育程度、国籍、民族、宗教、社会阶层等。其中旅游者的国籍、职业、年龄、性别和所属社会阶层的不同会反映出一些特征，对于大多数旅游者来说，这些特征带有普遍性。导游人员可以根据这些特征，结合所带旅游团旅游者的结构情况，安排好他们的旅游活动。

就旅游者所在的区域和国籍而言，东、西方人的性格和思维方式有很大的差异。导游人员只有通过学习、研究旅游者所属国家和地区的国情、区情和风土人情，特别是他们的民族文化、地区文化以及风俗习惯，才能掌握他们那些具有独特风采的民族或地区的心理特点。例如，对日本人的精明善学、美国人的开放和自由、英国人的矜持和绅士风度、法国人的豪爽和浪漫，以及一些国家和地区的旅游者由于历史或宗教信仰等方面的原因在交谈中必须要注意的忌讳，导游人员只有了解了，才能在工作中切实引起重视和注意，以便有目的地提供导游服务。概括地说，东方人的性格及思维方式一般表现为含蓄、内向、善于控制感情，往往能够委婉地表达自己的意愿；思考问题习惯于从抽象到具体、从大到小、从远及近。西方人的性格则一般表现为活泼、自由、易激动、喜欢外露，往往喜欢直截了当地表明自己的意愿，并希望得到明确的答复，且思考问题的习惯东方人正好相反，是由小到大、由近及远、由具体到抽象。西方人看问题是局部性的、零件式的、分解式的，他们抓细节重局部，有一点儿不行也不含糊，所以，西方人"挑剔"，如床单不干净不行、啤酒杯不干净不行、浴盆有锈痕不行……

从所属社会阶层的角度看，部分旅游者大多严谨持重，他们发表意见时往往经过深思熟虑，希望得到重视，并期望听到高品位的导游讲解，获得高雅的精神享受。而一般旅游者喜欢不拘形式的交谈，话题广泛，比较关心带有普遍性的社会问题及当前的热门话题。在参观游览时，他们更希望听到有故事性的导游讲解，希望能轻轻松松地旅游度假。

从年龄和性别的角度看，一般年老的旅游者好思古怀旧，对游览名胜古迹、会见亲朋故友有较大的兴趣；他们希望得到尊重，引起别人的重视；希望导游人员多与之交谈。年轻的旅游者热衷于探新求奇，喜欢多动多看，谈论热门话题。女性旅游者，特别是中年已婚者，一般喜欢谈论商品的价格、购物方面的信息等，并希望导游人员活泼、热情，喜欢听到轻松愉快的故事性导游讲解。

地理环境因素包括国家、地区、城市、乡村、人口密度、不同气候带、不同的地形地貌等。处在不同地理环境下的旅游者，对于同一类旅游产品会有不同的需要和偏好。现在反季节出游已成为一种普遍的现象，例如冬季里北欧旅游者好南下到地中海去享受阳光浴；中国的春节长假期间，大量北方旅游者奔赴海南岛与东南亚，这些都是用金钱换空间，用金钱买阳光、买夏天的心理的典型例子。

（2）从出游动机了解旅游者。旅游动机是直接推动一个人进行旅游活动的内部驱动力，它引导人们去探求满足旅游需求的目标，通过旅游购买和消费来缓解生理和心理的紧张感。随着社会的发展，人们生活需要的不断变化，旅游者进行旅游活动的动机也日趋多样化和复杂化，概括起来大致分为社会动机（探亲访友、旧地重游、从事公务活动、考察等）、文化动机（观赏风景名胜、文物古迹、出外求学、学术交流等）、身心动机（度假休息、参加体育活动或其他消遣娱乐活动、到异地治疗疾病或疗养等）和经济动机（洽谈贸易、购买土特产品和工艺品等）。旅游动机决定了人们旅游的性质和目的。导游人员只有了解和把握了旅游者的旅游动机和需要，才能更恰当地安排旅游活动和提供导游服务，才能使旅游者对整个旅游活动安排和所提供的各项服务满意。

（3）通过分析旅游活动各阶段游客的心理变化了解旅游者。为使导游服务更具针对性，导游人员应通过对旅游者不同阶段的心理变化过程进行分析，来进一步了解旅游者的心理活动特点。

旅游初期阶段，一般旅游者都有较强的求安全、求新和求奇的心理。旅游者初到一地，由于环境变化，既会因人生地不熟、语言不同，产生孤独感和不安全感，也会因对旅游目的地的种种好奇，什么都想看，什么都想知道。总之，在这个阶段旅游者充满了向往、盼望、不安的心理。满足旅游者的这些要求便成为该阶段的当务之急。导游人员应倾听他们的意见，保证他们的安全，耐心解答他们的问题，愉快地组织他们轻松游览。

旅游活动的中期阶段是个性表露阶段，旅游者开始懒散，求全责备心理开始出现。这一时期，随着时间的推移，旅游团成员之间、旅游者与导游人员之间越来越熟悉，旅游者自控能力下降，个性表露，常常各行其是，自由散漫。同时，旅游者的新奇感弱化，可能产生“不过如此”甚至“不值”的心理，开始对导游服务说三道四，个别要求得不到满足时还可能出现过激言行。这也是导游工作最为艰苦、最容易出错的阶段。导游人员在这一阶段应该精力高度集中，应该对旅游者多关照、多提醒、多商量，努力保持他们的体力和精力，力争使旅游者更加开心、放心、称心。

旅游结束阶段，旅游者一般情绪波动较大，对景点观赏的兴趣减弱，回家心切，希望有更多的时间处理会友、购物等个人事务，也容易丢三落四。导游人员在这一阶段应该向旅游者提供个性化服务，处理遗留问题，做好送行工作，力争使旅游活动锦上添花。

（4）通过言行举止了解旅游者。导游人员具有敏锐的观察力是十分重要的。可以说，这是导游人员的一项基本功，如果导游人员善于察言观色，从旅游者的言谈和行为表现上洞察其性格特征、兴趣与爱好、希望与要求、满意与不满意，就有可能更正确地判断旅游者的种种表现产生的原因，也才能更有针对性地、切合时宜地做好导游服务工作，提高导游服务质量。

我们都知道，凡旅游者都对旅游地十分好奇，当在游览过程中看到与本国（地区）不同的风俗习惯和风土人情时，都会很好奇地望着导游人员，这种表情和神态再明白不过地表示“请你告诉我这是怎么一回事”。这时，导游人员如果主动予以讲解，投其所好，旅游者的反应肯定会很好的。再例如，在商店里购物时，有的旅游者将商品在手中翻来覆去地观看，爱不释手，同时又左顾右盼，拿不定主意，下不了决心，导游人员注意到这种情况后就应揣测出他这时可能正需要一位朋友或帮手来为他出点子、当参谋。这时，如果导游人员及时地出现在他的身边，热情而诚恳地为他介绍、讲解有关物品的特点及其典故，进而提出一些合情合理的建议，那就一定会得到旅游者由衷的感谢。

作为一名导游人员，尤其是一名优秀的导游人员，在参观游览活动中，应该能时时处处地用敏锐的眼光去捕捉旅游者的种种心理反应，主动接受来自旅游者的体态语言所发出的信息，在无声的交流中掌握旅游者需要帮助的各方面的情况，并给他们适当的帮助，满足他们的各种需求。

2. 与旅游者友好相处的主要方面

（1）尊重旅游者。尊重人是人际交往中的一项基本准则，它是相互的，也是相对的。如果导游人员礼貌待客，热情服务并认真倾听旅游者的意见和要求，就在心理上满足了他的自我尊重的需要。一般情况下，满意的旅游者也会尊重导游人员，并会努力与导游人员一起搞好旅游活动，这是旅游活动顺利完成的有利保证。

（2）保持微笑服务。微笑是自信的象征，是友好的表示，是合作愉快的反映。微笑能够产生感染力，引起共鸣，缩短人与人之间的距离；微笑是一种无声语言，它有助于强化有声语言，增强交际效果。导游人员若要向旅游者提供完善的心理服务，就必须首先提供微笑服务。微笑还能起到“补台的作用”，一笑遮百丑，有些新导游经验不足，水平不高，语言不够丰富，知识面比较狭窄，但态度非常好，总是微笑，笑得很甜，客人就不再会去挑剔；作为一名旅游者，当遇到不高兴的事情时，如果看到导游人员有礼貌地微笑，又解释，又道歉，一肚子火就会逐渐消了。人与人之间总是讲感情的，是能够相互理解的，俗话说“伸手不打笑脸人”“笑是沟通理解、增进友谊的渠道”也正是这个道理。

（3）学会使用柔性语言。柔和甜美，使人听起来顺耳，想起来顺心的语言即为柔性语言。柔性语言表现为语气亲切，语调柔和，措辞委婉，说理自然。这样的语言有较强的感染力、征服力，往往能起到以柔克刚的实际效果。

（4）与旅游者建立“伙伴关系”。在旅游活动过程中，导游人员与旅游者之间应建立正常的情感关系，以诚恳的态度、热情的服务、谦逊的作风，让旅游者获得安全感和自我成就感，这样导游人员才能与旅游者建立“伙伴关系”。与旅游者建立“伙伴关系”能帮助导游人员正确把握与旅游者交往的心理状态，尊重他们、关心他们，使旅游者在自我满足中接受并承认导游服务的完善性。

（5）多提供个性化服务。个性化服务一般是指有人情味的服务，即理解人、体贴人、尊重人。这就要求导游人员在导游服务中要心里想着旅游者、时时刻刻关心旅游者、“特别”关照旅游者，从而使旅游者感觉备受优待，增强对旅游活动的信心，从心里感到满足。特别是当旅游者需要特别关照时，导游人员能及时给以协助，将会使旅游者由衷地感激。例如，当一位旅游者丢失了一件贵重物品正在焦急万分地寻找时，导游人员及时给以帮助并替他找到了；或者当一位旅游者突然感到不舒服时，导游人员陪他寻医就诊并解除病痛等，这些都属于个性化服务，可以使旅游者把导游人员看成是自己的朋友和知心人。

3. 调节旅游者的审美行为

旅游活动是一项寻觅美、欣赏美、享受美的综合性审美活动。它包含了对自然美和生活美的整体审视与体验，能从不同角度满足不同层次、不同审美情趣旅游者的不同审美需求，而且还能起到净化情感、陶冶情操、增长知识的作用。因此，导游人员在带旅游团进行导游讲解时，不仅要尽量满足不同层次旅游者的审美追求，而且应注意因势利导，正确调节旅游者的审美行为。

旅游活动是一种集自然美、艺术美和社会美为一体的综合性审美实践活动。在食、住、行、游、购、娱等一系列活动所蕴含的审美因素过程中，融文物、古迹、建筑、绘画、雕塑、书法、音乐、舞蹈、园林、庙宇、民俗风情、烹饪为一体，涉及阴柔、阳刚、秀美、崇高、绮丽、悲壮、轻松等一切审美形态，有益于满足旅游者从生理到精神等不同层次的各种审美需求。导游人员在这一审美过程中，负有帮助和引导旅游者从正确的审美角度来认识自己的国家和地区、民族和社会最美好的方面的责任，所要做的具体工作如下。

（1）传递正确的审美信息。旅游者来到旅游目的地，由于对旅游景观知之甚少，特别是对人文景观的社会、艺术背景的不了解，审美情趣会受到很大的限制，会不知其美在何处，从何着手欣赏。例如，外国人的审美观与中国人的审美观就有较大的差别，习惯于欣赏油画的西方旅游者不一定能感受到中国画的意境，更不一定会欣赏中国画集画、诗、书法、金石于一体的综合美，因而不可能在观赏中国画时获得美的感受。这就要求导游人员了解服务对象所在国家或地区居民的审美观和审美标准，并在导游讲解中进行比较，指出各自的特点和相互间的差异，帮助旅游者在观赏自然景观、人文景观时，感受、理解、领悟其中的奥妙、美之所在。再例如，我国的园林艺术是极其丰富多彩的，如果导游人员不进行启发、引导，旅游者就会感到千篇一律，且不得要领，只能得到一些表面印象，而不能了解和欣赏我国园林艺术的特点和精华所在，欣赏不到我国园林艺术的特有风格和魅力。

（2）激发旅游者的想象思维。旅游者具有审美需求的多样性和审美意识的差异性，要求导游人员在安排旅游活动、引导旅游者参观游览时，都不能将自己的审美兴趣强加于人，而是要求导游人员在深刻了解自己祖国、家乡的名胜古迹和美好景物的同时，十分熟悉服务对象的国家或地区的情况，以及中外不同的审美观之间的差异，在导游讲解中，善于将景物的形体美和内在美的特征与旅游者的审美需要和美感经验结合起来，突出最能引起旅游者审美情趣的内容，激发他们的想象思维，促使他们进入情景交融的美感世界，达到身临其境的感受。例如，孟姜女庙后的“望夫石”，从表面看去几乎没有什么魅力和美感，但导游人员若能“借物抒情”“化实为虚”，用动情的语言将孟姜女哭长城的故事娓娓叙来，这块普通的石头就会在旅游者眼前幻变为另一种意象，积淀于其中的历史内容和深刻的人类情感价值必然会在观赏者心理激起无限的追忆和遐想。

（3）帮助旅游者保持最佳审美状态。审美意识是一种个人意识，依赖于人的审美知识和能力，也取决于人的情感。也就是说，人的情绪会直接影响人的审美心境。因此，导游人员要通过热情周到的导游服务使旅游者的旅途生活愉快、满意，始终保持最佳的审美心境。

首先，调节旅游者的情绪。审美意识是一种个人意识，不仅依赖于人的审美知识和能力，还取决于人的情绪，它会直接影响人的审美心境。在旅游过程中，如果导游人员能向旅游者提供热情周到的服务，并随时采取一些行之有效的办法调节旅游者的情绪，使旅游者的情绪愉快而稳定，就能保持旅游者游兴的稳定和持久，并不断产生新的游兴；或使旅游者从无兴趣或兴趣不浓转变为有兴趣或兴趣增加，这样就能始终保持旅游者的最佳审美心境。调节旅游者情绪的方法主要有补偿法、转移注意法和分析法三种。

补偿法即从物质或精神上给以补偿，从而消除或弱化旅游者不满情绪的方法。补偿法包括物质补偿法，即补偿在住房、饮食、游览项目等方面不符合协议书上注明标准的部分，而且替代物一般应高于原先的标准。精神补偿法，即由于某些原因无法满足旅游者的合理要求，导致旅游者产生不满情绪，导游人员通过各种努力使有不满情绪的旅游者获得新的心理平衡的方法。

转移注意法就是当旅游团内出现消极的现象时，导游人员有意识地去调节旅游者的注意力，促使他们的注意力从一个对象转移到另一个对象，忘掉或暂时忘掉不愉快，恢复愉快心情的方法。

分析法是指将造成旅游者消极情绪的原委讲清楚，并一分为二地分析事物的两面性及其与旅游者的得失关系的方法。

其次，注意保持并提高旅游者的游兴。旅游者精神饱满，游兴高涨，并不时产生新的游兴，是旅游活动成功的基本条件，也是导游活动成功的一个重要标志。因此，导游人员在导游过程中应认真思考并切实解决如何使旅游者从无兴趣、兴趣不浓转为有兴趣或增加兴趣强度；如何保持旅游者的游兴稳定和持久并不断产生新的游兴；如何防止旅游者游兴突然消失等问题，在保持、提高旅游者的游兴并使其产生新的游兴方面做好文章。

（4）灵活掌握景观赏美的方法。在旅游过程中，导游人员要正确地引导旅游者去观赏景物，获得美的感受，除了要根据旅游者的审美情趣和时空条件做生动精彩的导游讲解外，帮助旅游者用正确的方式方法去欣赏美景也是很重要的。

观赏美景的方法主要有以下四种。

①巧妙地运用动态观赏和静态观赏的手段。动态观赏方法是指旅游者在游览中，沿着一定的风景线，或徒步，或乘车，或泛舟……于景物之中，使观赏对象呈现一种动态的美感，一步一景，步移景异。另一种是静态观赏的方法，是指旅游者在一定的空间停留片刻或缓慢地移动视线，做选择性的景物观赏，通过联想、想象来欣赏、体验美感，或站在山顶观日出、看云海，或驻足仰望神像雕塑等都属于静态观赏。一般静态观赏的时间相对较长，感受较深，人们可以从中获得特殊的美的享受。

至于何时“动观”，何时“静观”则应视具体的景观及时空条件而定。导游人员要灵活运用，“动”“静”结合，努力使旅游者在情景交融中得到最大限度的美的享受。

②保持适当的观赏距离和角度。距离和角度是观景赏美不可或缺的两个要素。瑞士美学家布劳认为：距离是一种审美原理，是审美悟性的一种特征。自然美景千姿百态、变幻无穷，一些似人似物的奇峰怪石，只有从一定的距离和特定的角度才能领略其风姿。

距离有远近之分。观赏全景或整体要距离远一些，才能见其全貌；看局部，则需要距离近一些。角度主要有平视、仰视、俯视、侧视之分。平视，即看视线前方延伸较远的景物，可使人看到远处的景色，欣赏开阔的旷景。仰视，即从低处往高处看，可使观赏对象显得更加雄伟、高大或险峻。俯视，即从高处往下看，往往使景物尽收眼底，一览无余。侧视是看景物的侧面，观赏一些象形景物常需要固定角度。最佳观赏位置涉及视点、角度、方位及其距离，这几种因素结合起来会对旅游者的审美经验产生直接影响。例如，“会当凌绝顶，一览众山小”，就关系到一个能从上至下、自左到右的俯视环顾的观赏点，否则就不可能产生这种雄浑坦荡的感受。作为导游人员，必须非常熟悉所游览的风景名胜的情况，带团游览时要适时地指导旅游者从最佳位置去观赏风景，使其获得美感。

此外，观赏美景除掌握空间距离外，还应考虑心理距离。心理距离是指人与物之间暂时建立的一种相对超然的审美关系。适当的心理距离是审美活动的一项基本原则和显著特征。

③把握准确的观赏时机。选择适当的观赏时机也是一个重要的观景赏美方法，它强调观赏美景要掌握好时机，即掌握好季节、时间和气象的变化。大自然是美的源泉，它展示给旅游者各种各样的美景，包括色彩美、线条美、形象美、音响美、动态美与静态美等，所有这些丰富多彩的美，只有选择好一定的时机才会被观赏者领略到。

④掌握适宜的观赏节奏。观赏节奏主要是指观赏速度及其快慢缓急的组合。掌握较为适当的观赏节奏，也不失为观景赏美的一个好方法。观赏节奏无一定式，应视观赏内容，观赏者的年龄、体质、审美情趣，游览时的情绪等具体情况，以及具体的时空条件来确定，并随时调整。导游人员在安排审美赏景活动时，应注意调节观赏节奏，有张有弛，劳逸结合；有急有缓，快慢相宜；以及导与游结合的尺度，让旅游者顺乎自然、轻松自如地获得旅游的乐趣和美的享受。

（二）同事间友好合作的技能

旅游团中领队、全陪、地陪和司机虽然各司其职，代表各自不同的旅行社和旅游企业，但他们却有着共同的工作对象（同一团队的旅游者）、共同的工作任务（为旅游者安排和落实食、住、行、游、购、娱等方面的各项服务，执行旅游计划）、共同的努力目标（组织好旅游活动，让旅游者满意）。因此，导游人员不仅要与旅游者建立良好关系，同事之间也应该友好合作才能更好地完成接待任务。

典型案例

一次，一全陪带的旅游团客人文化层次都比较高，当到达目的地与地陪见面后一交谈，觉得地陪的知识面远远不能达到这批客人的需要，于是，全陪做好了自己讲解的准备。第二天出发时，全陪便用商量的口气请求地陪："我难得来一次这里，为了这次讲解我准备了很长时间，请给我这次机会。"果然，地陪非常乐意地接受了。最后，此次讲解不但赢得了客人的赞许，也让地陪感到惊讶，取得了大家都满意的结果。

1. 导游人员与领队的合作

领队是指受雇于派出方旅行社，陪同海外旅游团的全程旅游活动并协调与接待方旅行社关系的旅游工作人员。他们不仅是组团旅行社派出的代表，在旅游团的旅游过程中负有监督接待旅行社落实旅游合同的责任，而且在旅游团中领队是旅游者的代言人，负有维护旅游者合法权益的责任。因此，导游人员作为接待旅行社派出的代表，在率领旅游团的整个旅游过程中，与领队搞好关系，得到领队的理解、合作和支持是导游人员带好旅游团的一个重要方面。

首先，导游人员要尊重领队的权限，支持他的工作。当领队提出意见和建议时，导游人员要给以足够的重视，适当发挥他的特长，并注意随时给领队面子，在显示权威的场合多让领队出头露面；领队在工作中或生活上遇到麻烦时，导游人员要给予必要的支持和帮助；在旅游团内部出现纠纷、领队与旅游者之间产生矛盾时，导游人员一般不要介入。其次，导游人员遇事多与领队磋商，主动争取领队的配合。一则领队有权审核旅游活动计划的落实情况；二则可通过领队更清楚地了解旅游者的兴趣爱好及他们在生活游览方面的具体要求。一般情况下领队会领悟到导游人员的心情和诚意，从而采取合作的态度。最后，坚持有理、有利、有节，避免正面冲突。有时，一些意外情况或客观原因，致使游程受阻，节目难以安排，有些领队会冲着导游人员发火，甚至出言不逊，这时导游人员要尽量少开口，开口则道歉。对于一些极不合作的领队，导游人员应注意决不能让其牵着鼻子走，以免被动；并采取适当措施，采取有理、有利、有节的方式与之周旋，始终坚持以理服人，不卑不亢，不与之正面冲突。

2. 导游人员与司机的合作

旅游车司机在旅游活动过程中扮演着非常重要的角色，司机一般比较熟悉线路、路况，导游人员与司机配合得好，才能保证旅行活动顺利进行。

导游人员在与司机的合作中应该注意以下几点：

（1）如果是接待外国旅游者，在旅游车到达景点时，导游人员用外语向旅游者宣布集合时间、地点后，要记住用中文告诉司机。

（2）旅游线路有变化时，导游人员应提前告诉司机。

（3）导游人员要协助司机做好安全行车工作，如帮助司机更换轮胎，安装或卸下防滑链，或者帮助司机进行小修理；保持旅游车挡风玻璃和车窗的清洁；不与司机在行车途中闲聊；遇有险情，与司机一道分工合作保护车辆、旅游者，并寻求援助。

（4）与司机研究日程安排，征求司机对日程的意见。导游人员注意倾听司机的意见有利于旅途的顺利、安全。

（5）合理合乎常规地处理好与司机之间的利益关系。

典型案例

某日，一辆旅游车在半道上发生故障，司机赶紧下车检查，发现有一只轮胎发生了爆裂。为了争取时间，地陪一面请示旅行社并且安抚旅游者，一面协助司机进行抢修，在安装备用轮胎时，发现另一只轮胎也出现了问题。地陪只得将实情告诉车上的客人，谁知车上立即响起了两种截然不同的意见：一种认为要等旅行社派车前来，另一种认为备用轮胎可以单独运行。争论到最后，其中一部分胆小的客人准备下车。这是，只见地陪微笑地让客人坐下，说：“各位游客，这件事的主要责任在于旅行社，首先，让我代表旅行社向你们表示歉意，至于游览时间上的损失，我会想方设法给以弥补，各位尽可放心。为了大家的安全，我同意大家的意见，好在旅行社派出的旅游车就快到了。”地陪一番真挚诚恳的道歉，很快得到大家的谅解。

第二节 导游人员的语言技能

狭义的导游语言仅仅是指导游人员与旅游者交流思想感情、指导游览、进行导游讲解、传播文化时使用的一种具有丰富表达力的、生动形象的口头语言。广义的导游语言是指导游人员在导游服务过程中必须熟练掌握和运用的所有具有一定意义并能引起互动，实现沟通目的的一种符号。它不仅包括口头语言，而且包括态势语言、书面语言、副语言等。

一、导游语言的主要表达形式

（一）口头语言

在导游工作中，使用频率最高的是口头语言。口头语言是以说和听为形式的语言，主要用于导游讲解的过程中，是导游人员与旅游者之间沟通信息、表达和交流思想感情的一种重要的手段和工具。它有独白式和对话式两种。

1. 独白式

这是一种导游人员讲，旅游者听的单向语言传递方式，在导游讲解过程中，使用最为普遍。

典型案例

以下是一位导游人员向刚入住饭店的旅游团成员介绍饭店的相关情况：“女士们，先生们！现在我向大家简单介绍一下这家酒店。这是一家一流的酒店，它一向是各国要员、商人下榻的地方。该酒店有300多间国际标准房间，包括单人间、双人间和套间。另有5个宽敞的中式餐厅向大家提供中国菜肴。这5个餐厅都在一楼。二楼有一个豪华的西式餐厅，明天早晨大家将在那儿用早餐。另外，这家酒店还有大大小小的宴会厅、酒吧、全天开放的咖啡屋以及室外就餐处。如果大家想做些体育运动的话，可以去打台球、玩保龄球或游泳，这儿的服务人员愿意随时为您提供服务。如果大家还想对酒店有更进一步的了解，可以从前台索取一份内容详细的介绍手册。如果大家有什么问题，欢迎随时来问我。谢谢！”

2. 对话式

这是一种导游人员和旅游者之间的双向语言传递方式，是导游人员与一个或数个旅游者之间的交谈，可以是问答，也可以是商讨。

典型案例

导游李明在飞机场迎接从美国来的两位游客泰勒夫妇的对话。

李明：对不起，请问您是美国来的泰勒先生吗？

泰勒先生：是的，我是。

李明：您好，泰勒先生。欢迎您来北京。我是中国康辉旅行社的导游李明，您的地陪。

泰勒先生：你好，李先生，谢谢你来接我们。这是我妻子朱迪。

李明：很高兴见到您。

泰勒夫人：见到你我也很高兴。

李明：旅途愉快吗？

泰勒夫人：是的。

李明：你们的行李都取了吗？

泰勒先生：取了，都在这儿。

李明：我们的车子在外面，咱们走吧。

泰勒先生：好的，走吧。

李明：让我来帮您提行李吧！

泰勒先生：谢谢，不用了。朱迪和我可以拿。

（二）态势语言

态势语言又称体态语言、人体语言或动作语言，是以人的动作、表情、服饰等来传递信息的一种无声伴随语言。它也是导游讲解的一种重要的辅助手段，直接影响语言表达和导游讲解的效果。态势语言的类型多种多样，中外学者根据不同的标准有不同的划分，美国心理学家克特·W.巴克把态势语言分为三类：第一类是动态无声的态势语言，如点头、挥手、微笑、眼神等；第二类是静态的态势语言，如姿态、服饰、发型等；第三类是有声的态势语言，如叹气、鼓掌等。我国一些学者将态势语言分为两大类：一是表情语，即通过面部和姿态来表现思想感情、传递信息的态势语言，如面部表情、微笑、目光等；二是动作语，即通过全身或身体一部分的活动来表现思想感情、传递信息的态势语言，如走姿、手势、点头、鼓掌等。还有一些学者将态势语言分为首语、手势语、目光语、微笑语、姿态语、服饰语、界域语等。

美国心理学家艾伯特·梅拉比安通过一系列的实验总结出这样一个公式：“表现力（信息的总效果）= 7%的语义+38%的语调+55%的态势语言”。无论这个公式里的百分比是否精确，都足以说明态势语言在传递信息、表达思想感情中所起的重要作用。下面将择要介绍表情语和动作语这两类态势语言中的几种及其运用。

1. 表情语

面部表情是通过面部肌肉的舒张与收缩的程度来表现的。面部表情传递的信息最丰富，也最复杂。狄德罗《绘画论》中有这么一句话：“一个人他心灵的每一个活动都表现在他的脸上，刻画得很清晰，很明显。”这就是说，人的与生俱来的七情六欲，无一不反映在面部表情上。

导游人员的表情要给旅游者一种平直、坦然的感觉，使旅游者感到可以接近。为此，导游人员的目光要呈现自然状态，面部两侧笑肌稍微收缩，使下唇方肌和口轮匝肌处于放松状态，嘴唇微闭。这样，一方面可以让旅游者感到你易于接近，另一方面还会让旅游者感到你愿意与其交往或乐于帮助他们。

（1）微笑语。微笑传递的是友好的信息。导游人员的微笑，要给对方一种甜美、清纯的感觉，使旅游者感到和蔼可亲。微笑时，要使眼轮匝肌放松，面部两侧笑肌收缩，口轮匝肌放松，嘴角含笑，嘴唇似闭非闭，以不露或只露出半牙为宜。微笑是面部各部位的一种综合运动，除了要注意口型之外，还要注意面部其他部位的相互配合。整体配合协调的微笑，应当目光柔和发亮，双眼略微睁大，眉头自然舒展，眉毛微微向上扬起，从而达到“眉开眼笑”的效果。人们常说“面含微笑”，其实，微笑并不是仅仅挂在脸上，而是需要以良好的心境与情绪为前提，使其发自内心。否则，就成了勉强尴尬的“皮笑肉不笑”。

（2）目光语。目光传递信息是通过视线接触来进行的。人的眼睛能最敏感地反映情绪的变化，意大利艺术大师达·芬奇说：“眼睛是心灵的窗户”，一个人的眼神，是他心理情感的反映，不同的眼神能反映出不同的情感，给人的感觉也不一样。

在导游服务中，导游人员的目光一般情况下应正视，即视线平行接触旅游者，目光多停留在对方双眼与鼻子之间的三角区。这样，表示理性、平等，给旅游者以自信、坦诚、认真、和蔼可亲的感觉。目光和眼神要始终表达出亲切、友好的整体信息。导游人员在与旅游者交谈时，不可边说话边看别处，否则会让交谈对象觉得你瞧不起他，或者不愿意与他打交道。在导游讲解中，导游人员的目光还要注意扫视到所有在场的人，不能有所遗漏。总之，导游人员的目光和眼神应该让旅游者感到导游人员是自信的、坦诚的、认真的、亲切和友好的。

2. 动作语

（1）手势语。手势主要是指手的位置和手部的各种动作。通过手和手指活动来传递信息，能直观地表现人们的心理状态，它包括握手、招手、摇手、挥手和手指动作等。手势可以表达友好、祝贺、欢迎、惜别、不同意、为难等多种语义。在导游讲解时，导游人员恰当得体的手势可以成为讲解的重要组成部分，可以强调并帮助旅游者捕捉相关信息，加深旅游者对讲解内容的理解。

导游人员在运用手势语应符合以下几点要求。一是准确严密。由于不同国家、不同民族的文化传统和生活习俗不同，同样的手指动作可能表示不同的甚至相反的语义。这就要求导游人员在接待外国旅游者时，要提前了解客人所在国及民族的手指语，以免产生误会造成尴尬。如竖起大拇指，在很多国家（包括中国）都表示“好”“了不起”“高明”，但在日本表示“男人”“您的父亲”“最高”，在韩国表示“首领”“自己的父亲”“部长”，在美国、法国、印度等国，人们拦路搭车时则用这一手势。二是恰如其分。导游人员在导游讲解过程中，从头至尾没有任何动作固然显得呆板，但动作太多，又会喧宾夺主，影响有声语言的表达效果，并且让客人眼花缭乱，心烦意乱。所以要掌握好一个“度”。并且手势的幅度要视受众的多少和场面决定。人数多、场面大，动作幅度可大些，幅度太小，后面的受众就接受不到导游人员发出的信息。三是自然和谐。导游人员应注意手势不要太僵硬、机械，不要为做手势而做手势。

（2）姿态语。姿态语是以身体姿势来反映人们的心理状态和传递信息的。姿态语可表达自信、乐观、豁达、庄重、矜持、积极向上、感兴趣、尊敬等或与其相反的语义。人的动作与姿态是人的思想感情和文化教养的外在体现。

导游活动的身体姿势主要涉及坐姿和立姿。导游人员的坐姿要给旅游者一种温文尔雅的感觉，以表示对客人的尊重。坐时上体要自然挺直，男性要微微分开双腿，能显示其豁达、稳重；女性一般双膝并拢，可显示其庄重、矜持。歪七扭八或跷起二郎腿是坐姿的大忌，因其传递的是粗俗无礼的信息。导游人员的立姿应给客人一种谦虚、彬彬有礼的感觉，以示对客人的尊重。要做到立姿良好，必须将身体重心置于双脚，上身挺直，两臂自然下垂，立腰收腹，两手相握置于身前或身后，双膝并拢或分开与肩同宽；应避免双手叉于腰间或双臂抱于胸前的立姿，因它们传递的是傲慢无礼、漫不经心或倦怠的信息。要避免歪头、斜肩、曲背等现象，否则不仅缺乏美感，而且影响导游人员的语言穿透力与说服力，应做到头正、肩平、胸挺、背直、平稳，这样才能显示导游人员的健康，才能表现出导游人员的精神，从而加强导游人员语言的力量。

二、导游语言的表达技能

导游语言表达技能是指导游人员向旅游者传递信息和表现思想感情过程中，对语言的组织和技巧的运用。朱光潜先生说过："话说得好就会如实达意。使听者感到舒服，发生美感。这样的说话就成了艺术。"导游人员通过语言讲解可以建立起与旅游者间的了解和信任，可以引导旅游者跨越文化和社会障碍，提高旅游者的游兴，增加旅途的生机和活力。因此，导游语言应该是一种艺术语言，导游人员必须在语言艺术的"达意"和"舒服"上下功夫，在"美"字上做文章，不断提高导游语言的运用技巧，以求收到良好的语言讲解效果。

（一）运用导游语言的基本要求

1. 语音语调适度、优美

语音、语调在传情达意方面起着十分重要的作用。导游讲解讲究音调的高低强弱，语气的起承转合、自然流畅以及节奏的抑扬顿挫，即讲究语言的音乐性。为了充分发挥语言艺术的作用，要求导游人员努力使导游语言的语音、语调运用得恰到好处，根据讲解对象的具体情况和当时的时空条件灵活运用，以求达到传情、传神的目的。

德国人哈拉尔德·巴特尔指出："讲话的艺术在于适中。"作为口头语言的导游语言在运用时必须掌握"适中"这个原则。适中，就是要求导游人员在导游讲解时声音强弱要适度，不高不低，以使在场的旅游者能听清为准（必要时可借助扩音器）。声音太高造成噪音，令人讨厌；声音太低，让人听起来费劲，会给人说话无把握、缺乏信心的印象。

导游语言作为一种艺术语言，要求导游人员在导游讲解时语调既要正确、优美、自然，又要富于变化，令听者悦耳动听、亲切自然，从而产生感染力，打动旅游者的心弦，激发他们的游兴。

2. 正确掌握语言节奏

导游语言的节奏涉及说话的快慢以及语句的断续停顿，节奏运用得当，不仅能使旅游者听得清楚明了，而且可以使他们心领神会，从而达到较好的导游效果。导游人员说话快了，旅游者听不懂，跟不上；讲慢了，听了上句等下句，既浪费时间，又令听者烦恼和不快。所以，导游人员要根据旅游者的反应、理解力及讲解的内容等情况决定节奏快慢，努力做到快慢相宜，徐疾有致。一般情况下，对众所周知的内容、不太重要的事情或讲解进入高潮时，应适当加快语速；对需要特别强调的内容、想要引起旅游者注意的、严肃的、容易招致误解的事情，以及讲解涉及数字、人名、地名等时，应放缓语速。具体说来，导游人员的讲话速度掌握在每分钟200个字左右为宜。

此外，导游人员还要善于运用停顿、注意声音的抑扬顿挫。音调和节奏体现着导游语言的艺术性和趣味性，直接影响着旅游者的审美效果。导游讲解时，导游人员的声音要富有感情色彩，要抑扬顿挫，但不矫揉造作；声调要适时变化，要有音乐般的节奏感。

3. 合理运用修辞手法和格言典故

导游人员在说话讲解中运用比喻、拟人、夸张、排比等修辞手法，并恰当地使用旅游者所熟悉的谚语、俗语、歇后语、格言、典故等，不仅能够形象地描绘自然景观，而且还带有浓厚的地方色彩，给旅游者以真实感和亲切感，可以起到言简意赅，举一反三的作用，增强语言的生动性。

4. 善于察言观色，注意把握时机

导游人员不仅要根据不同的对象使用不同的语言和口吻，而且在谈话时还要听话听音，随机应变，就地取材引出新的话题。在旅游者讲话时，导游人员要耐心倾听，不要随意打断；要礼貌地插话，插话时不要使旅游者感到尴尬，不要粗鲁地转换话题。导游人员在与旅游者的交谈中，要善于谈笑，要有幽默感，但不能庸俗，不能信口开河，或无休止；要先思后言，既不失言，更不能失态。

总之，导游人员在导游说话讲解时，要努力做到语言流畅，幽默风趣，语气亲切，节奏分明，音调优美，悦耳动听，力求使导游讲解和赏美活动浑然一体，有声有色，使客、导之间有思想上的交流，感情上的共鸣。

（二）导游语言的运用原则

1. 正确原则

正确原则，即导游语言的规范性和科学性，要求导游人员的导游讲解内容首先要实事求是，反映客观事物，经得起考验和推敲。具体表现为：语音、语调、语法及用词要正确；讲解内容必须有根据；敬语和谦语的应用应尊重旅游者的风俗习惯和语言习惯。

如果导游人员信口开河，张冠李戴，旅游者一旦发现受了导游人员的蒙骗，必定产生极大的反感，并怀疑所有导游讲解的真实性，甚至会否定一切。例如，把二百年历史的“古迹”夸张为有五百年的历史，动不动就是“世界之最”“全中国最美的”“最高的”“最大的”“独一无二的”“甲天下的”等，这类没有根据的信口开河会使稍有见识的旅游者产生反感。往往导游语言的科学性越强，越能吸引旅游者的注意，越能满足他们的求知欲，导游人员通过引用相关资料论证自己的观点，可以增加权威性和说服力。

典型案例

一导游人员在讲解桂林山水时介绍说："桂林风景优美，处处是奇山秀水。我国唐代诗人杜甫说过'五岭皆炎热，宜人独桂林'，宋朝诗人范成大说'桂林之秀，当为天下第一'，因此，'桂林山水甲天下'就这样成为古往今来一直传诵的一句佳话。"这名导游人员引用资料论证自己的观点，增加了权威性和说服力。

2. 清楚原则

清楚原则强调导游语言的知识性，导游人员所讲解的内容要具有和特定的历史、社会、人物或政策等相联系的知识，这些知识越广博越好，并要交代清楚。导游讲解的清楚性与正确性是分不开的，清楚的导游讲解要求导游人员口齿清楚、简洁明了、确切达意、措辞恰当、层次分明、逻辑性强；文物古迹的历史背景和艺术价值以及自然景观的成因和特征等必须交代清楚；使用通俗易懂的语言，忌用有歧义的和生僻的词汇。

导游讲解的内容主要靠口语来传达，口语声过即逝，旅游者不可能像看书面文字那样可以反复阅读。只有当时听清楚、听明白了，才能理解。所以，导游人员在导游讲解时要采用浅白易懂的口语化讲解。口语化的句子一般比较短小，虽然也有长句，但一般要在中间拉开距离，多停顿几次，这样说起来就毫不费劲。

典型案例

对世界最大的摩崖石刻造像乐山大佛可以作如下描述："乐山大佛位于凌云山栖鸾峰西壁，坐东向西，是一尊摩崖石刻弥勒佛坐像，坐佛通高71米，与凌云山齐，它的头就有14.7米长，和四层楼房差不多高，一只耳朵就有6.7米，是世界上'最大的耳朵'，头顶中心的螺髻可以放一个大圆桌，大佛的脚背9米宽，站100个人一点也不拥挤。"

3. 生动原则

生动原则，即导游语言的艺术性，生动形象、幽默诙谐是导游语言美之所在。导游语言不仅要有严密的思维逻辑、严谨的语言结构、流畅的表达方式和技能，而且加之各种各样的典故、成语、谚语和比喻等语言成分的恰当运用，更能达到生动有趣、引人入胜的良好效果。因此，导游人员在导游讲解时应力争做到使用形象的语言，创造美的意境；在充分掌握资料的情况下注意趣味性，使语言与情景交融；恰当使用比喻；并配合恰当的动作和表情，使导游讲解的声音语调、神态表情、手势动作与讲解的内容、气氛有机配合，达到和谐一致。

以熟喻生能使导游讲解更易理解，生动的比喻往往会让人感到亲切。"若把西湖比西子，淡妆浓抹总相宜。"这里把西湖比喻为春秋时代越国的绝代佳人西施，概括了西子与西湖的美质，此外，"西湖""西施"又都有一个"西"字，益增情趣。

典型案例

导游苏州城外时，有的导游人员指着苏州城外的青山对旅游者说：“那是灵岩山；那是天平山；那是金山；那是虎丘山；那就是狮子山。”语言枯燥乏味、干巴，无法使人产生美感。然而有位导游人员这样讲解道：“苏州城内园林美，城外青山更有趣。那一座座山头活脱脱像一头头猛兽，灵岩山像伏地的大象；天平山像金钱豹；金山像卧龙；虎丘山犹如蹲伏着的猛虎；狮子山的模样活似回头望着虎丘的狮子，那是苏州一景，名叫狮子回望着虎丘。”语言生动形象，把苏州城外的青山讲得活灵活现。

4. 灵活原则

灵活原则，即根据不同的对象和时空条件进行导游讲解，注意因人而异、因地制宜。这就要求导游人员在导游讲解时，要灵活使用导游语言，使特定景点的讲解适应不同旅游者的文化修养和审美情趣，以满足他们的不同层次的审美要求。市容导游是每一位导游人员都要对初访旅游者讲解的内容，一般情况下是将即将游览城市的地理、历史、面积、人口等概况向旅游者进行简要介绍，使他们在参观游览目的地之前对该城市有一个大概的了解。就首都北京来说，对于文化程度较高的旅游者，导游人员的介绍要注意语言的品位，要谨慎而规范：“北京是一座历史悠久、文化内涵丰富、政治地位极为重要的城市。自然环境得天独厚，城市布局风格各殊，其影响超越了地域和国家的界限……”对文化水平一般的旅游者，导游人员的介绍就要力求通俗化，方式、方法可以更加多样化一些，用语可以更加夸张一些，以引起旅游者的惊喜，产生强烈的兴趣，有关北京的地理、历史等部分可略去不谈，将重点放在对明、清两代皇家建筑和皇室生活上。比如可以这样说“大家到北京来是一件不容易的事，你们都想早些看到以前皇帝住的三宫六院，不用着急，我都会带大家一一看到的。大家一定知道慈禧太后的故事，这次，我就要领大家去看看慈禧太后夏天待的地方——颐和园。还有皇帝拜天的地方、祭祀的地方，想必大家都有兴趣，这些地方我们都会去，大家都会有机会当一次‘皇帝’”。

典型案例

一位重庆的导游人员为一个法国旅游团送行，因天气原因，飞机要延误四小时，客人知道后心都凉了半截。这时导游人员随机应变地对大家说：“真是人不留客天留客呀，也许是重庆太好客了，舍不得各位匆匆离去，所以老天有意挽留大家一会儿。时间不长也不短，正好附近还有一处迷人的景点未来得及去参观，我们与其坐在这里干等，何不尽兴去游览一下呢？”大家一听，低落的情绪一下调动起来了，都说这是一个好主意，纷纷用掌声表示赞同。

第三节　导游人员的讲解技能

导游服务作为一门艺术，集中体现在导游讲解之中，而导游讲解则是导游人员以丰富多彩的社会生活和璀璨壮丽的自然美景为题材，以兴趣爱好不同、审美情趣各异的旅游者为对象，对自己掌握的各类知识进行整理、加工和提炼，用简要明快的语言进行的一种意境的再创造。因此，导游讲解技能表示的就是导游方法的多样性、灵活性和创造性。导游方法千差万别，每个人在运用时又千变万化，导游人员只有遵循以下原则，掌握了各种方法和技巧内在的基本规律，才能灵活地运用导游方法和技巧。

一、导游讲解应遵循的原则

（一）以客观现实为依托的原则

所谓客观现实是指独立于人的意识之外，又能为人的意识所反映的客观存在。自然界的万事万物以及人类社会的各种事物和因素都是客观现实，它包括有形的现实和无形的现实两个方面。其中有形的现实如名山大川、文物古迹；无形的现实如导游人员在导游讲解过程中所告诉旅游者的历史材料、典故、传说等各种知识，甚至于旅游者感受到的旅游目的地居民的友好态度等，所有这些都是客观存在的。导游人员在进行导游讲解时，无论采用何种方发或技巧，都必须以客观存在为依托，即实地导游讲解必须建立在自然界或人类社会某种客观现实的基础上。只有这样，经过导游人员的加工、整理、构造出来的意境才能对旅游者产生感染力，激发旅游者的兴趣，使旅游者“浮想联翩”，在不知不觉中受到感染。例如，游览北京故宫，虽然每位旅游者的旅游目的、兴趣、爱好千差万别，但导游人员的导游讲解都是围绕这座当今世界最宏伟的古代宫殿建筑群展开的，不可能是别的，如果是别的，就是凭空想象的。那种没有以客观现实为依托的导游词，最多只能博得旅游者的一笑，弄不好还会产生相反的结果。

（二）针对性原则

所谓针对性，就是从对象的实际情况出发，因人而异、有的放矢。由于导游服务的对象是千差万别的人，他们来自不同的国家和地区，民族、宗教信仰、性别、年龄、文化程度、社会地位等都不相同，这就要求导游人员在导游内容、语言运用、服务态度、讲解方法和技巧等各个方面必须十分注意满足不同旅游者的实际需要，有的放矢、因人而异。就导游讲解来说，导游人员对一个旅游点不应只有一种本子，而应该备有几种本子，针对不同的对象，选择相应的本子进行讲解。不看对象的导游讲解，即使干得很卖劲，也不会得到旅游者的赏识，博得他们的好感。例如，一般而言，导游人员对初访者与多次来访者就应有明显的差别：对初访者，因他们对我国和本地区很陌生，什么都好奇，导游人员就应多介绍一些有关我国和本地区的基本情况，以及与外国、外地区不同的风土人情；对来访次数较多或专门从事研究我国或本地区的学者、专家，导游人员就要使自己的介绍和解答具有一定的广度和深度。再如，对度假休息型的旅游者，导游人员应侧重于详尽地讲解名胜古迹，使他们可以保持轻松愉快的心情；对职业基本相同的专业性旅游团，导游人员要在游览中侧重介绍与他们的专业有关的内容。

（三）灵活性原则

所谓灵活性，就是导游讲解要因人而异、因时制宜、因地制宜。游览活动多受天时、地理、交通等诸多因素的影响、干扰和限制，所谓的最佳时间、最佳线路、最佳游览地点都是相对而言的。客观上的最佳条件如果缺乏完美的导游艺术的发挥，再好的景点也会逊色。因此，导游人员应根据旅游者的不同审美情趣、旅游点的不同美学特征，以及不同的季节、气候、场合，灵活运用具体的导游方法。

有时尽管是导游同一个地方，因天气不同，导游讲解的角度也应有所不同。就拿导游人员导游桂林漓江来说，若遇晴天，就讲"奇峰侧影"；若遇阴天，就讲"云雾山中"；若遇上倾盆大雨之时，就该讲"漓江烟雨"了。只有这样才能使得在不同天气条件下游览的旅游者都能领略到漓江风景的诗情画意。同样游西湖，游客如果从东门进去，首先看到的是御碑亭和观鱼旧址，导游讲解就应从乾隆下江南来此观鱼的故事讲起；如果从西门入湖，背景是花家山，进门不远便是花港小溪，这时导游讲解就应解释"花港观鱼"名称的由来，讲"花家山下流花佛，花落鱼身鱼嘬花"诗句的来历。

典型案例

1964年5月，郭沫若游黄山时，当徒步登上玉屏峰来到迎客松前，正赶上细雨蒙蒙，一些奇峰怪石很难看清楚，陪同对郭老说："郭老，今天真不凑巧，天气不好，什么也看不清。"郭老当即颇有兴致地说："不，今天的天气太好了，给我们创造了一个迷雾中看黄山的机会，就像我们从侧面看一个含羞的少女，你越看不清她的面容越是想看。"话音刚落，大家果然都极有兴致地在雨雾中观览，感受那被细雨薄雾笼罩着的群峰的一派朦胧之美。也正是这一番感受，郭老写出了著名的诗作《黄山之歌》："我生峨眉下，未曾登峨眉，峨眉号称天下秀，不知是否信如斯。我今五月来黄山，深信黄山天下奇。奇峰虽云大小七十二，实则七十二万尚有奇。八百里内形成一片峰之海。更有云海缭绕之。森罗万象难比拟，纵有比拟徒费辞，瞬息万变万万变，忽隐忽显，或浓或淡，胜似梦境之迷离……"

（四）计划性原则

所谓计划性是指导游人员按旅游者的需求、时间和参观地点等条件有计划地进行导游讲解。计划性原则要求导游人员在特定的工作环境和时空条件下，发挥主观能动作用。一般情况下，旅游者在旅游目的地的逗留时间是十分有限的，要在有限的时间里达到预期的目的，使旅游者产生满足感，这有赖于导游人员周密地、科学地做好计划安排。每个旅游点的具体导游方案，就是导游工作计划性的具体体现。它具体包括两方面的内容。一方面，旅游者在每个城市和地区的旅游活动日程及时间安排是计划性原则的中心。对旅游者来说，时间就意味着金钱。在正常的情况下，旅游活动是严格按照时间表进行的。如果在时间安排上缺乏计划性，不论过长或过短，提早或延迟，都会影响整个活动日程的正常进行，有时还会出现一些意外，甚至酿成事故。另一方面，计划性原则还强调，整个旅游活动有了时间安排上的计划性，还要有导游讲解上的计划性。例如，导游人员在机场接到旅游团后，从机场到饭店的沿途导游服务就应做出以下安排：什么地方致欢迎辞，什么地方应结合景物进行讲解，什么时候介绍本地区概况，什么时候介绍注意事项等。再就是，在不同的游览点，有着不同的特定内容，导游人员在导游讲解时应各有侧重；即使是同一个游览点，对不同的旅游者进行导游讲解的内容也不尽相同。凡此种种，导游人员都需事先制订出周密的计划。

二、不同场合的导游讲解技巧

（一）在旅游车、船中的导游讲解技巧

交通状况、道路的宽窄都会对导游人员的讲解产生影响，因此，导游人员在旅游车、船上要根据这些情况适当调整讲解内容的长短。一般情况下，导游人员在整个旅途中的讲解时间占整个旅途时间的60%左右。讲解时间过长，旅游者会有厌烦情绪；讲解时间不足，导游人员将不被旅游者关注，他们会去注意同座同伴的话题，而不是导游人员的。

（二）在景区景点内的导游讲解技巧

导游人员在景区景点导游讲解的过程中，要注意根据讲解场所的大小和旅游者的多少来变换声音和位置以吸引旅游者的注意力。一般情况下，旅游者较多时，导游人员的声音要适当大些；旅游者较少时，导游人员可适当降低音量。室外讲解时，导游人员音量要大些；室内讲解则其音量应小些。在有台阶的地方，导游人员可以站在台阶上讲解；在平地，导游人员要站在旅游者围成的扇面中心，这样有利于声音传播，使客人都能听到导游的讲解，导游人员也能听清客人的议论和问题。另外，根据需要，讲解可以安排在到达景物之前，有些内容还可以安排在观赏完景物之后。当然，绝大部分讲解都是在景物面前完成的，以求得旅游者观赏和导游讲解的同步。

三、常用的导游讲解方法和技巧

（一）分段（串线）讲解法

“分段（串线）讲解法”就是指导游人员把要讲解的内容分成若干个段落，进行前后衔接的分段式介绍的导游讲解方法。这种方法一般适用于面积大且重要的景点。在前往景点的途中或景点的入口处的示意图前，导游人员先向旅游者交代游览的程序、步骤以及每个步骤中的注意事项，然后带着旅游团顺次参观，边走边讲，借物论事，由此及彼，逐渐达到高潮，使得大景点、长路线中的精华“浓缩”在旅游者的脑海里。例如，游览颐和园，旅游团的参观路线一般由东宫门进，从如意门出，所以通常分为三段进行导游讲解，即以仁寿殿为中心的政治活动区，以慈禧太后的寝宫乐寿堂和戊戌变法失败后的“太子监狱”玉澜堂为中心的帝后生活区，以及游览区的昆明湖和前

山（长廊、排云殿至佛香阁的中轴线和石舫）。旅游者边欣赏沿途美景边听导游人员有声有色、层次分明、环环相扣的讲解，定会心旷神怡，获得美的享受。像导游避暑山庄、北京故宫等大景点也非得用“分段讲解法”不可，否则，便达不到理想的效果。

（二）突出重点法

“突出重点法”就是指在导游讲解时避免面面俱到，而是抓住参观游览项目中最显著的特色，充分表达出来，给人以深刻印象，引起人们极大的游览兴趣的导游讲解方法。一处景点，要讲解的内容很多，导游人员必须根据不同的时空条件和对象区别对待，有的放矢地做到轻重搭配，重点突出，详略得当，疏密有致。导游讲解时一般要突出下述四个方面：

1. 突出大景点中具有代表性的景观

参观游览大的景点，要讲的东西很多，导游人员是很难做到面面俱到的，即使勉强做到了，也只是走马观花，蜻蜓点水，旅游者得到的只是些模糊不清、浮光掠影的印象，收效不大。因此，导游人员在游览前必须做好周密的计划，确定既有自己特征又能概括全貌的重点景观。在现场导游时，导游人员应主要讲解这些具有代表性的景点。

游览北京天坛，主要是参观祈年殿和圜丘坛（包括皇穹宇），讲解的内容也主要是这两组建筑。如果讲好了这两组建筑，加上绘声绘色地介绍当年皇帝在圜丘坛祭天的仪式和场面，不仅让旅游者了解了天坛的全貌（历史、面积、用途等），还能使他们欣赏到举世无双的中国古代建筑艺术。

2. 突出景点的特征及与众不同之处

例如，旅游者参观名胜古迹总免不了参观很多宗教建筑，它们中有佛教寺院，有道教宫观，有伊斯兰教清真寺，各有特色。就是同为佛教寺院，即使是同一佛教宗派的寺院，其历史、规模、结构、建筑艺术、供奉的佛像等也各不相同，导游人员在导游讲解时必须讲清楚其特征及与众不同之处，尤其在同一地区或同一次旅游活动中参观多处类似的景观时，更要突出介绍其特征，以有效吸引旅游者的注意力，避免产生“雷同”的感觉。再如，参观游览颐和园内的谐趣园，就应把重点放在“趣”字上，要点出桥趣、楼趣、声趣、静趣。并介绍“以物外之静趣，谐寸田之中和”的造园意境。该园“四趣”中又要着重解说“静趣”，“静”不只是因为地处僻静幽深处，更重要的是因为园中水池边的垂柳和平静如镜的池水映出的游廊楼榭和绿树翠竹，不但大大地扩展了园中景色，而且因阴晴变化和时辰更迭而景色变幻万千，使人置身其间，情为之移，神为之奇，从而产生一种恬静的美感。

3. 突出旅游者感兴趣的内容

旅游者的兴趣爱好各不相同，但从事同一职业的人、文化层次相同的人往往有共同的爱好。导游人员在带团前研究旅游团的资料时，就要注意旅游者的职业和文化层次，以便在参观游览时重点讲解旅游团内大多数成员感兴趣的内容。投其所好的导游讲解方法往往能产生良好的导游效果。

参观博物馆，由于旅游团的性质不同，要求也就不同，因此，导游人员导游讲解的重点也必须不同。对有的旅游团，可将导游重点放在青铜器和先秦文化，有的可着重于隋唐历史，有的侧重于碑林金石，有的则可细细观赏石刻艺术，一切视博物馆的特色和旅游团成员的兴趣而定。在这里提醒导游人员不能自以为是，强加于人，以自己的兴趣爱好去代替旅游者的要求、情感，要做到主随客便，自然妥帖。

4. 突出“……之最”

一般说来，人们对“最”感兴趣，也喜欢追求“最”。因此，面对某一景点，导游人员可根据实际情况，介绍这个景点是世界（中国、某省、某市、某地）最大（最长、最古老、最高，甚至可以说是最小）的……以便引起旅游者的兴趣，给旅游者留下深刻的印象。

中国在世界上数得着的名胜、古迹、建筑、设施是很多的：世界上最大的宫殿群是中国首都北京的故宫；中国南京长江大桥是世界上最长的铁路、公路组合桥；世界上最长的古代大运河是中国从北京到杭州的京杭大运河；世界上最长的城墙是中国的万里长城，全长 6 700 千米；世界上最高的飞机场是位于海拔 4 368 米的中国西藏拉萨飞机场；世界上最大的广场是中国北京的天安门广场。在导游过程中运用“突出重点法”，并不是说导游人员对不重要的内容就可以根本不讲、不提，而是强调导游人员在导游讲解时一定要视旅游者的具体情况做到有的放矢，达到“事半功倍”的效果。

（三）触景生情（与借题发挥）法

“触景生情法”就是见物生情，借题发挥的导游讲解方法。在导游讲解时，导游人员不是简单地就事论事，而是由此引起话题，介绍情况。这样就能使旅游者不仅知其然，而且还知其所以然，从而达到通过旅游获得意义，得到知识的目的。

“触景生情法”有两个含义。其一是旅游者在游览时，见到的是景观，听到介绍的是情况，这样可以使旅游者由景了解到情，感到导游讲解所起的作用。例如，在游览车上，看到窗外一片树林景色，导游人员就此介绍了中国发展绿化的情况，还介绍了国家领导带头参加植树的事情。这样，旅游者通过一片简单的树林景色了解到了我国开展植树造林的状况。

其二是导游讲解的内容和所见到景物达到和谐的统一，情景交融，使旅游者感到情中有景，景中含情。例如，当旅游团参观游览宽广的北京故宫太和门广场、高大巍峨的太和殿时，导游人员就要充分利用故宫和太和殿及周围的特有魅力和特定的历史环境，着力描述皇帝登基时的盛况，如金銮殿香烟缭绕，犹似“仙宫”。大殿前古乐喧天，一片庄严肃穆的气氛。皇帝升殿时，站满广场的文武百官行三跪九叩礼，三呼万岁，万万岁，场面极为壮观。另外，还可以讲一讲末代皇帝溥仪三岁登基，被这种场面吓得直哭，直闹着要回家的历史趣闻。听到这里，旅游者望着雄伟壮丽的金銮殿，想着当年那位小皇帝在宝座上大声哭闹的情景，都会为导游人员的匠心安排喝彩叫好的。此法只能“触景”后才“生情”，不要无感而发，无病呻吟，要准确把握时机，不要当“事后诸葛亮”。

此外，还有一种“寓情于景法”，就是将情感、情况、知识、故事放在景点中去讲，情景交融，使讲解和风光、景物达到和谐的统一，使旅游者陶醉于情景交融之中的导游讲解方法。此法与“触景生情法”是不同的。“触景生情法”是由景及情，借景说情，引出话题。而“寓情于景法”强调情景交融。例如，导游人员带旅游者去参观游览颐和园，首先应让旅游者了解当年建筑者的巧妙构思和匠心安排，以及那些借景、对景、障景等造园技艺，讲解时，把这些知识寓于景中。当从仁寿殿经假山到颐和园湖畔时，其浩瀚的昆明湖、苍翠的万寿山、雄伟的佛香阁及秀丽的西山群峰构成了一幅壮丽、绝妙的山水画图。这时导游人员就可以告诉旅游者，西山群峰和那高高的玉皇山均不在园内，但又同园内构成一幅完整的画面，这种手法在中国园林建筑中称为借景。走到颐和园中的铜牛位置，导游人员可以指给旅游者看铜牛和南湖岛互相烘托、互相照应，使孤立的景点也不孤立了，这样的手法叫对景。通过这些介绍，旅游者不仅观赏了景色，而且从景中看出了许多“情”，这就是“寓情于景”导游手法的效果。

（四）虚实结合法

“虚实结合法”就是在导游讲解中将典故、传说与景物介绍有机结合，即编制故事情节的导游方法。在导游讲解过程中，能够用来满足旅游者的东西有两种，一种是“实”的，一种是“虚”的。“实”就是所见的实景、实物，即客观存在的实体，如青山绿水、花卉树木、亭台楼阁、美酒佳肴等。“虚”就是指导游人员向旅游者提供的有关信息，如与旅游者观赏和享用到的实景、实物有关的民间传说、神话故事、趣闻轶事。导游人员向旅游者提供的“虚”的东西可以有两类：一类是知识性的；另一类是“人情味”的。在导游时，讲帝王陵的历史和溶洞的成因，这是提供知识性的信息，光这样是不够的，更重要的是要向游客提供人情味的信息，只有这样才能增添游兴，真正拨动游客的心弦。例如，导游人员在带领旅游者游览杭州西湖时，除主要引导旅游者欣赏西湖的秀丽风光外，还可穿插一些西湖美丽动人的传说。如讲解西湖由来，有两种方法：一种是从地理学知识讲解西湖属于潟湖的形成和演变，这样固然能满足一部分旅游者的求知欲，但与课堂讲解差不多，没有什么趣味性；另一种就是从“西湖明珠自天降，龙飞凤舞到钱塘”引出一个富有人情味的美丽动人的传说。

这种导游手法一般多用于导游名胜古迹、名山大川、园林景观，可以达到烘托气氛、增加情趣、引起共鸣和思考的效果。但要注意，运用“虚实结合法”时要以“实”为主，“虚”为辅，“虚”为“实”服务，“虚”为加深“实”的存在而运用。

在导游讲解中通过穿插人物传说、历史故事的手法以增强效果的导游方法又叫“故事讲解法”或“组织故事法”，属于“虚”“实”结合的技巧。

我国各地都有许多与风景名胜有关的动人传说、神话、故事和逸闻趣事等，从心理学的角度来看，这些传说、神话的产生与“想象”和“感情的投射”这两种心理现象有关。“西湖明珠自天降，龙飞凤舞到钱塘”的传说，其中的玉龙、金凤和明珠就是人们根据西湖和湖边的两座山想象出来的。自然景物被想象成什么，这一方面是“想象”的因素在起作用，另一方面是“感情的投射”在起作用。山是没有感情的，但是在传说中它们变成有感情的了（神女峰）。在许多传说中，人们在其中投射了（寄托了）追求真、善、美和向邪恶势力抗争的纯真感情，游客明知是编造的，还非常愿意听。人们常常先把自己的希望“投射”到某些事物上，然后再从这些事物身上去“找到”自己的希望。

（五）制造悬念法

“制造悬念法”也叫“吊胃口”“卖关子”，即导游人员在导游讲解时提出令人感兴趣的话题，但故意引而不发，激起旅游者急于知道答案的欲望，使其产生悬念的导游手法。用制造悬念、吊胃口的手法可以使旅游者由被动地听导游人员讲解变为主动地探索、追求。这样既可以激起其欲知某事之究竟的强烈愿望，使被讲解的景物在旅游者的脑海里留下清晰而深刻的印象，同时也可使讲解过程生动活泼，起到融洽导游人员和旅游者感情的作用。制造悬念的方法很多，例如问答法、引而不发法、引人入胜法、分段讲解法等都可能激起旅游者对某一景物的兴趣，引起遐想，想急于知道结果，从而制造出悬念。

“悬念”不能乱造，“关子”不能“滥卖”，更不能生硬地“推销”，要讲究艺术性。例如，导游定陵，可分为门前、展室和地宫三大部分，在门前讲概况，末尾点出发掘年代，要想知道发掘过程吗？请到展室来，在展室里主要讲发掘过程，末尾点出地宫内所葬何人，要想知道是怎样入葬的吗？请随同一起下地宫，这样整个导游过程就如同一根锁链，环环相扣，使人听来津津有味。

典型案例

苏州虎丘塔已有一千多年的历史，导游人员如果随口向旅游者交代一下历史，也就引不起大家多大兴趣。苏州有位很有经验的导游人员却把件简简单单的事情说得有声有色，身旁的旅游者个个都屏息静气地倾听他精彩的导游讲解。当游客登上虎丘山最高处致爽阁品茶休息时，他开始讲解虎丘塔建造的年代：“虎丘塔究竟有多少年了？几百年、一千年、还是一千五百年？过去人们猜测着，说法不一，这事直到中华人民共和国成立后才搞清楚。”茶室里顿时安静下来，大家在想是怎样搞清楚的呢？“加固修理古塔的时候，古塔里发现了一个窟窿，建筑工人探身进去，在那里找到了一个石头箱子。”这位导游环顾一下四周，接着讲：“工人们将它搬了出来，打开一看，里面还有一个木头小箱子，大概有这么大……”他用手比画了一下，“再把小木箱打开，里面有包佛经，用刺绣的丝织品包着，解开这包东西，箱底写着年代，你们猜猜是什么年代？”这时旅游者们纷纷猜测着，过了一会，这位导游才继续说：“这年代是中国北宋建隆二年，即公元961年，因此虎丘塔至今已有一千多年的历史了，由此可见，苏州的丝绸刺绣工艺至少也有一千多年历史了。”

（六）问答法

“问答法”就是在导游讲解时，导游人员向旅游者提出问题或启发他们提问题的导游方法。“问答法”可以避免导游人员一个人在导游讲解中唱独角戏，利用讲中有问、问后再答的手法可以调动旅游者的积极性，让旅游者主动参与，既活跃了导游讲解过程中的气氛，并使宾主之间能够进行较多的交流，巧妙地抓住了旅游者的注意力，又使导游水平达到了更高的境界。“问答法”又可分为自问自答、我问客答、客问我答等形式。

1. 自问自答

在导游过程中，常常有许多“为什么”，这些都要向旅游者讲解清楚和明白。如果是属于比较陌生的事物，导游人员讲到关键之处，自己先提出问题，稍停片刻，让旅游者自己去猜想，并不期待他们的回答，而是把旅游者的注意力吸引过来，促使他们思考，激起兴趣，然后给出简明的回答或生动形象的介绍，还可以借题发挥，给旅游者留下深刻的印象。再就是在我问客答时，旅游者有可能答不上来，这时为了避免出现尴尬局面，导游人员可接过来自己回答。

典型案例

有位导游人员在对长城八达岭进行现场导游时，不慌不忙地进行了如下的讲解：“女士们、先生们，我们现在来到了长城脚下，一会儿便去登长城。现在请允许我向大家提三个问题：中国长城是何时建造的？中国的长城到底有多长？为什么中国的长城在世界上这么有名？大家对这三个问题可能知道一些，但不会很全面，下面我来回答这三个问题。”于是，这位导游人员便生动形象地把长城介绍了一番。

2. 我问客答

“我问客答”的关键在“问”，导游人员要善于提问质疑，启发旅游者开动脑筋，积极思考，促使其游兴大增。旅游者在游览过程中不提问并不等于就没有问题，一是可能因尚未发现问题，二是可能因问题太多，不便一一提出，怕影响导游人员或其他人的情绪。因此，当发现旅游团很少有人提问题或想提又有所顾忌时，导游人员可采取“代客提问”，使旅游者觉得提出的问题“正合我意”，恰到好处。这样可以使游览过程中的气氛更为活跃，或者引出自己更为丰富的补充讲解，给旅游者更多的信息。导游人员在提问题时要注意，所提问题应从实际出发，因人、因时、因地制宜；问题要提得恰当，估计旅游者对所提问题不会毫无所知，一般能答出来；应当会利用自己的问题引出更多的话题。

3. 客问我答

来自异国他乡的旅游者在旅游过程中总会向导游人员提出各种各样的问题。有时问题还会提得相当好笑，但这是一种好的现象，说明旅游者的兴致浓厚。导游人员对此绝不能置若罔闻，而应善于把讲解和答问有机地结合起来。这里的关键在于“答”，导游人员应注意要表现出欢迎的态度，耐心解答，绝不能有消极厌倦情绪；态度要谦虚，不能以权威自居，要与人讨论，供人参考；要持负责态度，对于自己不懂的问题，记下来查问，以后再回答，不能不懂装懂。但也要注意不要打扰自己导游讲解的安排，不要一听有问题就立即回答，要有选择地回答，无关的问题以后再答，否则，便会使自己的导游讲解显得零乱支离，没有完整的概念。例如，导游人员和旅游者同游西湖后，到湖边孤山南麓的“楼外楼”餐馆进午餐，旅游者可能会问：“听说‘楼外楼’餐馆中有几道名菜，其中有‘宋嫂鱼羹’和‘西湖醋鱼’，你能不能给我们讲讲它们的来历？”这时，导游人员就应将“宋嫂鱼羹”和“西湖醋鱼”的来历、加工制作过程以及1930年“楼外楼”以“宋嫂鱼羹”和“西湖醋鱼”作为“头牌”菜在杭州西湖博览会期间招徕四方嘉宾名扬四海的故事一一叙来。

（七）类比（换算）法

“类比（换算）法”就是导游人员在导游讲解时，针对旅游者觉得生疏的事物或内容，用对方熟悉的东西来比喻或对比，以帮助其理解、加深印象的导游手法。由于地理、历史、民族、文化以及宗教信仰的差异性，导游人员要把每个旅游点都讲解得使旅游者容易理解，并不是件容易的事。特别是海外旅游者，他们对中国的事物不熟悉，但对本国的事物却很熟悉。因此，导游人员可以借用类比的手法，把海外旅游者对中国不熟悉的事物与其本国熟悉的事物进行比较，也就能帮助其理解了。

“类比（换算）法”分为同类相似类比、同类相异类比和时代之比三种，不仅可以在物与物之间进行比较，还可以在时间上进行比较。

1. 同类相似类比

将相似的两物进行比较，便于旅游者理解并使其产生亲切感。例如，一批日本旅游者在参观乾陵壁画时，导游人员指着侍女壁画对客人说：“中国盛唐时期美女的特征和日本高松家古坟里发现的壁画非常类似。”到此的日本旅游者仔细一看，果真如此，经过这样类比，从而使日本旅游者对乾陵壁画有了较具体的了解。此类的实例很多，再如，把苏州比作“东方的威尼斯”；在游览杭州西湖苏堤断桥时，把白娘子和许仙的爱情悲剧同他们熟悉的莎士比亚戏剧中的罗密欧和朱丽叶联系起来；在讲解西安半坡文化村时，如果将半坡人的生活与当今美国居住在“保留地”的印第安人的生活习性进行比较，美国旅游者就会恍然大悟。

2. 同类相异类比

将两种风物比出规模、质量、风格、水平、价值等方面的不同。例如，导游人员在向香港和澳门地区的同胞介绍北京城的面积时，可以说：“北京的总面积约等于香港岛、九龙半岛和新界总面积的 15 倍。”此外，还可将宫殿建筑和皇家园林，北京故宫和巴黎的凡尔赛宫相比。

3. 时代之比

在导游过程中时常会涉及历史上的年代或古代建筑的建造时间，这些对旅游者，尤其是海外旅游者来说是十分陌生的事。如果导游人员能较好地运用类比的手法，则能使旅游者迅速记住这些时间，并且经久不忘。例如，讲从明永乐四年（1406 年）起经 14 年在明永乐十八年（1420 年）基本建成的故宫建造年代时，导游人员对美国旅游者的讲解，就可用哥伦布发现新大陆来进行类比，指出这一宏伟建筑早在哥伦布发现新大陆前 70 多年就已建成；对英国旅游者的讲解，就可用莎士比亚来进行类比，告诉他们故宫的建造时间是在莎翁诞生前 140 多年，从而使旅游者能更好地体会中国文化的悠久。

（八）画龙点睛法

“画龙点睛法”用凝练的词句、概括的手法将景物“要旨”点给旅游者的导游讲解方法称之为“画龙点睛法”。例如，导游人员带领旅游团参观完南京后，可用“古、大、重、绿”四个字来描绘南京的风光特色。旅游团游览完云南后，导游人员可用“美丽、富饶、古老、神奇”来赞美云南风光。总结青岛风光特色可用“蓝天、绿树、红瓦、沙滩、碧海”五种景观来概括。

第四节 导游词撰写技巧

导游词是导游人员介绍讲解自然景观和人文景观，引导旅游者进行游览观光，从中获得知识、实现审美满足的一种有声语言。优秀的导游讲解离不开优秀的导游词。导游词创作质量的高低，直接影响着旅游者对一个地区旅游景观的感知，对当地旅游形象的树立至关重要。导游人员只有在多方面搜集资料的基础上进行实地考察，并正确运用导游词撰写技巧，才能不断提高自己撰写导游词的水平，进而通过优质的讲解提高带团能力。

一、导游词的结构

通常一篇完整的导游词是由开头、总述、分述、结尾等部分构成。

（一）开头

导游词的开头部分一般用称呼语开始，用于导游人员在陪同旅游者参观、游览前，向大家表示问候、欢迎、自我介绍和宣布游览目的地的线路安排，还可以开门见山地引入正题。导游词的开头实质上就是一个导游讲解的开始，简短、亲切，有引出下文的作用。

典型案例

各位广东来的朋友，你们好！欢迎大家来到四川乐山，我姓张，大家叫我小张就可以了。非常高兴今天能够陪同各位一起到乐山大佛参观游览。

（二）总述

总述是对将要参观游览的景区景点用精练的词句先做整体介绍，让旅游者对该景区景点有个初步的了解，以便让旅游者有一种见树先见林的感觉。

总述往往是翔实介绍景区景点的开始，形式多种多样，可采用设问、悬念、故事等技巧开始，以吸引旅游者的注意力和兴趣，具体要用怎样的方法和形式，应根据旅游者的特点和当时讲解的场景来定。

典型案例

对江南古镇周庄的总述：今天我们将要参观浏览的景点是被誉为“中国第一水乡”的周庄。民间曾有“上有天堂，下有苏杭，中间有一个周庄”的说法。周庄四面环水，景色宜人，环境优雅。著名画家吴冠中曾高度评价周庄说：“黄山集中国山川之美，周庄集中国水乡之美。”那么周庄有哪些引人入胜之处呢？下面就请大家跟我一起走进周庄，去领略那“小桥、流水、人家”的水乡特色吧！

（三）分述

分述是导游词的重点，它是按游览的先后顺序，对景观逐一进行生动、具体的陈述，使旅游者尽情饱览一个个景点的风韵和艺术魅力。每一个大景点会由很多小景点组成，我们要把重点放在介绍景区中最具有代表性的景点和景物，即通过导游人员对主要游览内容进行较为详细的介绍，由景至情、由情至景、移步换景、融情于景，最终达到情景交融的境界。

典型案例

麻浩崖墓的特点可以用三个字来概括：古、精、奇。

……

说完了麻浩崖墓的古和精，咱再来说奇。大家请往上看，麻浩崖墓奇就奇在门坊上的这尊小佛像，别看它小得不起眼，它的来头可不小，它是中国最早的佛教造像之一。

……

（四）结尾

做事要善始善终，写导游词有开头一定要有结尾，结尾就是导游词的结束语。结尾可概括前面所讲内容；致欢送辞、感谢和美好祝愿；宣布“自由活动，20分钟后在此地集合”等。

典型案例

……

说了这么多，大家一定迫不及待地想看看崖墓里还有什么其他的好东西吧，那么就给大家30分钟的时间随意参观，有什么新发现、新想法也欢迎大家与我交流。好了，让我们一起去看看吧。

二、导游词的写作要求

一篇优秀的导游词跃然纸上，要使人有身临其境之感。导游词是一种集散文和说明文两种文体特征为一体的体裁，要求导游人员对其讲解的景观既有全方位的熟知，又要有所取舍，精于提炼，做到结构严谨，层次清晰，主题分明，文字流畅。

（一）选材得当

导游人员在导游词的创作中，首先碰到的就是“写什么”“怎么写”的问题。

1. 要突出个性

导游词一定要突出所描写景观的个性，即充分揭示其本身独有的、不同于其他任何景观的特色。个性即特色、特点，是独一无二的东西。个性越鲜明导游词的价值越高。自然景观要突出自然特色。每一个自然景观都有其独特的地方，我们要准确地把它表达出来，这样才能吸引旅游者。例如，名山各有其个性：泰山的雄、华山的险、黄山的奇、峨眉的秀等。我们一定要深刻地挖掘所要描写的对象本身拥有的个性，绝不能停留在泛泛的描述上，如风景秀丽、气候宜人、四季如春、别有洞天等，这样的描述太一般化，落入俗套。

创作关于历史文化遗产类的人文资源的导游词，则应尽可能保持其原来的风貌，特别是古建筑与古园林，除审美价值外还具有历史价值，在一定程度上反映古人的审美意识与生活情趣。如对古寺院的描述，不必过多描述山门、大雄宝殿、四大天王等，这些是每个寺院都有的，虽有微小差别，但对于不是研究佛教文化的一般旅游者，并不感兴趣，而应着力去发现它与其他寺院不同的、在宗教史上、艺术史上独具特色的地方。

2. 要突出整体

任何一个优秀的景观，不论是自然风光或是名胜古迹，都有其广阔的社会政治背景、深厚的历史文化内涵，它往往是众多景点中最具有特色的珍品。但是，它之所以优秀，绝不是孤立的，一定具有其“众星捧月”的原因。因此，导游人员在编写导游词时，不能“就寺论寺”“就景写景”，孤零零地描述单个景点，否则，导游词不但显得单调肤浅，而且也失去由此及彼、以重点带一般的整体性。

这一点有两层含义：一是我们讲的任何一座城市、一个地区、一个景点，无论是就时间或空间来说，它总是纵向或横向中的一个局部，一个点；二是虽然它是局部，但是它一定能显示全局的一些共性或特点。我们了解了全局，是为了更好地把握局部，也能更好地讲好局部。

例如，长江三峡的形成，不仅因为在距今两亿三千万年前的中生代，地球强烈的造山运动，使四川盆地由大海变成了内海，也因为原川东、鄂西地区多为石灰岩地貌，易为水溶蚀；还因为到了距今三千万年前的白垩纪第三纪，由于地壳横压力的作用，原川东地带各背斜不断曲折隆起，造成嘉陵江水系不断下切，加大了四川内海的水量；同时，也因为中国西高东低的地势，“水往低处流”的自然规律，使得金沙江不再流向地势较高的云贵高原洱海，改而流向地势较低的四川内海。再加上嘉陵江等水系的汇入，形成了四川内海的万顷洪涛。这浩浩荡荡的洪涛日夜冲刷着以沉积岩中的石灰岩和页岩为主的山脚，形成河床和河谷。时光流逝，四川内海和西“长江”的冲刷与发源于宜昌的“东长江”的切割终于汇为一水，奔腾而下，于是长江三峡便形成了。千百万年的江水冲刷，加深了河床，扩大了河谷，终于形成了今天这雄奇壮美、幽深秀丽、气象万千的长江三峡。三峡地区的神女峰、兵书宝剑峡、灯影石、三游洞等都与此有关。如果导游人员能把长江三峡形成的深层次的原因告诉旅游者，让他们在欣赏到绝佳美景的同时，还能获得一些科学知识、人生哲理，旅游者就会得到出乎意料的满足，导游人员也会因此而更加受旅游者的欢迎。

（二）主题明确

导游人员每写一个景点或一段话时，首先要明白自己表述的主旨，要达到一个什么目的或要表述什么思想，然后围绕这条主线去组织材料，使用材料，展开叙述，从而实现自己的导游目标。

主题，是作者在文章中表达的中心思想。它体现了作者创作的主要意图，表现了作者对文章中所反映的客观事物的基本认识、理解和评价。

导游词的写作要重视主题的确立和提炼。通过一篇导游词的讲解，导游人员要向旅游者表达一种什么思想和意图，要激发旅游者什么样的情感、认识和评价，从而达到启发教育的目的。

1. 确定导游词主题的要求

（1）正确。正确是对主题的思想性、科学性或审美价值的要求。导游词的主题要符合景物的真实情况，充分揭示景物文化内涵，帮助旅游者去认识和欣赏景物的深层价值，激发人们积极健康的情感，如对祖国、生活、大自然、科学知识的热爱，颂扬悠久历史、绚烂文化、民族团结等，从而鼓舞人们的斗志，提高人们的情操。

（2）集中。集中主要指主题的简明和单一。一般而言，一篇导游词只能有一个主题，不宜同时存在两个或两个以上的中心，否则就会枝乱叶蔓，扰乱文章的中心思想，妨碍人们对中心思想的准确把握。导游词要求主题简明和单一，就是为了使问题明朗化，便于说深说透，增强主题的表达效果。

有的导游词写得杂乱，主要就是主题不集中、不单一。一是对所写景物的主题没有想清楚，什么事情都想告诉旅游者，结果头绪纷乱，思路不清；二是对与主题无关的材料舍不得割舍，觉得这也生动，那也有趣，于是不加选择地都写进去，势必旁生枝节、文意垒出，主要意思反而说不清楚了。

（3）深刻。深刻是反映主题的深度。导游词不能停留在对景物表面现象的罗列和说明上，它应该揭示景物深层本质的科学内涵。当然，主题的深刻性不是抽象推论或凭空拔高的产物，而须寄寓于个性鲜明的具体材料之中。两者巧妙结合，导游词才能既生动又深刻。

例如，陈慰德老师在《漫谈椰文化》那篇导游词中，先从椰树的来历和传播开始讲起，接着讲历史记载、海外的认识过程、椰子的作用、椰子对民风、民俗的影响，最后从椰树的个性引出它给人的哲理启示，直到以海南岛叫“椰岛”、海口市叫“椰城”的原因作结尾。那篇导游词的结尾是：“椰子树不怕旱，不怕涝，不怕盐碱，不惧台风。烈日晒不死它，狂风刮不倒它。它在路边长，海滩长，山上长，水里也长。有人管它是那样，没人管它也是那样。它几乎无求于人，却把一切都奉献给了人们，从小到大，自始至终。真是鞠躬尽瘁，死而后已。这也许就是椰文化的精髓，也是人们把海南岛命名为椰岛，把海口市称之为椰城的原因吧。”

2. 点题的方法

导游词通常都是依照旅游线路，紧扣景物进行讲解，但在介绍某一事物时，往往需要从内容上加以扩充和增补，帮助旅游者更加深入地理解画面和实物本身难以直接表达的含义。因此，导游词的创作在许多地方需要借题发挥。

（1）知识上旁征博引。例如，北京故宫导游词中介绍保和殿时写道：“清朝时常在这里举行宴会，每年正月初一和十五宴请蒙古和新疆的王公大臣，公主下嫁时皇帝也在这里宴请驸马。”然后旁征博引，导游人员将封建时代的科举制度叙说一番，从隋朝大业三年（607 年）开创说到清朝光绪三十一年（1905 年）废止，很有知识性、趣味性。这种手法，在每篇导游词中都是经常使用的，问题是用得是否恰当。

（2）情理上借题发挥。例如电视片《泰山》中，当画面出现挑山工登十八盘时，解说词写道：“十八盘是考验意志和耐力的路，十八盘是砥砺恒心和韧性的路。在人生的道路中总是会遇到这样那样的困难。往往困难越大，离胜利也就越近了。登过泰山十八盘的人，可以形象地体会到这个道理。”这段解说词借题发挥，揭示了画面以外的深刻含义，给人们以某种启迪。

（3）史料上借古论今。例如，陕西历史博物馆导游词《回首处，那一片辉煌》最后一段写道：“各位在陕西历史博物馆内数千件文物中徜徉，好似踏入了历史之河，回到了早已逝去的时代，领略了陕西历史文化及文物年代早、品种全、规模大、水平高的特征。它对弘扬民族文化，促进改革开放和旅游事业的发展，起到积极的推动作用！我相信各位会为先辈们勤劳智慧创造的辉煌业绩激动，重振汉唐雄风，再创辉煌！”这种潇洒自如的借古论今，既不装腔作势，又不牵强附会，对加深主题思想很有用处。这在导游词中处处可见。

导游词的创作要有文学家的功底，诗人的激情，史学家的冷静和理论家的逻辑性。这并不是夸张，也不是吓唬人，而是要求对导游词创作持严肃、认真的态度。

（三）重点突出

导游词是一种新的特殊文体，不同于小说、散文、诗歌、论文、应用文等。它要求文字优美，朗朗上口，听来顺耳；既可以读，又可以结合场景实地讲解，最重要的是要让旅游者获得对景物的鲜明印象，以激发情感。因此，把握导游词写作的重点，特别重要。

如何突出重点呢？首先，要把最能体现景物本质特征的内容介绍出来。例如，对园林胜迹的介绍，应着重于它的特色和主要景点；对历史文物的介绍，应着重于它的文化价值和历史意义；对人物的介绍，应着重于人物的主要经历与功过得失。其次，要着重介绍旅游者最需要了解的内容。一个景区的胜迹、文物、景点很多，旅游者不可能全部游览，导游词要择其最主要的景物加以说明，不可能面面俱到。这样既满足了旅游者的要求，又避免了浪费笔墨。最后，把景点的内容分成重点、次重点、一般景点依次布局，便能重点突出，层次分明，路线清楚，结构匀称，布局合理。

在突出重点的同时，还要注意在重点中选择亮点，使导游词锦上添花。导游词中最精彩的部分就是所谓的亮点。每个景物都由许多内容组成，其中有最吸引人们的、最有价值的、最独特的东西，是通篇导游词的闪光点、亮点。我们知道，诗有“诗眼”，文有“警句”，画有“点睛”，所以，导游词的撰写就应该十分重视选择“亮点”。

亮点的选择要立足于作者占有的全部材料，只有当作者占有的景物资料十分丰富和合乎实际，才能确定亮点之所在，形成通篇导游词的高潮。

亮点的出现还有待于选取新颖、独特的新视角，努力探求景物的新意。新视角能提供新的场面，开掘新的含义。如果总沿着前人的传说传下去，游客只能看到老生常谈的旧景；相反，独辟蹊径，在从未有人到过的地方登攀，一定会领略到前人所未见的奇观。

突出重点，选择亮点，还要注意导游词相对完整的情节。相对完整的情节，并不是说要讲得很多，而是指把那些与主题有关的东西讲清楚，让旅游者搞清楚来龙去脉。古人说："兴尽而返，贪则神疲。毋使墨饱，而令笔饥。"（黄钺《二十四画品》）说话、作文、导游讲解，都需要懂得"行于当可行，止于不可不止"。导游人员一定要学会收放取舍，突出重点，又留有余味。相对不完整，旅游者便云里雾里，不明究竟；但如果喋喋不休、啰啰唆唆，便会"画蛇添足"。以讲海南三亚天涯海角为例，如果导游词不讲中国古人的"天圆地方"的宇宙观，就讲不明白。天是圆的，自然有沿（涯）；地是方的，所以有角。这就是"天涯海角"之名的来历。

三、导游词写作注意事项

（一）注意主题鲜明、内容集中

导游词写作要注意主题鲜明，不要单纯只是景物介绍，而应有点题之笔，有一定思想性，才有高度；内容要集中，只能选取并围绕一个点或一个局部介绍，要放得开收得拢。

（二）注意条理清晰、开门见山

导游词写作要注意条理清楚，是先整体，后局部，或者由表及里，不能东一榔头西一棒子；层次要分明，分几个层次介绍要使人一听就明白，切忌胡子眉毛一把抓。

一篇合格的导游词要有层次感，即在介绍景点的地理位置、历史背景时，要层层叠进，思路清楚。比如介绍灵隐寺时，导游词应先介绍寺庙的始建时间、坐落位置，再介绍其大致布局。这样才能给读者理出一条清晰的游览线路。

由于导游在介绍景点时，往往站在一个特定的位置，根据不同方位向旅游者介绍，所以导游词还必须具备方向感。也就是通常人们理解的，导游词中必须包括"在各位朋友的右边有……"此类语句。

导游词写作还要注意要开门见山，直奔主题，尽量减少过渡；注意要抓住特点，对景点的描述部分不要过分追求排比和修饰，而要把景点的特点讲出来。

（三）注意要口语化

导游词切忌书面语太重。导游词切忌写成抒情诗或散文什么的，更不能是演讲稿。要注意口语的表达和运用，不能堆砌辞藻，惯用的"欢迎辞""欢送辞"要朴实亲切，富含真情实感，切忌矫揉造作。

口语化首先要求导游词写作过程中多用口语词汇，当然也可选择浅显易懂的书面语词汇，但要避免难懂的书面语词汇和音节拗口的词汇。其次要求导游词的句式要多用短句，少用或不用长句，以便说起来利索、顺口，听起来轻松、易懂。

口语的基本特点是简洁、明白。它不需要叠床架屋的长句，它需要的是明快、一语中的短句。它也很少用书面语，切忌居高临下，死板呆滞，夸夸其谈。

另外对一些知识性的问题，或者民间说法要在引用后做适当的解释。导游词不是产品说明书，叙述如果没有对比和解释，过多的数字对于旅游者来说，并不能起到强调作用，相反会让人觉得啰唆。

思考与练习

1. 导游人员应该从哪些方面着手提高旅游团的组织技能?

2. 导游人员为什么要重视“第一印象”? 怎样给旅游者留下良好的“第一印象”?

3. 导游人员应如何因势利导调节旅游者的审美行为?

4. 怎样向旅游者提供令他们满意的心理服务?

5. 什么是导游语言? 导游人员在运用导游语言时要遵循哪些原则?

6. 导游人员的语言技能包括哪些方面?

7. 常用的导游方法和技巧有哪些?

8. 试着对某一景点用两种以上的导游方法，并比较它们的效果。

9. 解释下列名词：分段讲解法、突出重点法、触景生情法、虚实结合法、制造悬念法、类比法、画龙点睛法。

10. 学生选择所在地的著名景点，运用导游讲解方法进行景区导游词创作，并模拟讲解。

实训练习

1. 课堂讨论：如果你是一名导游人员要接待到四川旅游的团队，针对不同性质的旅游者应准备哪些材料：(1) 旅游界业内人士考察团；(2) 来自西北农村的旅游团；(3) 本省中学生旅游团；(4) 来四川旅游的某宗教旅游团。

2. 根据当地旅游资源的具体情况，教师选择一处有代表性的景区（点），要求学生查阅资料、准备导游素材、撰写书面导游词，最后要求学生分组进行实地或室内模拟讲解。

第六章　导游人员的应变技能

引　言

1990年10月，某旅行设社接待了一个由18人组成的新加坡旅游团，其中有一位81岁的老人偕女儿同行，他是下肢瘫痪的残疾人。该旅游团由某城入境，当老人坐着轮椅出机场时，该城的一位地陪见了大为惊讶：“你怎么这副样子来旅游？让我怎么办？为什么不早来呀……你就待在宾馆吧！”老先生听了这番话顿时脸色变白，显得十分难过。到该城的第一天下午，老人就自己默默地在宾馆房间里度过。

当晚，全陪到客房去看望老先生。老人深情地告诉全陪：“41年了，这是第一次批准我父女两人回国观光。我有个心愿，在我走前一定要看看长城，不到长城心不死啊，可是……”全陪听罢，对老先生说：“您克服这么大的困难不远万里来祖国观光，我一定设法使您尽量多看看”。一路上，全陪不厌其烦地与各城市的机场、饭店联络，请求提供轮椅和方便，自己不怕劳累地满足老人的心愿。在西安，她亲自推车让老人看兵马俑；在北京，当汽车抵达长城脚下时，全陪先带领全团客人登上长城，然后又跑了下来，找了四位解放军战士，向他们说明了情况，请求他们帮助。解放军战士听了深受感动，欣然前来把老人连同轮椅一起抬上长城第一层敌楼。老先生感激地说不出话来，但见老泪纵横，一把拉住解放军战士的手，往他们手里塞美元。解放军战士把美元还给了老人，微笑着敬了个礼就走了。目击者无不为之感动。待全团客人到齐，大家在此留影并拍摄录像。老先生坐在中间，拉着全陪的手，热泪满面地笑着说：“这样的好导游只有中国才有，此次来祖国真正感受到了人间的爱……”领队将此录像带回了新加坡，作为宣传中国导游人员优质服务的见证。

【学习目的】

本章要求学生掌握旅游者个别要求处理原则，并熟悉旅游者个别问题处理的基本方法和技巧。了解和掌握在导游服务过程中，出现的一些主要问题、事故和自然灾害的预防措施，以及处理的原则和方法。重点是通过原理和案例分析，学生能真正掌握并处理导游服务过程中常见的问题和事故。

【主要内容】

· 旅游者个别要求的处理

旅游者个别要求处理的基本原则　旅游者在餐饮方面个别要求的处理　旅游者在住宿方面个别要求的处理　旅游者在娱乐活动方面个别要求的处理　旅游者在购物方面个别要求的处理　旅游者要求自由活动的处理　旅游者探视亲友或亲友随团活动要

求的处理　旅游者转递物品和信件要求的处理　旅游者要求中途退团或延长旅游期限的处理

· 导游服务中常见问题、事故和自然灾害的处理

导游服务中常见问题与事故的预防措施和处理原则　旅游活动计划和日程变更的处理　漏接、空接、错接的预防与处理　误机（车、船）事故的预防与处理　旅游者丢失证件、钱物、行李的预防与处理　旅游者走失的预防与处理　旅游者患病、死亡问题的处理　旅游安全事故的预防与处理　旅游者越轨言行的处理　旅游者投诉及其处理　自然灾害的预防与处理

第一节　旅游者个别要求的处理

旅游者的个别要求是指在旅游团到达目的地后的旅游过程中，个别旅游者或少数旅游者因生活上的特殊需要或个人的某些愿望而临时提出的要求。面对旅游者的种种要求，导游人员应该怎样处理？怎样才能使要求得到基本满足的旅游者高兴，又使个别要求没有得到满足的旅游者也满意，甚至使爱挑剔的旅游者也对导游人员提不出更多的要求？这是对导游人员处理问题能力的又一个考验。对旅游者提出的要求，不管其难易程度、合理与否，导游人员都应给予足够的重视并正确及时、合情合理地予以处理，力争使旅游团每一位成员都能有一个满意的旅程。

一、旅游者个别要求处理的基本原则

旅游者的个别要求多种多样，而且具有时间上的随机性。如何在满足旅游者共同要求的同时处理好他们的个别要求，不仅是对导游人员处理问题能力的一个考验，也是对导游人员服务质量的一种检验。因此，只要旅游者提出的个别要求是合理的，而且经过努力又是可能办到的，导游人员就应设法予以满足。

（一）合理而可能的原则

合理而可能的原则是导游人员处理问题、满足旅游者要求的依据和准绳。

合理的基本判断标准就是指旅游者的要求不违法，符合旅游协议合同，符合中国人的道德规范，不影响大多数旅游者的利益，不损害国家利益，不损害旅行社和导游人员的合法权益。可能，是指游客提出的要求是合理的，或是可以办到的，或有一定难度，但通过导游人员的努力还是能够满足的。

旅游者是导游人员的主要服务对象，满足他们的正当要求，使他们度过愉快的旅游生活是导游人员的主要任务。所以，旅游者提出的要求，只要是合理的又是可以办到的，即使很困难，导游人员也要设法予以满足。有的旅游者提出的要求是合理的，但为导游人员增添很多麻烦，需要做出很大努力，这时，导游人员就应以“假如我是旅游者”这种设身处地的思维方法来看待旅游者的要求，可能就会容易理解对方的所想、所求，就能做到“宽以待客”，想方设法满足旅游者的要求。很多旅游者，尤其是

西方人以“不打扰别人”为生活座右铭，他们一般不轻易开口求人，一旦开口，说明确实需要导游人员的帮助，对于他们的要求，导游人员不能掉以轻心，只要是正当的，应尽力使他们的需要在一定程度上得到满足。

典型案例

20世纪80年代中期，一位法籍华人老人因中风造成偏瘫。她在欧洲旅居多年，身边只有一位成年的女儿，母女二人相依为命。谁知她不幸中风偏瘫住院后，女儿进病房问的第一句话竟是：“妈妈，你的遗嘱写好了吗？留给我多少遗产？”老人的心碎了。她从报纸上偶然看到了有关重庆国际旅行社热诚为旅游者服务的报道，决定辗转取道香港，到重庆去治病。在香港的亲友都劝她留在香港，理由是香港的条件比内地好得多。再说刚对外开放不久，情势还不稳定，这对一个坐轮椅车的病人来说，举目无亲，太不可思议了。老人执意要走，亲友只好打开《圣经》为她祈福，谁知翻开的那一页上居然写着：“道路已经修好，桥梁已经开通，晴空万里，你上路吧！”在广州转机时，航空小姐把她背上飞机，到了重庆，旅行社接机的驾驶员又把她从飞机上背下来，用车接到宾馆。很快，旅行社就安排好让她住院治疗。旅行社代她收取和兑换汇款，每周派导游人员去探望她，询问有什么要求。中秋节送去月饼，元宵节推她上山看灯会。经过医护人员半年的精心治疗，老人的身体日渐康复，已能自己扶着墙走几步了。她要走了，旅行社派导游人员送她上了飞机。没想到，她乘坐的飞往广州的那架飞机与来重庆时乘坐的飞机是同一架，航空小姐还记得她。惊喜地问：“您能自己扶着舷梯上飞机了？”她说：“可以了，可以了。重庆医生好，导游人员好。我在这里住了半年，旅行社只收了我几十元钱。我知道，感情是无价的。我很高兴，也很感动，这毕竟是祖国给我的。我要告诉香港的亲友，我会牢记一辈子……”

（二）认真倾听、耐心解释的原则

旅游者提出的要求大多数是合情合理的，有些要求虽然具有合理性，但过于苛刻，让导游人员难以办到；有些要求看似合理，但旅游合同上没有规定这类服务或我国目前还无法提供这类服务；还有些旅游者把旅游服务“理想化”，或者出于某种心态对导游人员的工作横加指责，过分挑剔。面对旅游者的苛刻和挑剔，导游人员不得意气用事，一要认真倾听、冷静分析。旅游者提出的要求，不管是合理还是不合理，导游人员都得认真倾听并冷静、客观地进行分析，不要没有听完就指责旅游者的要求不合理，也不要胡乱解释，更不得一听不顺耳的话就表示反感，并恶语相向，而应沉着冷静，微笑对待。二要耐心解释、实事求是。导游人员在认真分析旅游者的苛求时，如发现有合理并可实现的部分，应立即满足旅游者；若要求虽然合理但无法满足，或貌似合理但超出了协议书的内容，导游人员不能轻易地以“办不到”一口拒绝，而要耐心解释，实事求是地说明不能满足要求的原委。三要正确处理、合情合理。导游人员在处理不合理要求时，一定要正确、合情合理，注意方式方法，力争使旅游者心悦诚服。

总之，导游人员要热情地为旅游者服务，设法满足他们合理而可能达到的要求。即使有人提出一些苛刻的要求，甚至有的人一味挑剔，或者无理取闹，也不能对他们有成见，在耐心解释后，仍要为其提供热情的服务。

典型案例

一天，一旅游团来到一家刚建成的宾馆入住，全陪将房门钥匙分到客人手中不久，其中一位客人便和全陪发生了矛盾。地陪为了支持全陪的工作，帮助全陪说了一些过激的话，结果，这位客人竟和地陪闹起了矛盾。当天晚上，地陪和全陪打电话约那位客人到宾馆大堂见面，当时客人以为导游人员要“整”他，但令他感到惊讶的是，一见面，两位导游便主动迎了上去，并且诚心诚意地向他赔礼道歉。

原来，地陪和全陪事后冷静地分析了和客人闹矛盾的原因，发现自己的工作确实存在不妥之处。那位客人也不是为了自己，而是替一位腿脚不太方便的客人要求换到靠近电梯的房间，可是导游人员因对这家宾馆的情况不太熟悉而错怪客人了。

（三）礼让三分、不卑不亢的原则

旅游者中也有个别人，尽管导游人员的服务热忱周到，尽职尽责，工作无可挑剔，但他们仍不满意，喜欢挑三拣四地挑毛病，甚至无理取闹。对待这种情况，导游人员要记住自己的职责，要有主人的度量，礼貌待人，礼让三分。必要时与之说理，坚持有理、有利、有节、不卑不亢原则。说理要不伤主人之雅、不损客人之尊，导游人员不能得理不饶人，做嘴上胜利者，而要理明则让，给对方台阶下，不与旅游者争吵，不发生正面冲突，以免影响旅游活动，造成不良影响。如果个别人的无理取闹影响了旅游团的正常活动时，导游人员或请领队出面处理，或直接面对全团旅游者，请他们主持公道，以求孤立少数无理取闹者；确实有困难时，报告旅行社，请领导协助解决。对苛求挑剔者、无理取闹者，导游人员不得意气用事，事后要不计前嫌，继续热情服务，满足其合理而可能实现的要求。

二、旅游者在餐饮方面个别要求的处理

“民以食为天”，餐饮是旅游者在旅游活动过程中的基本需要，在旅游过程中吃得开心是每位旅游者所希望的。

（一）特殊的饮食要求

由于宗教信仰、民族习俗、生活习惯、身体状况等原因，来自不同国家、地区的旅游者会在饮食方面提出种种特殊要求，例如不吃荤，不吃油腻、辛辣食品，不吃猪肉、羊肉或其他肉食，甚至不吃盐、糖，不吃面食等。这些特殊要求若在旅游协议书中有明文规定，接待方旅行社须早做安排并在接团前检查落实情况，一一兑现。

若旅游团在抵达后才提出特殊要求，导游人员要及时向餐厅交代清楚，尽可能满足客人的要求；如果确有困难，导游人员要说明情况，可协助其自行解决。

(二) 换餐的要求

旅游者要求换餐，如将中餐换成西餐，团体餐换成自助餐，更换用餐地点等。如果旅游者是在用餐前3个小时提出的换餐要求，导游人员要尽量与餐厅联系，按有关规定办理；若接近用餐时间提出换餐，导游人员一般不应接受要求，但要做好解释工作，若客人坚持换餐，导游人员可建议他们自己点菜，费用自理。客人要求加菜，加饮料，导游人员应尽量满足，但告知旅游者费用自理。

(三) 要求单独用餐

由于旅游团的内部矛盾或其他原因，个别旅游者要求单独用餐。此时，导游人员要耐心解释，并告诉领队，请其调解；若旅游者坚持，导游人员可协助与餐厅联系，但餐费由旅游者自理，并告知其综合服务费不予退还。

(四) 要求提供客房用餐服务

若旅游者因生病不能去餐厅用餐，导游人员或饭店服务员应主动提供送餐服务；若是健康的旅游者希望在客房用餐，应视情况办理。如果餐厅能提供客房用餐服务，导游人员可满足客人的要求，但需要告知其服务标准。

(五) 要求自费品尝风味餐

旅游团要求外出自费品尝风味，导游人员应协助与有关餐厅联系订餐。风味餐预订之后旅游团因故又决定不去，导游人员应劝他们在预订的时间前往用餐，并说明若不去须赔偿餐厅的损失；如果旅游者邀请导游人员一起去，这时旅游者是主人，导游人员是客人，去不去应视情况而定，不能反客为主。

(六) 要求推迟用餐时间

旅游者因生活习惯或其他原因要求推迟用餐时间，导游人员可与餐厅联系，视餐厅的具体情况处理。但有的餐馆接待旅游团较多，分批供餐，若有旅游团要推迟用晚餐时间，安排可能有困难，导游人员应向旅游者解释清楚。一般情况下，导游人员要向旅游团说明餐厅有固定的用餐时间，过时用餐要另付服务费，若旅游团同意付费，可满足其要求；若餐厅不提供过时服务，建议旅游团最好按时就餐。

三、旅游者在住宿方面个别要求的处理

旅游过程中，饭店就像旅游者在外地的家一样，因此对于旅游者在住宿方面的要求，导游人员一定要尽力协助解决。

(一) 要求调换饭店

团队旅游者在目的地旅游时，应该享受什么等级的客房在旅游协议中都有明确规定，有的甚至在什么城市下榻于哪家饭店都写得很清楚。如果接待社安排的饭店低于协议书中的星级或低于住房标准，即使是安排同一星级但不是协议上标明的饭店，旅游者肯定会提出疑问并要求调换饭店。此时，导游人员应按组团社的决定予以调换，若无法调换，则要说明原委并提出补偿条件。

另外，如果协议中的饭店确实存在卫生、安全等问题而使旅游者要求更换饭店，导游人员应与接待社联系，接待社应予以妥善解决。

（二）要求调换房间

如果房间不干净，有蟑螂、臭虫、老鼠等，旅游者要求换房，导游人员应满足其要求，必要时应调换饭店；客房内设备，尤其是卫生设备达不到清洁标准或破损，导游人员应通知饭店人员立即清扫、消毒或维修更换，如客人仍不满意，坚持调房，应与饭店有关部门联系予以满足；旅游者要求调换不同朝向的同一标准客房，若饭店有空房，可适当予以满足，或者请领队在内部调配；无法满足时，应做耐心解释，并向客人致歉。

（三）要求更高标准的客房

旅游者要住高于合同规定标准的房间，若有满足其条件的房间，导游人员可予以满足，但旅游者要缴付原定饭店退房损失费和房费差价。

（四）要求住单间

住双人间的旅游者要求住单人间，如饭店有空房，可予以满足，但房费自理；住同一房间的旅游者因闹矛盾或生活习惯不同而要求住单人间，导游人员应请领队或全陪调解矛盾或内部调整房间。若调解、调配不成，饭店有空房，可满足其要求，但导游人员须事先说明，房费由旅游者自理，一般是谁提出住单人间谁付费。

（五）要求购买房中摆设

旅游者看上了客房内的某一件摆设，要求购买，导游人员可协助其与饭店有关部门联系。

四、旅游者在娱乐活动方面个别要求的处理

对于娱乐活动，旅游者各有所好，不应强求统一。如果旅游者提出娱乐活动方面的个别要求，导游人员应本着“合理而可能”的原则，视具体情况妥善处理。

（一）计划内的娱乐活动

计划内的娱乐活动一般在协议书中有明确的规定，若无明文规定，导游人员最好事先与领队和旅游者商量，然后安排。

旅行社已安排观赏某场文艺演出，而旅游者要求观赏另一场演出，若时间许可，又有可能调换，可请旅行社调换，若无法安排，导游人员要做耐心解释，并明确告知旅游者票已订好，不宜退换，请他们谅解；旅游者若坚持要求看别的演出，导游人员可协助，但费用自理。

当一部分旅游者要求观看某场演出，另一部分旅游者要求观看另一场演出时，如果两部分人所去的地方在同一线路，导游人员应与司机商量，尽量用一辆车接送；若不同路，可为少数人安排车辆，但车费自理。

（二）计划外的娱乐活动

旅游者提出自费观看文艺演出或参加某项娱乐活动，导游人员一般应予以协助，

帮助旅游者购买门票、安排车辆等，但一般不必陪同前往。如果旅游者要去大型或情况复杂的娱乐场所，导游人员应提醒客人注意安全，必要时可陪同前往。

请思考

几年前，一旅游团21日一早到达K市，按计划上午游览景点，下午自由活动，晚上19:30观看文艺演出，次日乘早班飞机离开。抵达当天，适逢当地民族节庆活动，晚上是通宵篝火晚会并有歌舞等精彩文艺节目。部分旅游者要求下午去观赏民族节庆活动，晚上放弃计划中的文艺演出而参加篝火晚会，并希望地陪派车接送。

请问：导游人员该怎样处理这一要求？

（三）要求前往不健康的娱乐场所

个别旅游者要求去不健康的娱乐场所和过不正常的夜生活时，导游人员应断然拒绝。导游人员不得向旅游者提供不健康娱乐场所的任何信息，不得引领个别人去不健康的娱乐场所，更不得引诱少数人去过不正常的夜生活。导游人员还应明确告知这类要求不符合中国的传统和道德观念，这在我国是被禁止的，属于违法行为。如果个别人前往不健康的娱乐场所，导游人员要告诫他们，若执意去，一切后果自负。

五、旅游者在购物方面个别要求的处理

购物是旅游活动的六大要素之一，是参观游览活动的重要补充。在这方面，旅游者往往会提出各种各样的特殊要求，导游人员要不怕麻烦，并根据客人意愿设法予以满足。

（一）要求单独外出购物

旅游者要求单独外出购物，导游人员要予以协助，当好购物参谋。例如，建议旅游者去哪家商场购物，为其安排出租车并写好中文便条（条上写明商店名称、地址和饭店名称等信息）。但是，在旅游团快要离开本地前，导游人员要劝阻旅游者单独外出购物。

（二）要求退换商品

旅游者购物后发现商品是残次品、计价有误或对物品不满意，要求导游人员帮其退换，导游人员应积极协助，必要时陪同前往。

请思考

去机场登机前，一客人说她在定点店买的贵重钻戒是假的，要求地陪代为退货，怎么办？

（三）要求再去商店购买相中的商品

旅游者在某家商店相中某一商品，出于“货比三家”的考虑或对于商品价格、款式、颜色等犹豫不决，回饭店后经考虑决定购买，要求导游人员协助。一般情况下，

只要时间允许，导游人员可写个便条（包括商品名称、请售货员协助之类的话）让其坐车前往商店购买，也可陪同前往。

（四）要求购买古玩或仿古艺术品

旅游者若想购买古玩或仿古艺术品，导游人员应建议其去文物商店购买，买妥物品后要提醒旅游者保存好发票，不要将物品上的火漆印（如有的话）去掉，以便海关查验；旅游者要在地摊选择古玩，导游人员应劝阻，并告知我国有关规定，即携带我国出口文物（古旧图书、字画等），应向海关递交中国文物管理部门的鉴定证明，否则不准携出，地摊无法为其提供这种证明。若发现个别旅游者有走私文物的可疑行为，导游人员应向旅游者讲清我国的有关法律规定。若旅游者不听劝阻，导游人员必须及时报告有关部门。

请思考

某旅游团中一位重要客人，很想购买一件文物的复制品，但直到出境前仍未购到。经商议，他给导游小张留下款项，请代为购买。如果你是这位导游小张，应如何妥善处理这件事情？

（五）要求购买中药材

旅游者若想购买中药材、中成药，导游人员应告知中国海关的有关规定，即旅客携带中药材、中成药出境，前往国外的，总值限人民币 300 元，前往港澳地区的，总值限人民币 150 元；寄往国外的总值限人民币 200 元，寄往港澳地区的，总值限人民币 100 元。中药材、中成药的价格，均以境内法定商业发票所列价格为准。入境旅客出境时可携带用外汇购买的、数量合理的自用中药材、中成药，须向海关交验盖有国家外汇管理局统一制发的“外汇购买专用章”的发货票，超出自用合理数量范围的，不准带出；虎骨、犀牛角、麝香等更不准带出。

（六）要求代为托运

旅游者购买大件物品后，要求导游人员帮其安排托运时，导游人员可告诉旅游者哪些商店经营托运业务，购物后当场就可办理托运手续；若有的商店无托运业务，导游人员要协助旅游者办理托运手续。

（七）委托代买

旅游者欲购买某一商品，但当时无货，请导游人员代为购买并托运，对于旅游者的这类要求，导游人员一般应婉言拒绝；实在推托不掉时，导游人员要请示领导，不得自作主张，贸然接受委托。一旦接受了旅游者的委托，导游人员必须在领导指示下认真办理委托事宜：收取足够的钱款（余额在事后由旅行社退还委托者），发票、托运单及托运费收据寄给委托人，旅行社保存复印件以备查验。

请思考

几年前，荷兰旅游者斯密茨夫妇希望购买一件高档景泰蓝商品，在景泰蓝厂挑选了半天，相中了一款景泰蓝艺术品，标价为12 000元，但该商品有瑕疵，斯密茨未购买。但斯密茨很想要那款景泰蓝艺术品，于是要求地陪小张代为购买。小张欣然接受并收下斯密茨留下的1 600美元货款和托运费。尔后，小张与景泰蓝厂联系，终于买到了景泰蓝并办好了托运手续，将12 000元的购物发票和托运单及800元的托运费收据及时寄给了斯密茨夫妇。

请问：地陪小张处理此事有何不妥之处？

六、旅游者要求自由活动的处理

参加团队旅游的旅游者大部分时间都是集体活动，有时，个别旅游者希望自由活动或单独活动，导游人员应根据不同情况予以妥善处理，并认真回答旅游者的问询，提出合理建议，提醒注意事项，力争既满足旅游者的要求又保证他们的安全。

（一）一般情况下允许旅游者自由活动

在旅游过程中给予旅游者适量的自由活动时间，可以缓解集体活动带来的紧张和匆忙，使旅游活动有张有弛，更好地达到旅游的目的，这是符合客人心理要求的。他们往往需要一定的自由活动时间，选择自己感兴趣的项目参观游览，或者处理其他事务。导游人员应充分理解这种情况，不要怕麻烦，尽量予以安排。

个别旅游者已游览过某一景点，希望不随团活动，如果其要求不影响整个旅游计划，可以予以满足并提供必要的帮助。例如，提醒旅游者带上宾馆的住房卡，写一便条给旅游者带上（便条上写着游览地的名称、地址或下榻宾馆的名称和电话），协助寻找交通工具，提醒旅游者记住晚餐的用餐时间和地点等。

个别旅游者在某一游览点希望不按原定的路线游览，而要求自由参观或摄影，如果游客不多、秩序不乱，导游人员可允许其自由活动，但要提醒旅游者注意集合的时间、地点和规定的行动路线。必要时留一字条，上面写明集合时间、地点和车牌号以及饭店名称和电话号码，以备不时之需。

晚上无活动安排，旅游者要求外出自由活动时，导游人员应建议其不要走得太远、不要去秩序较乱的场所、不要回来太晚等，可让旅游者带上宾馆的便笺，以防迷路。

（二）需劝阻旅游者自由活动的几种情况

有些情况不宜旅游者自由活动，如果有人提出此类要求，导游人员应及时劝阻，但要说明原因。

1. 影响旅游团活动计划的顺利进行时

当旅游者提出的自由活动要求涉及面过大，影响到旅游团活动计划的顺利进行时，导游人员要劝其随团活动。

2. 旅游团即将离开本地时

旅游团即将离开本地或计划去另一地旅游，尤其是即将离境回国时，为了避免影响旅游团准时离站，导游人员要劝阻旅游者自由活动，也不要让他们单独外出购物。导游人员自己也应注意，在此种情况下，不要带旅游团到大型商场购物，不安排他们去地形复杂的景点游览。

3. 存在不安全因素时

（1）地方治安不理想。如果地方治安不理想，导游人员要劝阻旅游者自由活动，更不要让旅游者在晚上单独外出活动，同时向旅游者实事求是地说明情况。

（2）地方环境复杂、混乱。旅游者想去复杂、混乱的地方活动，导游人员要加以劝阻，以免出事。

（3）单独骑自行车上街。到了“自行车王国”，有旅游者很想租辆自行车单独上街兜风，但在人生地不熟、车水马龙的街头骑自行车存在不安全因素，导游人员要加以劝阻。导游人员更不能将自己的自行车借给旅游者或陪少数人骑车上街游览市容。

（4）划小船游湖。旅游团游湖（河），必须按规定乘坐所指定的船只，如果旅游者提出划小船游湖（河）时，导游人员不得自作主张满足其要求，更不能置大部分旅游者于不顾，去陪少数人划船。

（5）在非游泳区游泳。如果有旅游者要求在非游泳区游泳，导游人员不能答应其要求。

4. 要求去不对外开放的地区、机构参观游览时

旅游者要求去不对外开放的地区、机构参观游览时，导游人员应婉言拒绝，不得自作主张答应旅游者的这种要求，必要时，须提醒对方要遵守有关规定。

七、旅游者探视亲友或亲友随团活动要求的处理

到达某地后，一些旅游者希望探望在当地的亲戚朋友，这可能是他们到某地旅游的重要目的之一。帮助旅游者找到在当地的亲友，协助安排会见或随团活动，这有利于缩短旅游者与导游人员之间的心理距离，也有利于旅游活动的顺利进行，因此，导游人员应尽力为之，设法满足他们的要求。

（一）旅游者要求探视亲友的处理

在旅游期间，如果有旅游者提出希望探望在当地的亲戚朋友的要求时，导游人员应尽可能帮助他们实现心愿。

1. 一般处理方法

如果旅游者知道亲友的姓名、地址，导游人员应协助联系，并向旅游者讲明具体的乘车路线。如果其亲友居住在旅游路线以外的城市或地区，导游人员一般不应同意旅游者离团前往探亲，可允许其约亲友到旅游路线内的城市见面。一般情况下，旅游者与其亲友进行会见时，导游人员不必参加，如果一方或双方希望导游人员协助翻译，在不影响旅游团活动的前提下，可以答应其要求。

如果旅游者只知道亲友的姓名或某些线索，地址不详，导游人员可通过旅行社请公安户籍部门帮忙寻找，找到后及时告诉旅游者，并帮其联系；若旅游期间没有找到，可请旅游者留下联系电话和通信地址，待找到其亲友后再通知旅游者。

如果海外旅游者要会见中国同行洽谈业务、联系工作、捐款捐物或进行其他活动，导游人员应向旅行社汇报，在领导指示下给予积极协助。

旅游者慕名求访某位名人，导游人员应了解他们要求会见的目的，向领导汇报后按规定办理。

2. 应注意的事项

（1）无义务充当私人会见的翻译。导游人员在帮助海外旅游者联系会见亲友或同行时，一般不参加会见，更无充当翻译的义务。

（2）婉言谢绝外国使、领馆的活动。如果外国旅游者要求会见在华外国人或驻华使、领馆人员，导游人员不应干预，条件许可时可给予热情帮助。如果旅游者邀请导游人员去参加使、领馆举行的活动，导游人员一般应婉言谢绝，若对方一再盛情邀请，经请示领导获得批准后方可前往。

（二）旅游者要求亲友随团活动的处理

有的旅游者到某地后，希望亲友随团活动甚至同其到外地去旅行游览。当旅游者提出此类要求，导游人员应视具体情况尽量予以满足，但必须做好如下工作：

（1）要征得领队和旅游团队其他成员的同意，并且条件允许（如车上有空位、不影响其他人）。

（2）与接待社有关部门联系，如无特殊情况可请随团活动的人员准备好有效身份证件到接待社填写表格，缴纳费用；办完随团手续后方可随团活动。

如随团活动的人员因时间关系无法到旅行社办理相关手续，可通过电话与接待社有关部门联系，得到允许后代为查阅证件，收取费用，尽快将收据交给旅游者。

如果旅游者的外国亲友是外交官员，导游人员应请示领导，严格按我国政府的有关规定处理问题。

如果随团旅游的亲友身份是外国记者，导游人员一般不予同意，特殊情况应请示有关部门，获准后方可为其办理入团手续。

请思考

由格林女士任领队的美国 GB 旅行团与全陪、地陪一起于某日 19:00 到达饭店。地陪为旅游者办理了住店登记手续，并分发了房卡，旅游者便陆陆续续进入各自的房间。稍后，当地陪正准备离开饭店时，一位旅游者匆匆赶到大堂，请地陪为其在华的中国亲属办理随团活动手续。地陪思考片刻后说："今天时间晚了，有什么事明天再说吧！"

请根据地方导游人员的工作规范，分析该团地陪哪些做法不妥？说明地陪满足亲属随团活动要求的正确做法。

八、旅游者转递物品和信件要求的处理

旅游者要求旅行社和导游人员帮助其向有关部门或亲友转递物品及信件时，导游

人员一般应婉言拒绝，让旅游者自己办理。如旅游者确有困难，导游人员可予以协助，但要视具体情况，按有关规定和手续办理。

（一）旅游者要求转递物品的处理

旅游者要求转递物品时，导游人员要问清是何物。如果转递的物品是应税物品，应促其纳税；如果要求转递的物品是贵重物品，一般情况下，导游人员应婉言谢绝。如果旅游者确有困难不能亲自转递，导游人员可答应帮助，但手续一定要完备。要让旅游者书写委托书，注明物品的名称、交付的时间、是否需要纳税，并留下详细地址及收件人姓名。收件人收到物品后要签收回执并盖章，导游人员将委托书和回执单一并交旅行社保管。

如果旅游者要求转递的物品是易腐烂变质、保存期短的物品（如食品类），导游人员应婉言拒绝，请其自行处理。

请思考

某旅游团离境前，一老年旅游者找到全陪小李，要求他将一个密封的盒子转交给一位朋友，并说："盒子里是些贵重东西，本来想亲手交给他的，但他来不了饭店，我也去不了他家，现在只有请你将此盒子转交给我朋友了。"小李为了使旅游者高兴，接受了他的委托，并亲自将盒子交给了老人的朋友。可是半年后，这位老人写信给旅行社，询问为什么小李没有将盒子交给他的朋友。当旅行社调查此事时，小李说半年前就已经将盒子交给老人的朋友了，并详细介绍了整个过程，旅行社领导严肃批评了小李。

（1）领导的批评对不对？为什么？

（2）导游人员应怎样正确处理旅游者转交贵重物品的委托要求？

（二）旅游者要求转递信件和资料的处理

旅游者如果要求转递信件或资料，导游人员应说服旅游者自己去邮局办理，但可为其提供必要的协助。

如果旅游者要求转递的是重要的信件或资料，最好让其自行处理；若导游人员答应转递，则应做好必要的记录并留下委托人的详细通信地址，收件人收到信件或资料后要出具收据，交由旅行社保存。

由于旅游者提供的收件人地址、姓名等信息有误而无法实现代为转递事宜，导游人员应将物品、信件退还旅游者，或交组团社保管。

若外国旅游者要求导游人员帮助将物品或信件转递给外国驻华使、领馆及其人员，导游人员应建议其自行办理，并给予必要的协助。若旅游者确有困难，导游人员应详细了解情况并向旅行社领导请示，将物品或信件交旅行社处理。

九、旅游者要求中途退团或延长旅游期限的处理

要求中途退团和延长旅游期限这种特殊要求，不是导游人员所能解决的。所以无

论出于何种原因，当旅游团或部分旅游者提出提前中止旅游或延长旅游期的要求时，导游人员必须立即报告旅行社，由其视具体情况做出决定。导游人员则在旅行社领导的指示下完成具体工作，协助旅游者处理其要求。

（一）旅游者要求中途退团的处理

1. 因特殊原因要求中途退团

旅游者因患病、受伤，或因家中出事，或因工作急需，或因其他特殊原因，要求中止旅游活动，提前离开旅游团，导游人员必须立即报告接待社，经接待社与组团社协商后可予以满足，至于因提前离团而没有享受的综合服务费，按旅游协议书的规定或根据旅行社之间协商的办法处理，或部分退还，或不予退还。

典型案例

几年前，一印度尼西亚旅游团到中国进行北京、承德、天津七日游。行程的第三天，领队找到北京地陪，急切地说："印尼发生骚乱，很多华人住宅区、商店被抢，而团内大部分人来自骚乱地区，现决定放弃旅游，立即回国。"地陪回答已得知骚乱消息，对游客表示同情并表示愿协助旅游团办理相关手续。地陪请示旅行社，经批准后立即着手办理旅游团提前回国事宜。旅游团的机票是组团社预购的双程机票，于是地陪与印尼航空北京办事处联系，得知因骚乱，机票已被预订完。地陪与其他航空公司联系，只有香港的港龙航空还有部分飞往雅加达的机票。于是地陪和旅游者商量，告知港龙航空有票并可给好的折扣，但要在香港转机，需 9 个多小时才能到雅加达，印尼航空也只收 15% 的损失费。旅游者接受这一现实，地陪就马上办妥了机票及其他回国手续，将旅游者平安送抵机场。

2. 无特殊原因要求中途退团

有旅游者提出中途退团要求，导游人员一定要问明原因，并根据不同情况，予以正确处理。旅游者无特殊原因，只是因某个要求得不到满足而提出提前离团的，导游人员应与领队一起做说服工作，劝其继续随团活动。如果旅游者因对接待社安排失当或导游人员工作失误不满而要求中途退团，导游人员应设法尽快弥补，并赔礼道歉；如因不合理要求得不到满足而提出退团，导游人员要耐心解释。若说理、弥补无效，旅游者执意中止旅游活动，导游人员可满足其要求，但须告诉旅游者未享受的综合服务费不予退还。

（二）旅游者要求延长旅游期限的处理

入境旅游者因伤、因病需要延长在中国的停留时间，导游人员应帮助办理相关手续，如协助办理分离签证手续，必要时办理延长签证手续；还应不时地前往医院探视，以示关心，并帮助解决伤病者及其家属在生活上的困难；旅游者病愈出院后，导游人员应安排车辆送其前往机场，离开中国。上述服务中所需费用由旅游者自理；住院期间没有享受的综合服务费按协议书的规定或相关旅行社协商决定处理，或部分退还，或不予退还。

如果入境旅游者在旅游团的活动结束后仍余兴未尽，希望继续在某地游览，或由于某种原因要求延长逗留期限，导游人员应根据实际情况处理。若无须延长签证，一般可满足其要求；若须延长签证，原则上应予以婉言拒绝。若个别旅游者确有特殊原因需要留下，导游人员应请示旅行社，然后向其提供必要的帮助，由此引起的一切费用应由旅游者自理。

旅游团离境后，留下的旅游者若需要旅行社继续为其提供导游等服务，则应另签合同，并按有关规定付费。

典型案例

1997年7月，正值抗日战争爆发60周年纪念。一对日本老年夫妇进行了一次完美的北京四日游。行程即将结束时，老先生拉着地陪的手，要求地陪将日程延后两天，并安排他们去北京昌平大杨山。原来老先生是名老军人，50多年前作为侵略军占领过大杨山，几十年来，老人一直有个心愿：回故地看看，亲口向当地民众表达自己的忏悔之心。地陪得知详情后，立即报告旅行社，在领导指示下，为其解决了住房、重新确认了机票、收取了增补的费用，然后专程陪老年夫妇"故地重游"，了却了老人的夙愿。

第二节　导游服务中常见问题、事故和自然灾害的处理

导游服务过程中由于不可预测因素的存在和旅游服务的缺陷，再加上旅游者的种种因素，出现问题和事故也就在所难免。但任何问题、事故一旦发生都是不愉快的，甚至是不幸的。导游人员在带团过程中，要尽量做好服务工作，与各方密切合作，时刻警惕，采取各种必要措施，预防问题、事故的发生。一旦发生问题或事故，导游人员必须采取应急措施，及时有效地帮助解决问题和协助处理事故，并使事故带来的人员伤害、财产损失和不利影响降低到最小限度。

一、导游服务中常见问题与事故的预防措施和处理原则

（一）导游服务中常见问题与事故的类型与性质

导游服务过程中由于各种原因会导致一些问题或事故的发生，这就要求导游人员应该注意总结导游服务过程中容易发生的各种问题和事故，并对事故的原因和性质有一个全面的认识。保持头脑清醒是导游人员做好事故预防和处理工作的前提。根据不同的划分标准，导游服务中常见的问题和事故可分为不同的种类。

1. 按照事故的性质划分

（1）技术性事故。技术性事故是指由旅游接待部门运行机制所造成的事故或问题，如漏接、空接、错接、误机（车、船）、旅游日程变更等原因。这类事故的出现有的是由于旅游活动或旅游行程安排不当造成的，也有的是由于导游人员或相关旅游接待人

员不尽职而造成的。

（2）安全性事故。安全性事故是指关系到旅游者人身安全和财产安全的事故。前者如旅游者患病、受伤、死亡；后者如旅游者的证件、行李、财物的丢失等。

旅游安全事故又分为轻微事故、一般事故、重大事故和特大事故四个等级。轻微事故是指一次事故造成旅游者轻伤，或经济损失在1万元以下者。一般事故是指一次事故造成旅游者重伤，或经济损失在1万元（含1万元）至10万者。重大事故是指一次事故造成旅游者死亡或旅游者重伤致残，或经济损失在10万元（含10万元）至100万者。特大事故是指一次事故造成旅游者死亡多名，或经济损失在100万元（含100万元）以上，或者性质特别严重产生重大影响者。

2. 按照事故的责任划分

（1）责任事故。责任事故是指由于接待方原因造成的事故，包括导游人员的直接责任和接待方其他环节的责任。如由于导游人员的疏忽、安排不当、照顾不周等原因造成的漏接、错接、误机和旅游者走失等事故。责任事故一旦发生会带来严重的后果，不仅给旅游者带来精神和物质上的损失，给导游人员和所在旅行社带来巨大压力，而且会直接损害接待国或地区的旅游业形象。

（2）非责任事故。非责任事故是指由于非接待部门的原因或旅游者自身的原因造成的事故。如天气原因造成飞机不能起飞；意外事故招致旅游者人身伤亡；旅游者不听从指挥造成走失等。虽然这类事故的责任不在旅游接待方，但接待方有义务做好各项补救工作。这类事故如果处理得好会赢得声誉，处理不当就会给各方带来不好的影响。

3. 按照事故的严重程度划分

（1）严重事故。严重事故是指给旅游者或旅游接待方带来较大经济损失；给旅游者带来较大身体、精神伤害；对社会产生恶劣影响；旅游者反映强烈甚至提出解除旅游合同进行投诉、索赔的事故。如在旅游服务中出现的违约或服务差错导致的严重的服务质量事故。

（2）一般事故。一般事故是指经常发生但能及时补救的问题。如旅游者证件和物品的丢失、旅游者的一般性走失等。一般事故虽然不会带来严重的经济损失或人身伤害，但会给旅游活动带来诸多不便，影响旅游者的情绪，降低导游服务质量。

（二）导游服务中常见问题与事故的预防措施

在导游服务过程中不出问题、事故或少出问题、事故是提高导游服务质量的基本条件。为了把问题、事故发生的可能性降低到最小限度，导游人员必须从以下几个方面做好预防措施：

1. 牢记服务宗旨，加强责任意识

导游人员首先必须在思想上充分认识到在导游服务过程中问题、事故预防的必要性，加强责任心。

一方面，导游人员的责任心来自法律和行业规定的约束力量。《导游人员管理条例》第十四条明确规定：“导游人员在引导旅游者旅行、游览过程中，应当就可能发生危及旅游者人身、财物安全的情况，向旅游者做出真实说明和明确警示，并按照旅行社的要求采取防止危害发生的措施。”导游人员应将保护旅游者权利和权益的责任放在最重要的位置。

另一方面，导游人员的责任心取决于导游人员的自觉、自律，这一点更为重要，技术性责任事故的发生很多情况下是导游人员的大意和失职造成的。导游人员要牢记宾客至上的服务宗旨，时刻想着客人、时刻关心客人。

2. 制订周密计划，安排留有余地

导游人员，特别是地方陪同导游人员要制订周密的活动计划，对于新开放的景点及不熟悉的游览地应详细了解，必要时自己应先去一次，然后根据旅游者的年龄、身体等状况妥善安排；要经常了解游览地周围的治安、交通等情况。

在安排活动日程时，导游人员要特别注意留有余地，活动项目应注意合理安排、劳逸结合。容易使旅游者疲劳的游览项目不能集中在一天，晚间活动不宜太晚，以保证旅游者的体力和精力；去机场（车站、码头）前要预留充分的时间。

3. 出门多留心观察，处处做好提醒工作

（1）出门要留心观察旅游者，多注意周围环境的变化。导游人员在带领旅游者外出旅游期间，要注意察言观色，一旦发现旅游者的身体状况和神情有异常变化时，不能掉以轻心，要主动询问，针对不同的情况采取必要的措施。在游览时，导游人员要随时注意旅游者的行踪；要注意周围是否有异常动向和安全隐患，一旦发现，应马上采取应变措施。

（2）养成带客出门必做预报的好习惯。①报告全天行程。在出发前或旅游车离开饭店后，导游人员要向旅游者报告一天的行程，上午、下午的游览点，中餐和晚餐的用餐地址与餐厅名称，晚间活动的安排。如果已分发活动日程表，要注意核实是否有新的变动。②预报天气、地形。如果有登山或登高项目，或者需要较长时间的步行，导游人员应在前一天通知旅游者，并提醒客人做好着装（特别是运动鞋等）准备工作。出发前，导游人员还要预报当天的天气情况，介绍游览地的地形和环境。③介绍游览线路。到达游览点后，在景区示意图前，导游人员应该向旅游者介绍游览线路，告知旅游车的停车地点，强调集合时间和地点，再次提醒旅游车的特征和车牌号。

（3）做好各个环节的提醒工作。①提醒旅游者量力而行。在登山、登高或做比较激烈的运动时，导游人员要事先提醒旅游者量力而行，速度不要太快、注意安全、避免太累、谨防摔伤。②提醒旅游者不要走失。在大型游览点和人多的地方游览时，导游人员要特别提醒旅游者紧随队伍，不要走散；自由活动时，提醒旅游者不要走得太远；客人如果在晚间自由活动时间外出，要提醒客人注意安全，不要回饭店太晚。③提醒旅游者保管好财物。导游人员要随时提醒客人保管好自己的财物，特别是证件和贵重物品。在离开饭店前往下一个旅游目的地时，特别在旅游团（者）离境或结束全程旅游的最后一站时，提醒客人清点自己的证件、物品和行李，并要在开车前做最后的提醒。④提醒旅游者注意饮食卫生。导游人员要提醒客人注意饮食卫生，不喝自来水和河水，不吃不卫生食品和过期食品。⑤提醒司机注意交通安全。在旅游团乘车前往旅游目的地的途中，导游人员要提醒司机注意交通安全。尤其在交通拥挤、时间仓促时，在走险路、窄路时，在恶劣天气行车时，导游人员都要特别提醒司机注意安全，绝不要催促司机开快车；劝阻司机不开“英雄车”“斗气车”；阻止司机酒后开车；阻止非本车司机开车；阻止司机在中途停车搭载无关人员；遇到不明身份的人拦车时，提醒司机不要停车。

4. 同事间密切合作，不得擅离职守

导游工作中同行要注意合作，特别是带大团游览大景点时，地陪、全陪、领队之间要相互配合；参观游览期间，导游人员应随时与旅游者在一起，不得擅离职守，不得为私事而置旅游团于不顾。

（三）导游服务中常见问题与事故的处理原则

导游服务过程中一旦发生问题或事故，导游人员要沉着冷静，及时处理，力争将问题、事故造成的损失和影响降低到最小限度。导游服务中常见问题与事故的处理，实质上就是针对旅游过程中的差错和事故而开展的一系列旨在降低损害程度的行为过程。

1. 及时果断原则

及时果断原则就是指在将要发生事故时和发生事故后，导游人员要把握好第一时间，积极想办法，及时采取应急措施，迅速与相关部门联络，以控制损失扩大的趋势。对于马上要处理的事情，导游人员应当机立断，切忌手足无措，贻误时机。问题、事故一旦发生，其损失通常是有形的，但也潜伏着损失可能进一步扩大的因素，争取时间是减少事故损失的前提。

《导游人员管理条例》第十三条规定：“导游人员应当严格按照旅行社确定的接待计划，安排旅游者的旅行、游览活动，不得擅自增加、减少旅游项目或者中止导游活动。导游人员在引导旅游者旅行、游览过程中，遇有可能危及旅游者人身安全的紧急情形时，经征得多数旅游者的同意，可以调整或者变更接待计划，但是应当立即报告旅行社。”

2. 损失最小原则

任何问题与事故的发生，或多或少都会给旅游企业带来一定的损失，特别是重大事故，其损失就更为惨重。导游服务中常见问题与事故的损失包括两个方面，一是经济损失，二是名誉损失。所谓损失最小原则，就是把事故所带来的损失降低到最小限度。损失最小原则还要求导游人员对发生的即使是一些小小的差错，也应着手进行处理。一个小差错，也许并不会影响旅游的进程，但几个小差错加起来，就会引起旅游者强烈的不满，特别是对于那些可能引发重大事故的差错，导游人员切记不能掉以轻心。例如，旅游者情绪不佳，如果导游人员不加以引导，听之任之，就有可能在旅游过程中一些自然性差错（如汽车在半途上抛锚等）的引爆下，变成一种不满，进而引起团队骚动。

3. 按章办事原则

导游服务是一种独立性很强，并具有一定政策性的工作。每位导游人员都必须有牢固的法纪观念，在处理导游服务中常见问题与事故时，一定要按章办事，切忌我行我素。一是遇事多请示汇报，不可自以为是。遇有旅游事故，特别是重大的旅游故障，报告请示要及时，不得擅自处理。如遇交通事故、财务失窃、治安事故等问题时，导游人员要向公安部门报告，请求调查处理；遇有行李丢失、旅游者患病、日程变更等问题，导游人员要向旅行社报告，请求协助处理；遇有住房、用餐、行车等方面的问题，导游人员要同各经营单位取得联系，并请其协助处理。二是处理具体问题、事故时，导游人员要以我国现行法律、法规、条例和规范为准绳，依章办事而不是主观臆断。如在抢救重病患者的过程中，其救治方案只有在征求领队或患者家属的意见并签字后才能生效，处置不当会引发不必要的麻烦和法律纠纷。

同时，在不违反我国现行法律、法规的情况下，对各项具体事宜的处理，要尊重当事人的意愿，体谅当事人的心情，不要激化矛盾，采取必要的措施安慰旅游者、稳定旅游者，要注重保护旅游者的基本权利和利益。海外旅游者来自不同的国家和地区，可能分属不同民族，有些还信仰不同的宗教，导游人员应事先了解有关情况，在善后处理工作的有关事项中，尽量尊重当事人的有关要求。

典型案例

一个日本旅游团在北京天坛公园游览，游览结束后，导游清点人数时发现丢失了一位老年旅游者，找了两回也不见人影。这时，团里一位老太太又突然发病，倒在车上不能动弹，而其余的旅游者按计划要去故宫游览。走失的老年旅游者不能不管，发病的旅游者情况危急需要送医院抢救，同时也不能耽误其他旅游者的继续游览。导游人员在来不及向旅行社报告的情况下，果断做出以下决定。首先，导游人员请司机火速把车开到医院，送病人就诊，并嘱咐其他旅游者在车上等十几分钟再去故宫，随即和领队扶病人去就诊；老太太经诊断是心脏病发作，必须住院治疗，还需要有人陪护，导游人员既要做翻译又要办住院手续，离不开。接下来，导游人员立即决定由领队带着其余旅游者去故宫游览（领队以前曾去过故宫），并把填写好的门票交给领队，并讲明游览路线、上车地点和时间，同时又让领队转交给司机一张字条，上面写明停车地点、时间及有关注意事项。这样，领队带旅游团去了故宫。为老太太办理了住院手续后，导游人员立即打电话给旅行社领导汇报情况，告诉一位旅游者在天坛走失，请求社里和天坛公园附近的派出所帮助查找，并同下榻的宾馆取得联系，同时请社里另派一翻译到医院接替自己。两小时后，领队带着游览故宫的旅游团返回，社里派来的翻译也及时赶到了医院，而走失的旅游者也在有关单位的协助下归队。

二、旅游活动计划和日程变更的处理

旅游计划和活动日程是组团社、接待社和旅游者共同约定的，一旦商定，各方面都应严格执行，一般不轻易更改。但是有时一些天气突变、自然灾害、交通问题等客观原因和不可预料的因素迫使旅游计划、线路和活动日程发生变更。

（一）旅游团（者）要求变更计划行程

在旅游过程中，旅游团（者）提出变更旅游路线或日程安排的要求时，导游人员原则上应按合同执行，若有特殊情况应上报组团社，根据组团社的指示做好工作。一般情况下，凡遇到改变线路的要求（包括增减或变更参观点、增减旅行天数或改变交通工具等）必须由领队提出，根据组团社同接待社协商后的意见执行。

（二）客观原因需要变更计划和日程

天气变化、自然灾害或交通问题等原因常常会导致旅游团不得不改变旅游计划、路线和活动日程，遇到这种情况，导游人员应原则上向旅游团（者）做好解释工作，及时制订应变计划并报告旅行社，再根据组团社或接待社的安排做好工作。遇到这类情况，导游人员一般常采用以下应变措施。

1. 缩短在一地的游览时间

旅游团提前离开或推迟抵达，都会缩短在一地的游览时间，地陪应做的工作有：

（1）尽量抓紧时间完成计划内的参观游览活动，如果时间确实不允许，应制订应变计划，并选择游览本地最有特色和代表性的景点，以求旅游者对本地的景观有个基本了解，并适当地给予物质补偿，让旅游者减少遗憾和不快。

（2）如果旅行团提前离开，应提醒旅行社有关部门及时通知下一站工作人员。

（3）向旅行社领导及有关部门报告，与饭店、宾馆、车队联系，及时办理退餐、退房、退车等事宜。

请思考

地陪小章接待的某旅行团原计划于本月23日16:00乘飞机由B市飞往X市。22日晚饭后，小章突然接到旅行社计调的通知，该团因故必须改乘23日8:00的航班提前离开B市。小章接到内勤的通知后应该做哪些事情？

2. 延长在一地的游览时间

旅游团提前抵达或推迟离开都会延长在一地的游览时间，地陪应采取的相应措施有：

（1）与旅行社有关部门联系，重新落实旅游团的用餐、用房、用车的安排。

（2）调整活动日程，或放慢活动节奏，或增加游览项目，尽量使活动内容充实而有意义，让旅游者在不知不觉中愉快地度过延长的时间。

（3）如果推迟离开，应提醒旅行社有关部门及时通知下一站工作人员。

3. 被迫改变部分旅游计划

（1）减少（超过半天）或取消一地的游览时间，全陪应向组团社报告，由组团社做出决定并通知有关地方接待社。

（2）被迫取消某一活动，由另一活动替代，导游人员要以精彩的讲解、新奇的内容以及最佳的服务和安排让旅游者提高游兴、认可新的行程安排。

请思考

某旅游团按计划应于10月17日11:20乘机飞往下一站H市。由于旅行社票务人员的疏忽，为该团订错了航班，起飞时间改为17日15:25。16日早餐后，该团游客获悉航班改变的消息，反应强烈。稍后便通过领队向地陪提出口头投诉。旅游团中一位客人声称，曾向航空公司询问过，回答是原航班有票。试问地陪针对上述情况，应按哪些方式和步骤处理此事？

三、漏接、空接、错接的预防与处理

（一）漏接的原因、预防及处理

漏接是指旅游团（者）抵达一站后，无导游人员迎接的现象。无论什么原因造成的漏接都有可能使旅游者产生不满情绪，旅行社应尽快挽回影响。

1. 漏接的原因

（1）导游人员主观原因造成的漏接。

①导游人员未按导游服务程序要求提前到达接站地点；

②导游人员工作疏忽，将接站地点搞错；

③新旧时刻表交替，导游人员没有查对新的时刻表，仍按旧时刻表的时间去接旅游团；

④由于某种原因，原定车次、班次变更旅游团提前到达，并通知当地旅行社有关部门，而导游人员接团前没有阅读变更通知，仍按原计划去接团。

（2）客观原因造成的漏接。

①原定车次或班次变更，旅游团提前到达，但本站接待社没有接到上一站接待社的通知；

②本站接待社有关部门没有将旅游团因车次、班次变更提前到达的消息通知该团的导游人员，使导游人员仍按原计划去接团。

2. 漏接的预防措施

（1）认真阅读计划。

导游人员上团前应认真研究旅游计划，了解旅游团抵达的日期、时间、接站地点（具体是哪个机场、车站、码头），并亲自核对清楚。

（2）核实交通工具到达的准确时间。

旅游团抵达的当天，导游人员应与旅行社有关部门联系，弄清旅游团的车次或班次是否有变更，并及时与机场（车站、码头）联系核实抵达的确切时间。

（3）提前抵达接站地点。

导游人员应与旅游车司机商定好出发时间，保证按规定提前半小时到达接站地点。

3. 漏接的处理办法

不管漏接是由何种原因造成，其结果都是使旅游者焦急等待、无安全感、心情不愉快，这会影响其对旅游目的地的第一印象。导游人员应以诚恳的态度积极地采取补救措施。

①如果是导游人员自身原因造成的漏接，导游人员应实事求是地向旅游者说明情况，诚恳地赔礼道歉，在之后的导游服务中用自己的实际行动来取得旅游者的谅解。

②如果是客观原因造成的漏接，导游人员也应向旅游者进行耐心细致的解释，以防引起误解，并采取弥补措施，努力完成接待计划，使旅游者的损失降低到最小，必要时请旅行社领导出面赔礼道歉或酌情给予一定的物质补偿。

（二）空接的原因及处理

空接是指由于某种原因旅游团推迟抵达某站，导游人员仍按原计划预定的车次或班次接站而没有接到旅游团的情况。

1. 空接的原因

(1) 由于天气原因或某种故障，旅游团滞留在上一站或途中，上一站旅行社并不知道这种临时变化，而领队和全陪又无法及时与地方接待社联系。

(2) 班次或车次变更后，旅游团推迟到达，接待社有关部门由于没有接到上一站的通知，或者接到了上一站的通知而有关人员忘记通知该团导游人员。

2. 空接的处理办法

遇到此类情况，导游人员应立即与旅行社有关部门联系，尽快查明原因，采取相应措施。如果旅游团推迟到达的时间不长，导游人员可留在接站地点继续等候，直到接到旅游团为止。如旅游团推迟抵达的时间较长，导游人员要按旅行社的有关部门的安排重新落实接团事宜。

典型案例

某年10月的一天，桂林的导游人员刘先生到机场去接一个香港来桂林的英国客人。不料到机场后，机场调度室和香港航空公司驻桂林的代表通知，那个航班因故取消了，接机的人可于翌日上午8点来接人。就在那时，他又从进港预告牌上看到，在他要接的那个班机之后，还有两个班机在1小时后从香港来桂林。那位客人会不会坐下一个航班来呢？于是他决定留下等待。1个多小时后，那位客人果然乘其他航班抵达桂林。客人见有人接机喜出望外，因为他原以为由于航班取消，当天不会有人接机了，准备自己叫出租车去饭店。

(三) 错接的原因、预防及处理

错接是指导游人员接了不应由自己接的旅游团（者）。

1. 错接的原因

错接旅游团一般是责任事故，是因导游人员责任心不强造成的。错接事故容易发生在旅游热点地区和旅游旺季。有的旅行社同时派出一个以上的旅游团前往某一旅游目的地；或者在旅游旺季，若干旅游团和众多旅游者会乘同一飞机（火车、轮船）抵达目的地。

2. 错接的预防措施

(1) 导游人员应按规定提前到达接站地点迎接旅游团，并按照操作规程出示接站牌等有关标志。

(2) 导游人员要加强责任心，接站时根据旅游者手提包的标记、旅行帽、胸饰、小旗等实物标记仔细认找旅游团，并找到领队或全陪核实组团社的名称、旅游团的代号、人数、领队姓名，无领队的团要核实旅游者的姓名、下榻的饭店等情况。

(3) 提高警惕，严防其他社会人员非法接走旅游团。

3. 错接的处理方法

若错接发生在同一家旅行社接待的两个旅游团时，导游人员应立即向领导汇报。

经领导同意，地陪可不再交换旅游团，全陪应立即交换旅游团，并向旅游者赔礼道歉。

若错接的是另一家旅行社的旅游团时，导游人员应立即向旅行社领导汇报，设法尽快交换旅游团，并向旅游者实事求是地说明情况并诚恳地道歉。

如果旅游团（者）被“野马导游”接走或骗走，要及时报告旅行社和有关主管部门，由相关部门对违法者严加惩处。

典型案例

一天下午，北京的导游宋小姐到机场去接待一个法国30人的旅游团。在接到客人后，她问清了人数，便将大家召集起来堆放行李。清点行李后，宋小姐在行李卡上写了件数、所住房点，签过字并将卡片移交给行李员，然后自己带领游客们上车活动去了。晚餐后，当团队来到京伦饭店时，行李已经送到了饭店。此时，领队告诉宋小姐，他们那个团队应该住在国际饭店，而不是京伦饭店。宋小姐连忙拿出计划检查了一下，上面明明写着京伦饭店，人数也相同；领队则把自己的计划给宋小姐看，上面却写着国际饭店。他们决定进饭店问一问。在总服务台登记入住处，前厅服务员检查领队手中的计划，发现领队的名字不对，并告诉领队这个团已经入住饭店了。宋小姐此时有点明白了：由于当时没有确认领队的名字，一定是接错了团。她非常着急，那时只见同事刘先生走了过来。刘先生告诉宋小姐，他接的团应该住在国际饭店，但在机场经过与领队核对，发现领队名字和所住饭店不同，见没人接待，就先将该团接到了京伦饭店。刘先生和宋小姐核对了一下计划，发现团队名称、人数都相同，只是领队的名字和所住饭店不同。两人把情况告诉各自的领队，然后火速联系旅社行李车为宋小姐错接的旅游团运行李。刘先生请宋小姐调换车辆，通知游客旅游日程，然后就带着宋小姐错接了的游客们上车去了国际饭店。

四、误机（车、船）事故的预防与处理

误机（车、船）事故是指由于某种原因或旅行社有关人员工作的失误，旅游团（者）没有按原定航班（车次、船次）离开本站而导致暂时滞留。此类事故属重大事故，不仅给旅行社带来巨大的经济损失，影响整个旅游服务质量，损害该旅行社的信誉，而且还会使旅游者被迫减少或取消在下一站的某些旅游活动，蒙受经济或其他方面的损失，严重影响旅行社的声誉。

（一）误机（车、船）事故的预防

（1）导游人员要提前做好旅游团离站交通票据的落实工作，并核对日期、班次、时间、目的地等。如交通票据没有落实，导游人员在带团期间要随时与旅行社有关部门联系，了解交通票据的落实情况，了解班次有无变化。

（2）旅游团即将出发前，导游人员不得安排旅游团到范围广、地域复杂的景点参观游览，也不得安排旅游团到闹市区购物、自由活动。

（3）送团前，导游人员应了解前往机场（车站、码头）的路况，对交通堵塞情况

有充分的估计，以保证出发时间，按时赶到机场（车站、码头）。

（4）安排充裕的时间去机场（车站、码头），保证旅游团按导游服务程序规定的时间要求到达机场（车站、码头）：乘国内航班要保证提前 1.5 小时到达机场；乘国际航班出境或去沿海城市的航班要提前 2 小时到达机场；乘火车或轮船要提前 1 小时到达车站或码头。

（二）误机（车、船）事故的原因

1. 非责任事故

由于旅游者方面原因或由于途中遇到交通事故、严重堵车、旅游车发生故障等突发性情况造成迟误。

2. 责任事故

（1）导游人员由于安排日程不当或过紧，没有按规定提前到达机场（车站、码头）而造成的迟误。

（2）导游人员没有认真核实交通票据所造成的迟误。

（3）车次、班次已更改，但出现旅行社有关人员没有及时通知导游人员等工作上的差错造成的迟误。

（三）误机（车、船）事故的处理

1. 将成事故的应急措施

旅游团正在去往机场（车站、码头）的途中遇到交通堵塞或导游人员预知旅游者不能按规定时间抵达机场（车站、码头），误机（车、船）尚处将成事故时，导游人员应采取应急措施：与机场（车站、码头）取得联系，请求等候，讲明旅游团名称、人数、现在何处，大约何时能够抵达机场（码头、车站）。如取得同意，导游人员要立即组织旅游者尽快赶赴机场（码头、车站）；同时向旅行社汇报情况，请求帮助协调；还要向各个有关部门、有关人员（如海关、交通队、行李员、旅游车司机等）讲清旅游者误机（车、船）情况和补救办法，并说明请求协助的事项。

典型案例

一天早上，广州导游小胡送一个 20 人的香港旅游团赶飞机，但大轿车开到半路突然出现故障停了下来。司机赶紧打电话联系其他车来送团，但那时路上车水马龙，交通堵塞，重新派车来根本来不及。小胡马上打电话与机场负责场站的人联系，请他做好旅游者登机的一切准备，后又请示旅行社能否让旅游者乘坐出租车，得到肯定答复后，她立即行动。这时，刚好司机截到一辆执行完任务的空旅行车，说明情况后，小胡带领旅游者赶忙换车去机场。路上遇到堵塞走走停停，根据她的经验，这种车速肯定误机。小胡当机立断，让大家下车截出租车赶路，自己坐最后一辆车赶赴机场，到达机场时，离起飞时间只有 15 分钟了，当时负责场站的同事已经等候在那里，经过搬运行李，办理托运和登机手续，终于登机启程。

2. 已成事故的处理办法

如果误机（车、船）已成事实，导游人员只能设法采取补救措施让旅游者尽快离去。

（1）导游人员应立即向旅行社领导和有关部门报告，并请求协助。

（2）地陪和旅行社应尽快与机场（车站、码头）取得联系，协商补救办法，争取让旅游团乘最近班次的交通工具离开本站，或采取包机（车厢、船）或改乘其他交通工具前往下一站。

（3）导游人员要诚恳地向旅游团（者）赔礼道歉，以稳定旅游团（者）的情绪，使不利影响降低到最低程度，并妥善处理好行李、滞留期间的食宿以及游览活动。

（4）导游人员要及时通知下一站旅游团无法按原计划抵达，请对日程安排作相应的调整。

（5）导游人员要写出事故报告，查清事故原因和责任，责任者应承担经济损失并受政纪处分。

请思考

地陪小夏接待一个45人的旅游团，按计划该团当天将乘16:45的火车前往S市。午饭后出完行李，小夏在14:30带全团到市中心广场，并宣布："请大家在广场自由活动或在附近购物，1小时后集合！"但集合时只有38人返回，待最后几人返回时，已是16:10。当小夏带着旅游团客人匆匆赶到火车站时，火车已经驶离。

请写出此次事故的性质，事故造成什么损失，并分析事故原因。

五、旅游者丢失证件、钱物、行李的预防与处理

旅游者在旅游期间，证件、钱物、行李的丢失，有些是由于旅游者个人马虎大意造成的，也有一些是由于相关部门的工作失误造成的。这种情况的发生不仅会给旅游者带来经济损失，还会给旅游者的旅游活动带来诸多不便，严重时甚至耽误境外旅游者离境。

导游人员和领队要注意做好在关键时刻的提醒工作，特别是在旅游者每次下旅游车（飞机、火车、轮船）前、购物时、离店前。一般领队不替客人保管护照和签证等证件，应交客人自行保管；导游人员需要集中证件办理有关手续时，应通过领队向客人收取，用完后立即归还，不要代为保管。

一旦发生旅游者财产安全事故，导游人员设法补救要做到态度积极、头脑冷静、行动迅速。如果有线索，导游人员应迅速与有关部门联系查找，把损失降低到最小；如果查找不到，应迅速向组团社或接待社报告，向有关部门报案，并协助旅游者根据有关规定办理必要的手续。

（一）丢失证件、钱物、行李的预防

1. 多做提醒工作

导游人员在旅游活动过程中要注意做好在关键时刻的提醒工作。参观游览时提醒旅游者带好随身物品和提包；在拥挤、热闹的场所和购物时提醒旅游者保管好自己的

钱包、提包和贵重物品；离开饭店时提醒旅游者带好随身行李物品；每次旅游者下车时提醒客人带好随身物品，并提醒司机清车、关窗和锁好车门；导游人员多注意提醒旅游者保管好自己的证件，特别是在离开饭店时，导游人员要提醒旅游者检查是否带好了旅行证件。

2. 按规定妥善处理旅游者证件

导游人员在工作中需要旅游者的证件时，要经由领队收取，用毕立即如数归还，不要代为保管，还要提醒旅游者保管好自己的证件；带领中国公民出境旅游，出境旅游领队代为保管的有关证件要妥善保管。

3. 切实做好每次行李的清点、交接工作

旅游接待过程中，导游人员要切实做好每次行李的清点、交接工作，才能保证减少发生行李丢失问题的出现。

（二）丢失证件的处理

旅游过程中，旅游者随身携带的重要证件一般有护照、签证（集体签证）、港澳居民来往内地通行证、台湾同胞旅行证明、中华人民共和国居民身份证等。若不慎丢失这些证件，会遇到很多麻烦，如不能登记住宿、不能购买飞机票，甚至出不了境、回不了国。

当旅游者丢失证件时，导游人员应先让旅游者冷静地回忆，详细了解丢失情况，尽量协助寻找。如确已丢失，导游人员应马上报告组团社或接待社，根据组团社或接待社的安排，协助旅游者向有关部门报失，补办必要的手续。所需费用由旅游者自理。

1. 丢失外国护照和签证的处理

外国旅游者在中国境内丢失护照，应由当地接待社开具证明，由失主准备照片并持证明向当地公安局（外国人出入境管理处）报失，由公安部门出具报失证明，再由失主本人持报失证明亲自到所在国驻华使馆或领事馆申办重领护照手续；领到新护照后，再到当地公安部门办理签证手续。

2. 丢失中国护照和签证的处理

若是华侨旅游者在国内丢失护照和签证，则由当地接待社开具证明，失主准备照片并持证明到当地公安部门报失，办理领取新护照手续，然后再持新护照去其侨居国驻华使馆、领事馆办理入境签证手续。

若是中国公民出境旅游时丢失护照和签证，首先，请接待旅游团的当地导游人员协助在接待社开具遗失证明；其后，持遗失证明到当地警察机关报失，并取得警察机关开具的报失证明；然后，持当地警察机关的报失证明和失主照片及有关护照资料到我国驻该国使、领馆领取中华人民共和国旅行证。回国后，可凭该证和境外警察机关的报案证明申请补办新护照。

3. 丢失港澳居民来往内地通行证的处理

港澳居民来往内地通行证是港、澳同胞来往于香港、澳门与祖国内地之间的有效证件。港、澳同胞在内地丢失该证后，应由当地接待社开具证明到当地公安部门报失，经查实后由公安机关的出入境管理部门签发一次性有效的中华人民共和国入出境通行证，凭证返回香港、澳门后，通行证自行失效。失主本人回到港、澳地区后，可填写港澳居民来往内地通行证证件遗失登记表和申请表，凭本人的港澳居民身份证向通行证受理机关申请补发新的通行证。

4. 丢失台湾居民来往大陆通行证的处理

台湾居民来往大陆通行证，简称“台胞证”，是中华人民共和国政府发给中国台湾人民来往大陆观光、商务、探视的身份证明书。根据 2015 年《中国公民往来台湾地区管理办法》第二十七条规定，台湾居民在大陆遗失旅行证件，应当向当地的市、县公安机关报失；经调查属实的，可以允许重新申请领取相应的旅行证件，或者发给一次有效的出境通行证件。

2020 年 9 月 11 日，据中华人民共和国出入境管理局消息，2020 年 9 月 20 日，最后一批本式台湾居民来往大陆通行证（俗称“台胞证”）即将到期失效，所有持本式台胞证的台湾居民须换领电子卡式台胞证或申办一次有效台胞证来往大陆。

5. 丢失中华人民共和国居民身份证的处理

由当地接待旅行社核实后开具证明，失主持证明到当地公安局报失，经核实后开具身份证明或办理临时身份证，旅游者可凭证登记住宿、购买机票，机场安检人员核准予以放行。

请思考

一旅游团从 A 地飞往 B 地，在 A 地机场办理登机手续时，被要求检查护照，全陪匆匆地向客人收取护照，办理完登机手续后，他随手将护照递给了领队，自己去给客人分发登机卡。到 B 地后，游客彼得告诉全陪他的护照不见了，还说在 A 地机场收护照后好像没有还给他，但领队说他肯定还给了彼得。

请问：在 A 地机场全陪的行为有哪些不妥？导游人员怎样处理游客丢失护照的问题？什么是导游人员对待游客的护照等证件的正确态度？

（三）丢失钱物的处理

钱物包括一般物品、贵重物品、现金、信用卡、旅行支票等。旅游者在旅游期间发生钱物的丢失，心情一定不愉快，情绪也可能受到影响。这时，导游人员应该急失主所急千方百计帮助寻找，若失去的是入境时登记并须附带出境的或保险的贵重物品，接待社要出具证明让失主持证明到当地公安局开局遗失证明，以备出境时海关查验或向保险公司索赔。

如果旅游者丢失旅行支票或信用卡，应立即办理挂失手续，并向当地公安机关报案，以求挽回损失。

证件、钱物，特别是贵重物品如果被盗，是治安事件，导游人员应立即向公安机关和保险公司报案并协助查清线索，力争破案，找回被盗证件、物品，挽回不良影响。如果找不到被盗物品，则要协助失者持旅行社的证明到当地公安局开具失窃证明书，以备出关时查验或向保险公司索赔，同时，导游人员要提供热情周到的服务，安慰失主，以缓解他的不快情绪，并对其因丢失物品而造成的困难提供必要的帮助。

请思考

导游人员小章接待的某旅行团原计划本月23日16:00乘飞机由B市飞往X市。22日晚饭后，小章突然接到旅行社计调的通知，该团因故必须乘23日8:00的航班提前离开B市。23日清晨，该团即将抵达机场时，团员怀特夫人神色慌张地告诉小章，她将一条钻石项链放在客房的枕头下面，因离店时匆忙，忘记取出，要求立即返回饭店。对此小章应如何妥善处理？

（四）丢失行李的处理

旅游者的行李丢失往往发生在运输途中和搬运过程中，一般不是导游人员的责任。即便如此，导游人员也应该认真对待，积极协助寻找，以自己的热情和行动让旅游者得到安慰。

1. 来华途中丢失行李的处理

这种现象往往发生在运输途中或机（车、船）抵达后卸运过程中，一般属于承运人的责任，导游人员的主要任务就是尽快帮助旅游者追回行李。

导游人员首先带失主到机场失物登记处办理行李丢失和认领手续。由失者出示机票和行李牌，详细说明始发站、转运站、行李件数和行李的特征，并一一填入失物登记表。导游人员应将失者所下榻饭店的名称、房间号、电话号码告诉登记处，并记下有关航空公司失物登记处的地址、电话、联系人，以便联系。在行李查找期间，导游人员还应不时打电话询问寻找行李的进展情况，如一时找不回行李，要帮助失主购置一些必要的生活用品；如果在离开本地前行李还没有找到，要帮助失主将接待旅行社的名称、全程旅游线路以及各地可能下榻的宾馆名称转告航空公司，以便找到行李后及时运往最适宜的地点交还失主；如果行李最终找不到，导游人员可协助失主向有关航空公司索赔。

典型案例

某年5月的一天，北京的导游郑小姐接待美国的巴瑞夫妇，他们乘坐泛美航空公司的航班晚上到达北京。旅游者在机场内等了很久才出来。郑小姐接到他们时，巴瑞先生焦急地告诉她，巴瑞太太的行李找不到了。郑小姐帮旅游者办完挂失手续后，便带他们去饭店。途中巴瑞太太情绪很坏，她说，行李箱里有她心爱的衣服和摄像机等，如不及时找到，就无法换衣服，无法摄像，也无法继续旅游。郑小姐极力安慰旅游者，并答应一定想办法帮她把行李找到。第二天，巴瑞夫妇告诉郑小姐，他们一晚上都没睡好觉，请郑小姐一定帮助他们询问行李的下落。郑小姐提议，先陪巴瑞太太去买几件换洗的衣服，然后再去市内旅游。旅游者同意了。在游览市容过程中，郑小姐频繁打电话到机场询问，直到晚上，机场才通知行李已由当天美国的另一航班运到。郑小姐马上联系饭店的接机代表把巴瑞太太的行李从机场带回，她将行李亲自送到旅游者的房间。

2. 在中国境内丢失行李的处理

旅游者在中国境内旅游期间丢失行李，一般是交通部门或行李员的责任。但导游人员应该认真分析可能发生在哪个环节，设法寻找。如果行李确已来到本地并已进入饭店，则可能是行李员投错了地方；如果行李在途中丢失，导游人员应及时报告接待旅行社并由饭店行李部和保卫部负责处理。在行李未找到时，导游人员应先安慰失主，帮助失主解决生活方面的困难。如能找回行李，导游人员应及时送到失主手中，并向失主表示歉意；如找不回行李，则由旅行社领导或导游人员出面向失主道歉，并帮助失主根据惯例向有关部门索赔，以维护我国旅行社的声誉。

六、旅游者走失的预防与处理

在参观游览或自由活动时，常有旅游者走失的情况。一般来说，造成旅游者走失的原因有三种：一是导游人员没有向旅游者讲清楚停车位置或景点的游览路线；二是旅游者对某种现象和事物产生兴趣，或在某处摄影滞留时间较长而脱离团队自己走失；三是在自由活动、外出购物时，旅游者没有记清地址和路线而走失。无论哪种情况，都会使旅游者极度焦虑，感到恐慌，严重时会影响整个旅游计划的完成，甚至会危及旅游者的生命财产安全。一旦有旅游者走失，导游人员应立即采取有效措施。

（一）旅游者走失的处理

旅游者走失分为两种情况，即游览活动中旅游者走失和自由活动时旅游者走失。

1. 游览活动中旅游者走失的处理

（1）了解情况，迅速寻找。

导游人员应暂停导游活动，向其他旅游者了解走失的有关情况，分析推测走失的时间和地点，然后安排人力寻找。地陪与全陪、领队密切合作，一般情况下是全陪和领队分头去寻找，地陪带领其他旅游者继续游览。寻找活动不应影响团队的正常游览计划，不应影响团内其他旅游者的情绪和要求。

（2）向有关部门报告。

在经过认真寻找仍然找不到走失者后，导游人员应立即告知游览地派出所及管理部门，讲清走失者可辨认的特征，请他们协助寻找。特别关注面积大、范围广、进出口多的游览点，因寻找工作难度较大，争取当地有关部门的帮助尤其必要。

（3）与饭店联系。

在寻找过程中，导游人员可与下榻饭店前台、楼层服务员联系，请他们注意该旅游者是否已经返回饭店。

（4）向旅行社汇报。

如采取以上措施仍找不到走失的旅游者，地陪应及时向旅行社领导报告并请求帮助，必要时请示领导，向公安部门报案。

（5）做好善后工作。

找到旅游者后，导游人员应做好善后工作，或赔礼道歉，或安慰，讲清利害关系，提醒以后注意，切不可指责或训斥对方。

（6）写出事故报告。

若发生严重的走失事故，导游人员要写出书面报告，详细记述走失者的情况、走失原因、寻找经过、善后处理以及旅游者的反映等。

2. 自由活动时旅游者走失地处理

（1）立即报告旅行社。

旅游者自己外出时走失，导游人员得知后应立即报告旅行社并请求指示和帮助，通过有关部门尽快通知管区公安局、派出所、交通警察协助寻找，并提供走失者可辨认的特征，请求沿途寻找。

（2）做好善后工作。

找到旅游者后，导游人员应表示高兴，问清情况，视其情况表示歉意，并善意地提醒旅游者引以为戒，避免走失事故再次出现。旅游者走失后出现其他情况，应视具体情况作为治安事故或其他事故处理。

典型案例

一天，北京导游小朱接待一个10多人的日本团。她将旅游者带到慕田峪长城后向大家再一次宣布了集合地点和时间。接近集合时间时，旅游者陆续来到缆车处，朱导清点人数发现少了一位。等了十几分钟仍不见旅游者的踪影。她便返回长城去找，但却徒劳而返。日本随员见状也返身去找，但仍未找到。朱导先将旅游者带回停车场上了车，然后再一次登上长城四处寻找，仍不见旅游者的踪影，只好去慕田峪长城管理处请求帮助。一会，来了几位干警，每人拿着一个步话机分头上长城去找。正当大家忙得不可开交时，只见旅游者跌跌撞撞地赶了回来。因为走错了路一直找不到缆车入口处，就从山上连滚带滑赶下来。朱导安慰了他一番，就赶紧带大家乘车去预定好的餐厅用餐，吃完饭已经是下午3时40分了，朱导仍然带领大家完成了当天的日程活动，并强调大家遵守上车的集合时间。

（二）旅游者走失的预防

导游人员要提醒旅游者记住旅行社的名称，旅游车的车号和标志，下榻饭店的名称、电话号码，随身携带印有所住饭店标志的卡片或明信片等；每天要向旅游者通报全天的游览日程，游览点、用餐点的名称和地址，抵达时间和逗留时间，以便旅游者走失后能自己去餐厅或下榻的饭店与旅游团汇合；游览过程中，导游人员一直要举着社旗或团队队旗等标志，并时刻注意旅游者的行踪及人数，特别是个别喜欢单独活动或经常掉队的旅游者；全陪、地陪、领队要密切配合，提醒旅游者跟上队伍。

旅游者有权在自由时间自行安排活动。安排自由活动要规定时间、地点，提醒旅游者不要走得太远；不要去混乱的场所，不要回来太晚。如果当地治安情况不好，最好劝阻旅游者不要晚间外出或单独外出。

七、旅游者患病、死亡问题的处理

（一）旅游者患病的预防和处理

旅游者常因旅途劳累、气候不适、水土不服或饮食不习惯等原因感到身体不适，甚至患病。常见的旅行疾病或旅行不适包括晕车、晕船、失眠、高原反应、中暑、便秘、腹泻、呕吐等；在旅游过程中，旅游者可能会突发急症，如心脏病猝发、昏厥，还可能出现摔伤、咬伤等受伤事故。导游人员应尽力避免人为原因致使旅游者生病，若遇到旅游者生病的情况要沉着冷静地及时处理，努力使旅游活动继续进行。

1. 旅游者患一般疾病的处理

旅游者患一般疾病时，导游人员应劝其及早就医并多休息。如有必要，导游人员可陪同患者前往医院就诊，切不可出于“好心”擅自给患者用药。如果旅游者留在饭店休息，导游人员要前去询问身体状况并安排好用餐，必要时通知餐厅为其提供送餐服务。导游人员要向旅游者讲清看病费用自理。

2. 旅游者突患重病的处理

旅游者突发重病或受伤，是个棘手的问题，导游人员要全力以赴，积极组织救助。在旅行途中旅游者突然患病，导游人员应采取措施就地抢救，请求机组人员、列车员或船员在飞机、火车或轮船上寻找医生急救，并通知前方停留站急救中心和旅行社准备抢救。如果旅游者是在游览过程中或在旅游车上突然发病，导游人员应立即中断旅游，先将病人送到最近的医院急救；还应及早通知旅行社，请求指示和派人协助。若是在饭店有旅游者患重病，导游人员应首先和饭店医务人员联系组织抢救，然后再将患者送往医院。

在抢救过程中，导游人员应要求旅游团领队或患者亲友在场，并详细记录患者患病前后的症状及治疗情况。动手术前须征得患者亲友或领队的同意，并由他们签字。导游人员还应随时向当地接待社反映情况，若患者病危，其亲属又不在身边时，导游人员应提醒领队及时通知患者亲属，如患者亲属系外籍人士，导游人员应提醒领队通知所在国使、领馆；患者亲属来到后，导游人员应协助其解决生活方面的问题；若找不到亲属，一切按使、领馆的书面意见处理。

同时，导游人员要妥善安排好旅游团其他旅游者的活动，全陪应继续随团旅行。

患者脱险后仍需住院治疗，不能随团旅行和出境，旅行社领导和导游人员要不时去医院探望以示关怀，并帮助患者办理分离签证、延期签证以及出院、出境手续及交通票证等善后事宜。

患者住院期间的医疗费用自理，患者亲属在华期间的一切费用自理。患者离团住院后未享受的综合服务费由旅行社之间结算后，按规定再退还本人。

3. 旅游者患病的预防

从接团第一天起，导游人员就应设法了解全体成员的健康情况，制订计划、安排活动日程要留有余地，做到劳逸结合。

若旅游团中老弱病残者的数量占比较大，导游人员在制定活动日程时，活动节奏不要太快，体力消耗大的项目不要集中安排，某些活动可以不安排老年人参加，保证他们有充分的睡眠和休息时间。

根据天气预报，导游人员应提醒旅游者要增减衣服、携带雨具、穿戴适宜的鞋帽等，以免因天气变化而引起病痛事故。对旅游者水土不服情况，要提醒他们注意饮食、休息，不要喝生水和吃不洁之物，以免发生肠胃病、中毒等。

在旅途中会常常发生旅游者晕机，晕车，中暑，蛇咬伤，蝎、蜂蜇伤，食物中毒，跌打损伤等问题，导游人员应该学习这方面的简单急救知识；对于伤情严重者要将其送至医院。

请思考

美BTS旅游团一行15人按计划5月3日由A市飞往B市，5月7日离境，在从A市飞往B市的途中，团内一位老人心脏病复发，他夫人手足无措……该团抵达B市后，老人马上被送往医院，经抢救脱离危险，但仍需住院治疗。半个月后，老人痊愈返美。

请问：老人在途中心脏病复发时，全陪应该采取哪些措施？在医院抢救过程中，地陪应做哪些工作？老人仍需住院治疗期间，地陪要做哪些工作？

（二）旅游者因病死亡的处理

旅游者在旅游过程中可能由于疾病原因不幸死亡，遇到这种情况，导游人员要保持镇定的情绪和谨慎的作风，有条不紊地妥善处理。

（1）旅游者在旅游过程中因病死亡，导游人员应立即通知旅行社领导，要在旅行社领导的指示下妥善做好有关工作，切不可自行其是。

（2）必须立即通知死者亲属，如死者的亲属系外籍人士，应提醒领队或经由外事部门及早通知死者所属国驻华使、领馆。

（3）由参加抢救的医师向死者亲友、领队、当地旅行社代表详细报告抢救经过，并出具抢救经过报告及死亡诊断书，由主治医师签字、盖章后复印，分别交给死者的亲属、领队和旅行社收存。

（4）对死者一般不做尸体解剖，如要求解剖尸体，应由死者的亲属或领队提出书面申请，经医院同意后方可进行。

（5）死者的遗物由领队、亲友或同室旅游者、全陪以及接待社代表一同清点，开列清单，一式数份由上述人员签字盖章后分别保存，遗物由其亲属或领队携带回国，或交使、领馆。

（6）在与领队、死者亲属协商一致的基础上，请领队向旅游团宣布死者的抢救及死亡经过情况。

（7）对死者遗体的处理一般应以当地火化为宜，遗体火化前应由死者的亲属或领队提交火化申请书，交当地有关部门保留。火化后，火葬场将死者火化证明书交给领队或死者亲属，当地民政部门发给对方携带骨灰出境证明。

（8）如果死者的亲属要求将遗体运送回国，除需办理上述手续外，还应由医院对尸体进行防腐处理，医院出具尸体防腐证明书。由殡仪馆成殓，灵柩要用铅皮密封，外椁要包装结实，并发给装殓证明书。如果死亡地点不是出境口岸，应由地方防疫部门检疫后发给死亡地点至出境口岸的检疫证明外国人运带灵柩许可证，然后由出境口岸检疫机关发给中华人民共和国×××检疫站的棺柩出境许可证，再由死者所持护照国驻华使馆办理一张遗体灵柩经由国家的通行护照，此证随灵柩同行。死者抢救、治疗、火化（尸体运送）、交通等费用一律由死者亲属或该旅游团自理。

请思考

一天，全陪发现一位每天准时用早餐的住单人房间的游客没有来吃早餐，他有点纳闷，但以为他已经起身散步，没有在意。但集合登车时还没有见此客人，他就找领队询问，领队也不知道；于是打电话到客人的房间，没有人接；于是，他们俩就上楼去找。敲门，无人应；推门，门锁着；问楼层服务员，回答说没见人外出。于是请服务员打开门，发现游客已死在床上。两人吓得跑到前厅，惊恐地告诉大家该游客死亡的消息。地陪当即决定取消当天的游览活动，并赶紧打电话向地方接待旅行社报告消息，请领导前来处理问题。然后该地陪就在前厅走来走去，紧张地等待领导到来。

在上述描述中，导游人员在哪些方面做得不对？应该怎样做？游客死亡后，导游人员应该做些什么事？

八、旅游安全事故的预防与处理

旅游安全事故包括交通事故、火灾事故、治安事故等。这些事故一旦发生，往往会产生严重的后果，危及旅游者和导游人员的生命、财产安全。因此，在旅游活动过程中，导游人员要时刻警惕，加强防范意识，注意做好对旅游者、司机等相关人员的提醒工作，尽量避免这类事故的发生。

遇到这类突发性事件的发生，导游人员只要还能行动，必须采取一切可能的手段积极组织救援，尽最大努力减少人员伤亡和财物的损失，把由于意外事故所造成的人员伤害、财物损失和不利影响降低到最小限度，保护旅游者的基本权利和利益，维护我国旅游业的声誉，绝不能临阵脱逃。处理这类事故需要导游人员做到头脑冷静、当机立断、灵活机智、舍己为人。

（一）交通事故的处理与预防

交通事故在旅游过程中时有发生，这不是导游人员所能预料和控制的。若遇到交通事故，导游人员只要没负重伤，神志清楚，就应立即采取措施，冷静、果断地处理并做好善后工作。

1. 交通事故的处理

（1）立即组织抢救。

发生交通事故出现伤亡时，导游人员应立即组织现场人员迅速抢救受伤的旅游者，特别是抢救重伤员，就地采取应急措施，如止血、骨折包扎等。如不能就地抢救，导游人员应立即将伤员送往附近最近的医院抢救。

（2）保护现场，立即报案。

在抢救伤员的同时，导游人员应指定专人保护现场，以便交通和公安部门调查处理，并以最快的速度与交通、公安部门联系（交通事故报警台电话是122），请求派人到现场处理。

（3）迅速向旅行社汇报。

将受伤者送往医院后，导游人员应迅速报告旅行社，并请示旅行社领导对下一步工作做出指示。

（4）做好全团旅游者的安抚工作。

交通事故发生后，导游人员应做好旅游团内其他旅游者的安抚工作，如果条件许可，可组织旅游者继续进行参观游览活动，这是稳定情绪的最好办法。事故原因查清后，导游人员要向全团旅游者说明情况。

（5）写出书面报告。

处理告一段落后，导游人员要提交事故报告。内容包括：事故的原因和经过；抢救经过、治疗情况；事故责任及对事故者的处理；旅游者的情绪及对处理的反映等。报告力求详细、准确、清楚（最好与领队联署报告）。

2. 交通事故的预防

导游人员在接待工作中要具有安全意识，协助司机做好安全行车工作。在接待旅游者前要提醒司机检查车辆，发现隐患要及时提出更换车辆的建议。导游人员在安排活动日程时，时间上要留有余地，不要催促司机为抢时间违章。遇到不好天气、交通拥挤、路况不好等情况时，要提醒司机注意安全，谨慎驾驶。导游人员应阻止非本车司机开车，用餐时还要提醒司机不要饮酒。如遇司机饮酒后开车，导游人员要立即阻止，并要告之旅行社请求改派其他车辆，或者更换司机。

（二）治安事故的处理和预防

在旅游过程中，旅游者遇到坏人行凶、诈骗、偷窃、抢劫等，致使旅游者在身心或财产方面遭受不同程度的损害，通称治安事故。

1. 治安事故的处理方法

（1）尽快报警。

事故发生后，如携带手机或有其他条件，导游人员要立即拨打110报警，同时迅速通知旅行社。

（2）保护旅游者人身、财产安全。

在危急时刻，导游人员应毫不犹豫地挺身而出，尽力保护旅游者的生命和财物安全，迅速将旅游者转移到安全的地点；如有旅游者不幸受伤，应立即组织抢救。

（3）如实汇报。

导游人员要积极协助破案，详细地、实事求是地介绍事故发生的时间、地点、案情、经过，提供作案者特征，报告受害者姓名，性别，国籍，伤势或损失物品的名称、数量、型号、特征等。

（4）安定旅游者的情绪。

事故发生后，导游人员要积极采取措施稳定旅游者的情绪，努力使旅游活动顺利地进行下去。导游人员要经常与各方面联系，及时了解案件的进展情况，并由领队向旅游者介绍。若出现人员伤亡，导游人员应按有关规定妥善处理，积极协助办理受害人的安抚工作及补偿、索赔等有关事宜。

（5）写出书面报告。

导游人员应写出详细、准确的书面报告，包括案件整个经过以及案件的性质、采取的应急措施和受害者及其他旅游者的情况等。

2. 治安事故的预防措施

导游人员在接待工作中要时刻提高警惕，采取有效措施，尽量防止治安事故的发生。

（1）提醒旅游者不要将房号随便告诉陌生人；不要让陌生人或自称饭店的维修人员随便进入房间；出入房间锁好门，尤其是夜间不可贸然开门，以防止意外发生；不要与私人兑换外币等。

（2）进住饭店后，导游人员应建议旅游者将贵重财物存入饭店保险柜，不要随身携带或放在房间内。

（3）离开旅游车时，导游人员要提醒旅游者不要将证件或贵重物品遗留在车内；旅游者下车后，导游人员要提醒司机锁好车门，关好车窗。

（4）在旅游活动中，导游人员要始终和旅游者在一起，注意观察周围的环境，经常清点人数。

（5）汽车行驶途中，不得停车让无关人员上车；若有身份不明者拦车，导游人员要提醒司机不要停车。

典型案例

某年9月的一天，北京的导游张小姐带一个旅游团去天坛游览，她正在天坛的圜丘坛为客人讲解时，忽然看见有四五个形迹可疑的人围住了一名客人，那客人正靠在白栏杆上，面对祈年殿的方向拍照，没有发觉这几个人。张小姐立刻感到这几个人可能有问题，于是以导游的口吻，用手指着那位拍照的客人的方向说："请大家往那边看，在那里，可以拍到天坛的全景。"全团客人的视线一下子都集中到那个客人的方向，那位客人以为她要讲解什么也转过身来。这时客人背的旅游包已被那几个人拉开了拉链，客人自己也发现了。那几个人一看事情败露，迅速抽身逃离。

（三）火灾事故的处理

在旅游过程中，为防止火灾事故的发生，导游人员应提醒旅游者不要携带易燃、易爆物品，不要乱丢烟头和火种，并掌握火灾事故发生时的应急措施；向旅游者讲明交通运输部门的有关规定，不得将不准作为行李运输的物品夹带在行李中。

（1）旅游者住进饭店后，导游人员应对所住楼层的太平门、安全出口、安全楼梯的位置有所了解，并向旅游者介绍。另外，导游人员应牢记火警电话（119），掌握领队和旅游者所住房间的号码。

（2）如果遇到火灾，导游人员要立即报警，并及时通知领队和旅游者；镇定地与领队协调行动，配合工作人员，听从统一指挥，引导客人疏散，自己必须垫后。

（3）不要让客人盲目跳楼或搭乘电梯，要引导大家自救。如脸贴近墙壁墙根，或用湿毛巾捂住脸，顺墙爬出去，或打开未燃烧一方的窗户；若身上着火，可就地打滚，或用厚重衣物压灭火苗；若大火封住房门无法出去时，可用浸湿的衣物、被褥堵塞门缝或泼水降温，等待救援。看到救护人员要大声呼救，并摇动色彩鲜艳的衣物；救援人员到来后要服从命令。

（4）得救后，导游人员应立即组织抢救受伤者，若有重伤者应迅速送往医院；若有人死亡，按有关规定处理；采取各种措施安定旅游者的情绪，解决因火灾造成的困难，并设法使旅游活动继续进行。

（5）导游人员要协助旅行社领导处理善后事宜，写出事故报告。

九、旅游者越轨言行的处理

越轨行为一般是指旅游者侵犯一个主权国家的法律和世界公认的国际准则的行为。外国旅游者在中国境内必须遵守中国的法律，若触犯中国的法律必将受到法律的制裁。

旅游者的越轨言行是个人问题，但处理不当却会产生不良后果。因此，导游人员处理这类问题要慎重，事前要认真调查核实，分清越轨行为和非越轨行为的界限，分清有意和无意的界限，分清无故和有因的界限，分清言论和行为的界限。只有正确地区别上述界限，才能正确处理此类问题，才能团结朋友、增进友谊、维护国家的主权和尊严。

导游人员应积极向旅游者介绍中国的有关法律及注意事项，对有预谋的旅游者，如能尽早发现可疑现象，先给予必要的提醒或警告，或许可使其知难而退；对那些不了解情况或无知的旅游者，通过事先的介绍和提醒他们可能就不会做出越轨行为了。预防事故的发生无疑是最积极、主动的办法，但事故并非都能被预防，以下是导游人员对越轨言行的一般处理办法，处理这类问题要严肃认真、实事求是，做到合情、合理、合法。

（一）对攻击和诬蔑言论的处理

由于社会制度、政治信仰的差异，旅游者可能对我国的方针政策和国情缺乏了解，在一些问题上有不同的看法，甚至站在敌对的立场上进行攻击和诬蔑，捏造事实，蓄意挑衅。作为我国导游人员，一方面要正面友好地说明我国国情，阐明我方立场、观点，多做工作，求同存异；另一方面要理直气壮、观点鲜明、立场坚定地予以驳斥，做到有理、有利、有节，必要时报告有关部门，查明后严肃处理。

（二）对违法行为的处理

社会制度和习惯的差异导致各个国家的法律不完全一样，对于因缺乏了解中国法律或误解中国法律而做出违法犯罪行为的旅游者，导游人员要讲明道理，找出错误，交有关部门酌情处理；对于明知故犯者，导游人员应立即汇报，并配合司法部门查明罪责，将其绳之以法。

旅游者中若有人窃取我国机密和经济情报，从事走私，贩毒，偷盗文物，倒卖金银，套购外汇，贩卖黄色书刊及录音、录像带，嫖娼，卖淫等犯罪活动，一旦发现这类违法行为，导游人员应立即汇报，并配合司法部门查明罪责，严肃处理。

（三）对散发宗教宣传品行为的处理

我国法律规定，公民有信仰宗教的自由，但对于外国旅游者在中国散发宗教宣传品，不论出于什么目的，如未经我国宗教团体邀请和有关部门同意，导游人员一定要予以劝阻，并向其宣传我国的宗教政策，指出未经邀请和允许，任何外国人不得在我国讲道、主持宗教活动和在非完备活动场合散发宗教宣传品。对于不听劝告并有明显破坏活动者，应交由司法机关处理。

（四）对违规行为的处理

1. 对异性越轨行为的处理

中国人与西方旅游者在对待异性关系方面存在着较大的差异，由于受其传统文化和习俗的影响，旅游者可能有意或无意地对中国异性，特别是女导游人员做出不轨行为。如遇到这种情况，导游人员应委婉但坚定地表示拒绝，并严肃指出中国人有自己的道德观念和异性间的行为准则；在特殊的情况下，应采取断然措施。

2. 对酗酒闹事者的处理

我国法律规定，酗酒者在醉酒状况下的犯罪行为同样应负法律责任，旅游者酗酒，导游人员应先劝说并指明可能造成的严重后果，尽力劝阻。对于不听劝阻，酗酒闹事、扰乱社会秩序、侵犯他人、造成物质损失的肇事者，应追究其相应的法律责任。

十、旅游者投诉及其处理

旅游投诉是指旅游者、海外旅行商、国内旅游经营者为维护自身和他人的旅游合法权益，对损害合法权益的旅游经营者和有关服务单位，以书面或口头形式向旅游行政管理部门提出投诉，请求处理的行为。

因旅游者类型、性格、爱好以及对事物的认知都是千差万别的，所以在导游服务中，偶尔出现旅游者投诉的情况也在所难免。但是有些投诉是可以避免的，有些怒气也是可以化解的，那么导游人员的作用就显得非常重要了。

（一）旅游投诉处理技巧

旅游者投诉的原因是多方面的，既有旅游质量方面的因素，如对交通工具、饭店、餐饮、旅游日程、线路等的不满；也有服务质量方面的因素，如服务人员的态度恶劣，导游人员的言行粗暴，不遵守时间，轻易改变或削减活动项目等产生的不满；还有旅游者个人方面的因素，如旅游者的急躁情绪或苛求等。但不管怎样，旅游者在旅游过程中一旦进行了投诉，这就成为一种或隐或现的旅游问题，因此，导游人员必须重视旅游者的投诉（更多的是口头投诉），并应用一定的技巧把旅游者的投诉处理好。

1. 主动与旅游者沟通

导游人员在接到旅游者口头投诉后，应高度重视并迅速与投诉者进行沟通。旅游投诉往往是旅游者发泄失望与恼怒的一种通道，同时也希望自己的发泄能引起导游人员足够的重视；也有的旅游者进行投诉是希望他的问题能得到解决和处理。如果导游人员在旅游者还没有把怨气释放完毕时就把这一通道封堵了，那么旅游者不仅不会消怒，反而会更恼怒。因此，导游人员要通过与旅游者的沟通，了解旅游者的具体情况，并采取灵活的处理办法，在沟通时要避免让旁人参与进来，以免造成更大范围的不良影响。

2. 分清投诉对象，灵活处理

事实上，尽管旅游投诉都是冲导游人员来的，但并不是所有的投诉都是针对导游人员的。不管投诉的对象是导游服务中的差错和缺陷，还是旅游设施或其他旅游服务中的差错和缺陷，导游人员都责无旁贷，只是在具体处理过程中，对不同的投诉对象应有不同的处理技巧。

如果旅游者的投诉是指向导游人员的，是针对导游人员的导游服务提出的，导游人员应及时改过，用更好的服务满足旅游者的要求；如果旅游者的投诉是针对住宿、饮食、交通、购物等方面的缺陷提出的，导游人员应同餐厅、交通部门、商场等及时取得联系，商谈处理办法，尽力解决问题；如果是一些非人为因素造成的情况，导游人员要向旅游者耐心解释，以取得旅游者的理解。导游人员只有态度诚恳，才会得到大部分旅游者的谅解。

（二）导游人员处理投诉的方法

旅游者的投诉心理大致可归纳为三点：一是要求尊重，二是要求补偿，三是需要发泄。一名称职的导游人员应该了解旅游者的投诉心理，即使自己成为被投诉者，也应该根据他们投诉的原因，积极配合有关部门合情、合理、合法地处理好旅游者的投诉。

旅游者若向导游人员提出口头投诉，导游人员必须认真对待，并按下列方式、步骤正确处理。

1. 认真倾听

若旅游者向导游人员提出口头投诉，导游人员必须耐心倾听。不管投诉者是否有正当理由，导游人员不要立即辩解，更不要马上否定；即使投诉者的态度不好，也要让投诉者把话说完，必要时还应引导其把内心的“怨气”发泄出来，在任何情况下，导游人员都不得与之吵闹。

2. 调查核实

在认真倾听投诉者的陈述后，导游人员应迅速做出判断，或者向旅行社及有关旅游部门汇报，认真调查并客观地分析投诉原因是否属实。

3. 正确处理

（1）投诉事实核实后，导游人员首先应向其表示歉意。设法与有关部门商定弥补方案，或对服务缺陷进行弥补，或对服务内容进行替换，或进行经济赔偿，并将方案告知投诉者，力求挽回影响，最大限度地消除旅游者的顾虑和不快。

（2）若投诉者坚持向旅游管理机关投诉，导游人员应努力做好调解工作，尽可能地说服旅游者与有关单位自行和解，以免事态扩大。当然，如果调解不成，导游人员还应帮助其向旅游管理机构投诉，并协助有关部门对投诉的调查核实，实事求是地提供证据。

（3）至于个别旅游者因不合理的要求得不到满足而提出投诉，导游人员了解情况后应认真向其解释，并指出投诉者原先的要求是不合理的。

4. 做好服务工作

妥善处理投诉后，导游人员应向旅游者表示谢意，感谢他们对旅行社和导游人员的信任；若能圆满解决投诉问题，应感谢他们的谅解和合作，继续向他们提供热情服务。对那些无理取闹、故意挑剔者，事后也不要冷落他们，而应继续为他们提供各类服务。

十一、自然灾害的预防与处理

随着旅游活动范围越来越大，旅游活动项目越来越多，发生在旅游活动中的事故种类也相应增加，甚至会遇到一些重大自然灾害，如地震、台风、泥石流、洪水、雪崩等。导游人员应多学习一些关于各种避险、救护的知识，有备无患，在关键时刻这些知识会派上大用场。

（一）地震

地震又称地动、地振动，是地壳快速释放能量过程中造成的振动，期间会产生地震波的一种自然现象。大地震动是地震最直观、最普遍的表现。在海底或滨海地区发生的强烈地震，能引起巨大的波浪，称为海啸。在大陆地区发生的强烈地震，会引发滑坡、崩塌、地裂缝等次生灾害。

1. 破坏性地震

破坏性地震是指发生的地震级别较大，一般震级大于 5 级，造成一定的人员伤亡和建筑物破坏，或造成重大的人员伤亡和建筑物破坏的地震灾害。如果在震中及其附近地区，从地震发生到房屋倒塌，一般有 12 秒钟左右的时间，导游人员应当保持冷静，并在 12 秒内做出正确躲藏的抉择，尽量选择跨度小、梁柱密集处躲避地震。发生地震后，导游人员要有序引导旅游者，让其保持冷静，利用各种设施就地就近避险；告诉被地震压埋在废墟下的幸存者，只要神志清醒，身体没有重大创伤，都应该坚定获救的信心，妥善保护好自己，积极实施自救和互救。

2. 海啸

海啸是由海底发生激烈的地壳变化引起的海洋巨浪。当海啸发生时，海水陡涨，突然形成几十米高的“水墙”，惊涛骇浪向陆地席卷而来，所到之处一片废墟。

地震是海啸最明显的前兆。如果感觉到较强的震动，导游人员不要带旅游者到靠近海边、江河的入海口附近进行旅游活动。如果听到有关附近地震的报告，导游人员要做好防海啸的准备，注意电视和广播新闻。要记住，海啸有时会在地震发生几小时后到达离震源上千公里远的地方。海啸登陆时海水往往明显升高或降低，如果看到海面后退速度异常快，导游人员应立刻带领旅游者撤离到内陆地势较高的地方，且尽量使旅游者集中在一起。

（二）崩塌、滑坡

夏汛时节，在选择去山区峡谷郊游时，导游人员一定要事先收听当地天气预报。雨季时，切忌前往有危岩等崩塌危险的地段。旅行途中，导游人员要告知游客不能在凹形陡坡、危岩突出的地方避雨、休息和穿行，不能攀登危岩。当发现有滑坡、崩塌的前兆时，导游人员应立即报告当地政府或有关部门，同时通知旅游者迅速撤离危险区域。如果正处于滑坡体上，感到地面有变动时，导游人员要立即带领旅游者离开，用最快的速度向两侧稳定地区逃离。切记：向滑坡体上方或下方跑都是危险的；当处于滑坡体中部无法逃离时，找一块坡度较缓的开阔地停留，但一定不要和房屋、围墙、电线杆等靠得太近；当处于滑坡体前沿或崩塌体下方时，只能迅速向两边逃生，别无选择。

（三）泥石流

泥石流是瞬间爆发的一股泥石洪流，常发生在山区沟谷和地震火山多发区，在持续集中降雨期具有群发性。在山区旅游时如果遇到泥石流爆发，导游人员应带领旅游者选择最短、最安全的路径向沟谷两侧山坡或高地跑，切忌顺着泥石流前进方向奔跑；不要停留在坡度大、土层厚的凹处；不要上树躲避；避开河（沟）道弯曲的凹岸或地方狭小高度又低的凸岸；不要躲在陡峻山体下；长时间降雨或暴雨渐小之后或雨刚停不能马上返回危险区；白天降雨较多后，晚上或夜间密切注意雨情，最好提前撤离。

典型案例

2004 年 12 月 24 日，受杭州中旅委派，领队蔡玮玮带领一只由 26 人组成的旅游团赴泰国普吉岛旅游。12 月 26 日，旅游团按行程赴 PP 岛游览，刚踏上小岛，便遭遇了 40 年来全球最大的一次海啸劫难。

26 日，旅游团乘船抵 PP 岛，旅游者正准备下船通过海滩到酒店时，见到了潮水快速后退、缓慢上涨的奇观，有的旅游者拿出 DV 拍录像。蔡玮玮意识到“这不是一般的涨潮”，遂拼命喊“杭州的人快往上跑！”话音未落，海水就向人们扑来。在与死神的赛跑中，旅游者冲上了三楼，海水也急剧地漫到了二楼。危急中，蔡玮玮迅速开始清点人数、寻找团员，直到最后两名团员找到。为了旅游者的安全，她又带领旅游者转移到附近的小山上，并迅速与国内旅行社取得联系。在我国政府、所在旅行社企业及团队旅游者的关心、帮助下，蔡玮玮沉着应对，克服重重困难，经过噩梦般的一天一夜之后，把全体队员一个不少地带回了杭州。

思考与练习

1. 什么是旅游者的个别要求？导游人员应如何正确对待旅游者的个别要求？

2. 导游人员在处理旅游者个别要求时应遵循哪些原则？

3. 旅游者因客房空调制冷不够提出换房要求时，导游人员该怎么办？

4. 一对老年旅游者要求每天早上在客房用早餐，这种要求合理吗？导游人员应如何处理？

5. 导游人员在旅游接待中应如何处理旅游者购物方面的个别要求？

6. 解释下列概念：技术性事故、安全性事故、责任事故、非责任事故。

7. 导游人员应怎样做好事故的预防？处理事故应遵循哪些基本原则？

8. 什么是旅游投诉？导游人员应该怎样处理旅游者的投诉？

9. 在旅游过程中，遇夜间饭店发生火灾时，导游人员应如何处理？

10. 误机（车、船）时，导游人员应采取什么应急措施？怎样避免误机（车、船）事故的发生？

实训练习

1. 分组课堂演习：将学生分成若干组，各组成员分别扮演旅游者和导游人员。演习时，扮演旅游者的小组模拟设计各种背景材料，并向导游人员提出个别要求；扮演导游人员的小组，根据对方提出的要求应对，提供具体方案，暂时没有参加演示的学生进行评判。

2. 教师先让学生到旅游购物商店了解当地旅游商品的销售情况，回到实训室安排分组进行模拟购物环节训练，要求在介绍商品的同时将客人购物时可能出现的个别要求设计其中；组织学生讨论关于游客购物与导游回扣的问题。

3. 教师安排模拟场景，学生分组进行迎接服务环节出现漏接、空接、错接状况时的处理演示。

4. 教师安排模拟场景，学生分组进行送站服务环节时出现误机（车、船）事故的处理演示。

第七章　导游业务相关知识

引　言

某年秋天，西安的导游冯先生接待了一个新加坡的旅游团。团内多数人是对中国历史有所了解、有所研究的专家。那么，要让他们玩得满意，简单地介绍中国历史就显得不太合适了。于是，冯先生经过考虑，决定给他们多讲一些西安的民俗习惯和西安人的生活方式。在讲西安的饮食文化时，他谈到西安的饮食不但有精美的仿唐宫廷菜肴，还有丰富多彩的地方风味小吃，其中“羊肉泡馍”、辣味食品和面食十分有特色……于是游客们兴致勃勃地与他侃起了“吃”。在游客们感叹中国文化博大精深的同时，冯先生请他们对秦始皇这个有争议的皇帝给予评价，结果有的说秦始皇很伟大，能够统一中国，修建了万里长城，有的说秦始皇很残暴，焚书坑儒，横征暴敛。回到饭店后大家都异口同声地说，今天玩得太开心了。

【学习目的】

本章要求学生能熟悉从事导游服务工作应知应会的相关业务知识，包括旅行社知识、入出境知识、交通知识、货币及保险知识、社交礼仪知识等，进一步增强处理相关业务的能力，为做好导游服务奠定更加坚实的基础。

【主要内容】

· 旅行社知识

旅行社的性质及业务　旅行社产品及其类型

· 入出境知识

持有效证件入境　海关手续　入境卫生检疫　不准入境的几种人　外国旅游者在中国境内的权利和义务　持有效证件出境

· 交通知识

空中旅行常识　铁路旅行常识　水路旅行常识

· 货币、保险知识

货币知识　保险知识　卫生救护常识与其他

· 社交礼仪知识

社交礼仪常识　不同国家风俗习惯概况　中国部分少数民族待客礼仪

导游人员在导游服务过程中，经常会遇到各种问题，还要随时随地帮助旅游者办理旅行中的一些必要手续，解答他们的各种咨询，协助他们解决各种难题。掌握必要的旅行服务常识是导游人员提高导游服务质量的基本保证，也是导游人员业务能力和个人素质的重要体现。

第一节 旅行社知识

一、旅行社的性质及业务

（一）旅行社的性质

2009 年 2 月 20 日中华人民共和国国务院令第 550 号公布的《旅行社条例》规定："旅行社，是指从事招徕、组织、接待旅游者等活动，为旅游者提供相关旅游服务，开展国内旅游业务、入境旅游业务或者出境旅游业务的企业法人。"该规定明确了旅行社具有营利性、服务性、中介性三种性质。

1. 旅行社的营利性

从旅行社的定义中，我们可以看出，旅行社是以营利为目的的从事旅游业务的企业。旅行社的最终目的是追求利润最大化，它是一个独立核算、自负盈亏的企业，具有营利性的特点。营利性是所有企业的共性，也是旅行社的根本特性。

2. 旅行社的服务性

从行业性质来讲，旅行社业属于服务业，其主要业务是为旅游者提供安排交通、住宿、餐饮、观光游览、休闲度假等服务，以及导游、领队服务和旅游咨询、旅游活动设计等方面的服务。旅行社还可以接受委托，提供下列旅游服务：①接受旅游者的委托，代订交通客票、代订住宿和代办出境、入境、签证手续等；②接受机关、事业单位和社会团体的委托，为其差旅、考察、会议、展览等公务活动，代办交通、住宿、餐饮、会务等事务；③接受企业委托，为其各类商务活动、奖励旅游等，代办交通、住宿、餐饮、会务、观光游览、休闲度假等事务；④其他旅游服务。

3. 旅行社的中介性

旅行社是一个中介企业。其本身并没有更多的生产资料，要完成其生产经营过程，主要依托各类旅游目的地的吸引物和各个旅游企业及相关服务企业提供的各种接待服务设施。旅行社作为一个中介性的服务企业，主要依附于旅游市场、供应商和其他协作单位来完成其生产销售职能。也就是说，旅行社是旅游消费者与旅游服务供应商之间的桥梁和纽带，所以，它具有中介性。

（二）旅行社的业务

旅行社的主要业务是从事旅游活动的经营，主要任务是为旅游者提供所需要的食、宿、行、游、购、娱等各类服务。按照不同的划分标准，旅行社的业务不同。

1. 按照业务流程划分

按照业务流程划分，旅行社的业务包括旅游产品开发业务、旅游产品生产业务、旅游产品销售业务、旅游产品运行业务和旅游产品售后服务管理业务。

（1）旅游产品开发业务。

旅游产品就是旅行社出售的能满足旅游者一次旅游活动所需的各项服务或服务组合。旅行社在经营中，开发旅游产品是首先要解决的问题，旅游产品开发的成功与否，将关系到旅行社经营的成败。

（2）旅游产品生产业务。

旅游产品的生产业务是旅行社经营的核心业务。要完成这一业务，关键是要完成旅游产品生产所需各要素的采购，并对旅游产品生产所需各要素景象有效组合。因此，在这里，我们将旅游产品生产要素采购和旅游产品生产要素组合构成旅游产品的生产业务。

（3）旅游产品销售业务。

旅游产品销售是旅行社极为重要的业务。在旅行社对旅游产品进行开发生产以后，基于旅游产品的无形性所导致的不可转移性和不可储存性的特点，决定了旅游产品不可能以实物的方式进入市场，也决定了消费者不可能预先知道旅游产品的质量，所以，对于旅行社来说，旅游产品的销售活动非常重要。本书主要是对旅游产品定价、旅游产品销售渠道的选择和旅游产品促销三个方面的内容进行了阐述。

（4）旅游产品运行业务。

旅游产品运行业务是旅行社的主导业务。旅游产品的运行质量直接影响着旅行社经营的效益，而旅游产品运行业务又主要表现为旅行社组团产品业务和旅行社地接产品运行业务两部分。

（5）旅游产品售后服务管理业务。

旅游者购买产品后的旅游消费过程就是旅行社依据销售承诺向旅游者提供旅游接待服务的过程。在这一过程中，导游人员所提供的服务直接影响到旅游者对旅游产品的认识与评价。因此，服务接待过程是非常重要的。这一过程不仅存在于旅游者参与旅游活动的过程中，而且会一直持续到旅游活动结束后。所以，旅行社还应该做好售后服务工作。旅游产品售后服务工作主要涉及旅游投诉及事故处理和旅行社客户关系的管理等方面的工作。

2. 按照经营范围划分

按照经营范围划分，旅行社的业务包括国内旅游业务、入境旅游业务和出境旅游业务。

（1）国内旅游业务。

国内旅游业务，是指旅行社招徕、组织和接待中国内地居民在境内旅游的业务。

（2）入境旅游业务。

入境旅游业务，是指旅行社招徕、组织、接待外国旅游者来我国旅游，香港特别行政区和澳门特别行政区的旅游者来内地旅游，台湾地区居民来大陆旅游，以及招徕、组织、接待在中国内地的外国人，在内地的香港特别行政区、澳门特别行政区居民和在大陆的台湾地区居民在境内旅游的业务。

（3）出境旅游业务。

出境旅游业务，是指旅行社招徕、组织、接待中国内地居民出国旅游，赴香港特别行政区、澳门特别行政区和台湾地区旅游，以及招徕、组织、接待在中国内地的外国人、在内地的香港特别行政区、澳门特别行政区居民和在大陆的台湾地区居民出境旅游的业务。

二、旅行社产品及其类型

（一）旅行社产品

旅行社产品是旅行社根据市场需求，通过采购整合景点、交通、住宿、餐饮、购物、娱乐等单项服务产品，并将自己的服务贯穿于其中的、向旅游者提供在旅游活动过程中的全部产品和服务的总称。旅行社产品最主要的反映形式“旅游线路”，实际上是旅行社从业人员经过市场调查、筛选、组织、创意策划、服务采购、广告设计等最终生产出来的。旅行社产品还是旅行社从各类旅游服务产品供应商那里采购的景点、交通、住宿、餐饮以及其他项目等旅游活动所必需的单项旅游服务产品，旅行社将这些单项产品组合成各种包价旅行社产品，向旅游者出售以获得经营利润。

（二）旅行社产品的类型

旅行社产品的类型有多种划分标准。

1. 按旅游者的组织形式分类

旅行社产品按旅游者的组织形式可分为团体旅游产品和散客旅游产品。

团体旅游也称“集体综合旅游”，旅游者一般按旅行社制定的日程、路线、交通工具、收费标准等做出抉择后事先登记，付款后到时成行。优点是日程、线路、所住旅馆、参观节目都按计划进行，收费比单独出游要低，尤其是去某些语言不通的国家和地区，团队派有导游，是颇受旅客欢迎的。散客旅游也称“自助或半自助旅游”或“个别旅游”，一般是由旅游者自行安排行程，多采用零星现付方式，旅游活动项目多按零售价格支付，价格相对昂贵，但旅游者的自由度大。

2. 按旅行社产品包含的内容分类

按照旅行社产品和所包含的内容，旅行社产品的形态可分为包价旅游、组合旅游和单项服务。

（1）包价旅游产品。

包价旅游是将各个旅游产品的单项要素（住宿、交通、餐饮、景点等）组合起来，添加旅行社自身提供的服务和附加价值（咨询服务、导游服务、后勤保障、手续办理、保险购置等），并赋予品牌，形成整体的旅行社产品。包价旅游是旅游者在旅游活动开始之前，将全部或部分旅游费用预付给旅行社，并签订旅游合同。由旅行社根据计划行程，安排食、住、行、游、购、娱乐等活动。包价旅游产品又可细分为团队全包价旅游产品、半包价旅游产品、小包价旅游产品和零包价旅游产品。

①团队全包价旅游产品包括两层含义：一是团体，即参加旅游的旅游者一般由 10 人或以上的人组成一个旅游团；二是包价，即参加旅游团的旅游者采取一次性预付旅

费的方式，将各种相关旅游服务全部委托一家旅行社办理。对于旅行社而言，团体包价旅游预定周期较长，易于操作，而且批量操作可以提高工作效率，降低成本，同时又能获得较高的批量采购折扣。对于旅游者而言，参加团体包价旅游可以获得较优惠的价格，预知旅游费用，一次性购买便可获得全部旅游安排和导游全陪服务，简便、安全，所有这些都是团体包价旅游的优势。但是，包价旅游的安排的同一性，即乘坐同一航班、同一游览车，入住同一酒店，共进相同的餐饮，游览相同的景点，观看相同的节目和时间上的准确性，都意味着旅游者不得不放弃自己的个性，而适应团体的共性。

②半包价旅游产品是与全包价旅游产品相比较而存在的一种产品。它是指在全包价旅游的基础上，扣除中餐和晚餐费用的一种包价形式，是为了降低旅行社产品的直观价格，提高产品的竞争能力，同时也是为了更好地满足旅游者在用餐方面的不同要求。

③小包价旅游产品又称为可选择性旅游。它由非选择部分和可选择部分构成。非选择部分包括接送、住房和早餐，旅游费用由旅游者在事前预付；可选择部分包括导游、参观游览、节目观赏和风味餐等，旅游者可根据兴趣、经济情况、时间安排自由选择，费用现付。小包价旅游具有经济实惠、明码标价、手续简便、机动灵活、安心可靠等优势。

④零包价旅游产品是一种较为独特的产品形态，参加这种旅游的旅游者必须随团前往和离开旅游目的地，但在旅游目的地的活动是完全自由的，形同散客。因此，零包价旅游又称之为“团体进出，分散旅游”。参加零包价旅游的旅游者可以获得团体机票价格的优惠和由旅行社统一办理旅游签证的方便。

（2）组合旅游产品。

组合旅游是一种较为灵活的旅行社产品，又称为“分散进出，团体旅游”。它产生于20世纪80年代，多流行于饭店、交通、旅游服务设施相对发达和旅游景点比较集中的地区。它的主要形式是旅游线路。这种产品的经营者是旅游目的地旅行社，他们根据对旅游客源市场需求的调查和分析，设计出一批固定的旅游线路，通过客源地旅行社的推广、宣传、销售，旅游者按时自行到达旅游目的地，再由目的地旅行社将他们集中起来组成团体，实现旅游活动。组合旅游的特点：一是组合旅游人数不限，改变了过去不足10人不成团的做法；二是组团时间短，旅游者只要办妥手续后，在交通工具许可的情况下即可成行；三是无须全陪跟随，节约成本；四是选择性强，参加旅游团灵活。旅游活动结束后，旅游团体在当地解散，旅游者可自由安排或返回住地。

组合旅游之所以灵活，是因为目的地旅行社把来自各地的零散旅游者汇集起来，组成旅游团体，避免了一些旅游客源地旅行社因旅游者人数少，不能单独组团而造成客源浪费的弊病。另外，组合旅游的组团时间短，有利于旅行社在较短的时间内招徕大量的客源。

对于旅游目的地旅行社来说，旅游团的人数越多，边际成本越低，利润也就越大。因此，旅行社应该尽量扩大宣传网，建立广泛的对外销售渠道，以保证有足够的客源。而且，旅行社还必须做好服务采购工作，建立一个高效率、低成本的采购网络，确保旅游服务产品的充分供应。

（3）单项服务产品。

单项旅游产品是旅行社根据旅游者的具体需求而提供的具有个性化色彩的各种有偿服务。旅游者需求的多样性决定了旅行社单项服务的可能性和广泛性。传统的单项服务主要包括导游服务、交通集散地接送服务、代订酒店和交通票据服务、代办签证服务和旅游保险购置服务等。

旅行社单项服务的对象十分广泛，除一般零散的旅游者外，一些商务客人也在大量使用这种服务形式。当然，包价旅游团体中个别旅游者的特殊要求也应该视为单项服务。单项服务在旅游业界又称之为委托代办业务，旅游者可采取当地委托、联程委托和国际委托等不同方式交给旅行社办理。

另外，旅行社产品还可以根据产品要素的价格分为豪华型产品、标准型产品和经济型产品；根据旅游的目的性分为观光型产品、文化型产品、商务型产品、度假型产品和特种型产品等。

第二节　入出境知识

一、持有效证件入境

外国人、华侨、港澳台同胞及中国公民入境或出境，均须在指定的口岸向边防检查站（由公安、海关、卫生检疫三方组成）交验有效证件。不同类型的人员使用的有效证件名称不同。

（一）护照

护照是一国主管机关发给本国公民出国或在国外居留的证件，证明其国籍和身份。护照一般分外交护照、公务护照和普通护照三种，有的国家为团体出国人员（旅游团、体育队、文艺团体）发团体护照，中国为出境旅游的公民发一次性有效旅游护照。

1. 外交护照

外交护照是发给具有外交身份的人员使用的护照，如政府高级官员、国会议员、外交和领事官员、负有特殊外交使命的人员、政府代表团成员等。持有外交护照者在国外享受外交礼遇（如豁免权）。

2. 公务护照

公务护照是发给国家公务人员使用的护照，包括政府一般官员，驻外使、领馆工作人员以及因公派往国外执行文化、经济等任务的人员。

3. 普通护照

普通护照是发给出国的一般公民、国外侨民等使用的护照。

在中国，外交护照、公务护照由外事部门颁发，普通护照由公安部门颁发。自2012年5月15日起，公安机关统一签发电子普通护照，在传统本式普通护照中嵌入电子芯片，芯片中存储执照人的个人基本资料、面相、指纹等特征。

2007年1月1日起施行的《中华人民共和国护照法》规定，普通护照的有效期为护照持有人未满16周岁的5年，16周岁以上的10年。

小常识

中华人民共和国旅行证（简称中旅证或中国旅行证），由中华人民共和国的外交代表机关、领事机关和外交部授权的其他驻外机构签发给因遗失外交、公务、普通护照但需要回国的人员；未持用港澳同胞回乡证，需要回内地的香港特别行政区中国公民和澳门特别行政区中国公民；定居海外、未持用台湾居民来往内地通行证的中国台湾居民；未持用澳门特别行政区有效证件，需返回澳门申请特别行政区护照或旅行证的海外澳门中国公民；其他不能或不便持用护照而需要进入中华人民共和国的中国公。中华人民共和国旅行证是中华人民共和国护照的替代证件，前往世界各国有效；证件持有人为中华人民共和国公民。

（二）签证

签证是一国主管机关在本国或外国公民所持的护照或其他旅行证件上签注、盖印，表示准其出入本国国境或者过境的手续。

华侨回国探亲、旅游无须办理签证。持联程客票搭乘国际航班直接过境，在中国停留不超过 24 小时不出机场的外国人，免办签证。要求临时离开机场的，需经边防检查机关批准。随着国际关系和旅游事业的发展，许多国家间签订了互免签证协议。

签证分外交签证、礼遇签证、公务签证、普通签证等，还可分为入境签证、入出境签证、出入境签证和过境签证。旅游签证属于普通签证，在中国为 L 字签证（发给来中国旅游、探亲或因其他私人事务入境的人员）。签证上规定持证者在中国停留的起止日期。

10 人及以上的旅游团可发给团体签证。团体签证一式三份，签发机关留一份，来华旅游团两份，一份用于入境，另一份用于出境。

签证的有效期限不等，获签证者必须在有效期内进入中国境内，超过期限签证不再有效。

希望进入中国境内的外国人须持有效护照（必要时提供有关证明，例如，来华旅游者申请签证须出示中国旅游部门的接待证明）向中国的外交代表机关、领事机关或外交部授权的其他驻外机关申请办理签证。但在特定情况下，例如事由紧急，确实来不及在上述机关办理签证手续者，可向公安部授权的口岸签证机关申请办理签证。

小常识

外国人来中国旅游，须向中国驻外国的使、领馆办理旅游签证。9 人（不含 9 人）以上组团来中国旅游的可申请办理团体旅游签证。北京、上海、天津、大连、广州、深圳、珠海、厦门等口岸，可以办理落地签证。

中国公民出境旅游前往国外，由旅行社代办出境旅游目的地国家的签证（互免签证国家除外）。到欧洲申根成员国旅游，持有其中一国的有效签证即可。因为，1985 年，德国、法国、荷兰、比利时、卢森堡五国在卢森堡边境小镇申根签署的《关于逐步取消共同边界检查》协定（又称《申根协定》规定）：其成员国对短期逗留者颁发统一格式的签证，即申根签证。申请人一旦获得某个国家的签证，即可在签证有效期内在所有申根国家自由旅行。截至2011年12月，申根的成员国增加到26个：奥地利、比利时、丹麦、芬兰、法国、德国、冰岛、意大利、希腊、卢森堡、荷兰、挪威、葡萄牙、西班牙、瑞典、匈牙利、捷克、斯洛伐克、斯洛文尼亚、波兰、爱沙尼亚、拉脱维亚、立陶宛、马耳他、瑞士以及列支敦士顿。

（三）港澳居民来往内地通行证

港澳居民来往内地通行证是具中华人民共和国国籍的香港及澳门居民进出中国内地所用的证件，通行证的前身是俗称“回乡证”的“港澳同胞回乡证”。由广东省公安厅签发，于1999年1月15日启用。2010年2月，为进一步方便港澳居民持用通行证来往内地，公安部出入境管理局通盘研究实行通行证“终身号码”，以彻底解决因换发证件致使新旧通行证号码尾数变化的问题。年满18周岁的为10年有效，未满18周岁的为5年有效。

自2020年10月10日起，港澳居民可在内地申请换发补发港澳居民来往内地通行证，即港澳居民可向全国任一县级以上公安机关出入境管理部门申请换发补发港澳居民来往内地通行证，申办手续与在港澳地区一致。

（四）台湾居民来往大陆通行证

台湾居民来往大陆通行证，简称“台胞证”，是中国政府发给台湾居民来往大陆观光、商务、探视的身份证明书。目前，台湾居民前往大陆时，仍需持“中华民国”护照出关，至大陆边检时，再以台胞证入境。

2015年7月6日起，福建省公安机关出入境管理部门和公安部出入境管理局委托的港澳地区办证服务单位开始受理电子台胞证的申请，同时停止受理现行本式台胞证申请。

2015年9月21日起，在大陆的台湾居民可向县级以上公安机关出入境管理部门申请补发、换发5年有效电子台胞证，包括持一次有效台胞证入境的台湾居民。根据修改后的《中国公民往来台湾地区管理办法》有关规定，台湾居民来往大陆无须办理签注。

据中华人民共和国出入境管理局消息，2020年9月20日，最后一批本式台湾居民来往大陆通行证（俗称“台胞证”）即将到期失效，所有持本式台胞证的台湾居民须换领电子卡式台胞证或申办一次有效台胞证来往大陆。

二、海关手续

（一）出入口岸

外国人和华侨可持有效证件在指定的对外开放的口岸出入中国，台湾同胞持有效证件出入祖国大陆，香港同胞持证经深圳通行，澳门同胞持证经珠海通行。

（二）海关通道

海关通道分为“红色通道”（亦称“应税通道”）和“绿色通道”（亦称“免税通道”）两种。

1. 红色通道

海外旅游者进入中国境内，一般须经“红色通道”，事先要填写旅客行李申报单向海关申报，经海关登记后放行。申报单上所列物品，海关加上“凸”记号的，必须复带出境（例如录音机、照相机、摄像机等）。

申报单不得涂改，不得遗失，出境时再交海关办理手续；申报单应据实填写，若申报不实或隐匿不报者，一经查出，海关将依法处理。

海外旅游者来中国旅行，可携带旅程中需要的、数量合理的自用物品，如年满16岁以上的旅客可免税携带香烟400支和酒2瓶（每瓶750克）。中国籍旅客的免税物品另有规定。

2. 绿色通道

持有中国主管部门给予外交、礼遇签证护照的外国籍人员，海关给予免验礼遇的人员可选择“绿色通道”通关，但须向海关出示本人证件和按规定填写的申报单据。

三、入境卫生检疫

外国人进入中国，应根据国境检疫机关的要求如实填报健康申明卡，传染病患者隐瞒不报，按逃避检疫论处。一经发现，禁止入境；已经入境者，让其提前出境。

来自传染病疫区的人员须出示有效的有关疾病的预防接种证书（俗称“黄皮书”）；无证者，国境卫生检疫机关将从他离开感染环境时算起实施6日的强制留验。

来自疫区，被传染病污染或可能成为传染病传播媒介的物品，须接受卫生检疫检查和必要的卫生处理。

四、不准入境的几种人

根据《中华人民共和国出境入境管理法》第二十五条规定，外国人有下列情形之一的，不准入境：

（1）未持有效出境入境证件或者拒绝、逃避接受边防检查的；

（2）患有严重精神障碍、传染性肺结核病或者有可能对公共卫生造成重大危害的其他传染病的；

（3）入境后可能从事与签证种类不符的活动的；

（4）被处驱逐出境或者被决定遣送出境，未满不准入境规定年限的；

（5）可能危害中国国家安全和利益、破坏社会公共秩序或者从事其他违法犯罪活动的；

（6）在申请签证过程中弄虚作假或者不能保障在中国境内期间所需费用的；

（7）法律、行政法规规定不准入境的其他情形。

五、外国旅游者在中国境内的权利和义务

《中华人民共和国宪法》第一章“总纲”明确指出：“中华人民共和国保护在中国境内的外国人的合法权利和利益，在中国境内的外国人必须遵守中华人民共和国的法律。”

在中国境内，外国旅游者享受合法权益和人身自由不受侵犯的权利，但必须遵守中国的法律，不得进行危害国家安全、损害公益事业、破坏公共秩序的活动。违法者必将按情节受中国法律的制裁。

在签证有效期内，外国旅游者可在中国对外开放地区（截至1994年3月21日，我国对外开放的县市已达1 100个）内自由旅游，但必须尊重旅游地区的民风习俗。外国旅游者若希望前去不对外开放的地区旅游，须事先向所在市、县公安局申请旅行证，获准后方可前往，未经允许不得擅自闯入非对外开放地区旅行。

外国旅游者申请旅行证须履行下列手续：

（1）交验护照或居留证件；

（2）提供与旅行事由有关的证明；

（3）填写旅行申请表。

至于港澳台同胞，他们在祖国大陆住店，购买机票、车票和船票，享受与祖国大陆居民同等待遇，与祖国大陆居民一样可自由到各地参观、旅游。

六、持有效证件出境

外国旅游者应当在签证准予停留的期限内从指定口岸出境。

外国旅游者出境，须向口岸边防检查站交验有效护照或者其他有效证件。

根据《中华人民共和国出境入境管理法》第二十八条规定，外国人有下列情形之一的，不准出境：

（1）被判处刑罚尚未执行完毕或者属于刑事案件被告人、犯罪嫌疑人的，但是按照中国与外国签订的有关协议，移管被判刑人的除外；

（2）有未了结的民事案件，人民法院决定不准出境的；

（3）拖欠劳动者的劳动报酬，经国务院有关部门或者省、自治区、直辖市人民政府决定不准出境的；

（4）法律、行政法规规定不准出境的其他情形。

第三节　交通知识

一、空中旅行常识

（一）航班及航班号

航班指飞机由始发站按规定的航线起飞，经过经停站至终点站或不经经停站直达终点站的运输飞行。在国际航线上飞行的航班称国际航班，在国内航线上飞行的航班

称国内航班。为便于区分和管理，每个航班都按照一定的规律编有不同的号码，这种号码即为航班号。

国内航班号是由各个航空公司的两字代码加 4 位数字组成，航空公司代码由民航局规定公布。后面的四位数字第一位代表航空公司的基地所在地区，第二位表示航班的基地外终点所在地区（1 为华北，2 为西北，3 为华南，4 为西南，5 为华东，6 为东北，8 为厦门，9 为新疆），第三、四位表示这次航班的序号，单数表示由基地出发向外飞的去程航班，双数表示飞回基地的回程航班。例如：CA1202，西安飞往北京的航班，CA 是中国国际航空公司（简称国航），第一位数字 1 表示华北地区，国航的基地在北京，属华北地区；第二位数 2 表示航班的基地外终点在西安，现属于西北地区；02 为航班序号，其中末尾数 2 表示是回程航班。

国际航班号是由航空公司代码加 3 位数字组成，第一位数字表示航空公司，后两位是航班序号，单数为去程，双数为回程。如 CA982，由纽约飞往北京的航班，是由中国国际航空公司承运的回程航班。

（二）机票

乘坐飞机旅行，旅客应根据有关规定购票。购买机票必须凭本人有效身份证件，客票只限票上所列姓名的旅客本人使用，不得转让。

1. 电子机票

2006 年 10 月 16 日，国际上开始实行电子机票，我国从 2008 年 6 月 1 日起停止发售纸质机票。电子机票可在民航售票处或联网计算机上完成订座、出票、作废、退换、改转签等操作。在线购买成功后，会得到一个电子票号或出票记录传真，在机场旅客凭有效证件到值机柜台换取乘机凭证。

2. 机票分类

（1）普通机票与特别机票。

普通机票（normal fare），主要分头等票（first class），商务票（business class）及经济票（economy class or coach）三种，有效期为一年，可换乘其他航空公司的航班，票价较高，但灵活方便，没有太多时间上的限制，适合途中可能改变线路、时间的旅客。

特别机票又可分为旅游机票、团体机票、包机机票、学生机票、优惠机票等，价格较为优惠，但限制较多。

①旅游机票。旅游机票的票价一般比普通一年期机票较为低廉，但限制相对来说较多，只能购买来回票，不能购买单程票，可分为中途停站及不停站两种。中途容许停站的票价较贵，持票人要在目的地停留一段时间后，在机票规定的有效期内回程，否则机票就会失效。因此，旅客在购买此种机票时，应该详细了解有效期，以免因机票过期失效，须另行购买回程票而增加额外成本。

②团体机票。团体机票由航空公司委托的旅行社作为指定代理，事先向航空公司订下若干数目的机位，作为举办团体旅行之用。按规定，这种团体机票不能出售给个别旅游人士，旅客在购买时应该注意其是否有效及能否退回程票等情况，因为某些团

体票在机票上注明不能退款，如因签证或其他原因延误，引致不能出发或回程，则损失很大，旅客在购买时必须谨慎。

③包机机票。包机机票是包机公司或旅行社向航空公司包下整架或部分飞机座位，以供旅客乘搭。这类机票的票价及营运限制，均由包机公司或旅行社自行订购。

（2）正价机票与特价机票。

①正价机票。正价机票是指旅客购买的是航空公司正常票价，允许进行签转和更改，一年有效。

②特价机票。特价机票是指旅客购买的是航空公司特殊优惠票价，不允许签转，有很多限制条件，有效期各异，但较便宜。

机票改期是指将机票上的航班更改成其他日期或同日其他时间的航班，更改时可以更改航班号，但是不能变更航空公司，如变更航空公司就属于签转。只有机票折扣相同才可改期。

机票签转是指购买机票后，更改乘坐的航空公司。比如购买的是海南航空的航班机票，客人要改到国航，就属于签转。一般国内机票只有不打折机票可以签转，签转时，旅客需要先去当前承运航空公司柜台办理签转签章，然后再去新承运航空公司办理手续。

（3）联程机票与来回程机票。

机票按航线分为联程机票和来回程机票。联程机票是指从甲地飞往乙地分为几个航段，每个航段的航班甚至执行航班的航空公司都可能不同，因此中间需要“中转”。一般来说，联程机票的旅行时间较长，中转时需要有较长时间的候机时间，但价格比直飞航班便宜。因此，对于旅行者来说，如果时间允许，购买联程机票是比较经济实惠的选择。来回程机票是指同一条航线上往返飞行的机票。

（4）定期机票（OK 票）与不定期机票（OPEN 票）。

机票以是否预订座位分为“OK”机票和“OPEN”机票两类。“OK”票是指有具体的起飞时间，并确定好了座位的机票；“OPEN”票则是相对“OK”机票而言的，往返票回程不定日期为“OPEN”票，回程机票上标记为“OPEN”字样。客人在国外订好日期后到航空公司贴更改日期条。

（5）其他类型机票。

机票还可根据购买对象分为成人机票、儿童机票、婴儿机票等种类。成人机票是指年满 12 周岁的人士应购买机票的种类。儿童机票是指年龄满两周岁但不满 12 周岁的儿童所购买的机票，票面价值是成人适用的正常票价的 50%左右（国际上的部分地区儿童机票价是正常票价的 75%），提供座位，购买此类机票时，应出示有效的儿童出生证明。婴儿机票是指不满两周岁的婴儿应购买的机票，票面价值是成人适用的正常票价的 10%左右，不提供座位（如需要单独占用座位时，应购买儿童票），一个成人旅客若携带婴儿超过一名时，超出的人数应购买儿童票，购买此类机票时，应出示有效的婴儿出生证明。

特种票价的客票有效期，按该票价使用条件规定计算。正常票价的客票，无论是单程、来回程或环程，有效期为一年。不定期客票自填开之次日零时起计算。定期客票自旅行实际开始之日起计算，一年内运输有效；如果客票全部未使用，则从填开客票之日起，一年内运输有效。

国内航班机票如果是“OK”机票，可以在一年内改签；如果是“OPEN”机票，从开票之日起到确认日期为一年限制，确认日期后，即成为“OK”机票后，还有一年的改签时限。

关于机票可以改签的次数，国内航空公司的规定均不相同，但最少是一次。

3. 退票

根据民航局2018年7月发布的《关于改进民航票务服务工作的通知》（简称《通知》），明确规定航空公司要合理确定客票退改签收费标准，退票费不得高于客票的实际销售价格。要制定机票退改签收费“阶梯费率”，即根据不同票价水平和时间节点等，设定合理的梯次收费标准，不能简单规定特价机票一律不得退改签。

根据《通知》精神，占航空公司总数七成的23家航空公司先后制定了机票退改签阶梯费率，将此前仅有的起飞前两小时以上及两小时以内两档退改签的规定调整为四档，即“航班起飞前30天（含）之前”“航班起飞前30天（不含）至14天（含）”“航班起飞前14天（不含）至4小时（含）”“航班起飞前4小时（不含）至航班起飞后”，四个时间段内的退改手续费收费标准不同且时间计算精确到分钟。除“航班起飞前30天（含）之前”不收退票费外，其余三档都要收取退票费。虽然不同航空公司收取的退票费率略有差异，但总体上还是，办理退改手续越早，手续费率越低。

（三）乘机

乘坐国内航班的旅客在班机起飞前90分钟到达机场，乘国际航班或去沿海城市的旅客须在班机起飞前120分钟抵达机场，凭机票和个人有效证件（居民身份证、护照、团体签证等）办理登机手续，班机起飞前30分钟机场停止办理登机手续。

每一位在中国境内乘坐国内、国际民航班机的旅客都必须交纳机场费（持有外交护照的旅客、24小时内过境的旅客以及12岁以下儿童例外）。

乘坐民航班机的中、外籍旅客及其携带的行李物品，除经特别准许者外，在登机前都必须接受安全技术检查；旅客须通过安全检查门，行李物品须经仪器检查；也可进行人身检查和开箱检查。拒绝检查者不得登机。

乘坐中国民航的国内、国际班机，持有成人或儿童票的旅客，每人可免费交运行李：头等舱票40千克，公务客票30千克，经济客票20千克；持婴儿票的旅客无免费行李额。同行旅客的免费行李额可合并计算。构成国际运输的国内航段，每位旅客的免费行李额按适用的国际航线免费行李额计算。交运的行李必须封装完整、锁扣完善、捆扎牢固并能承受一定压力；对包装不合格的行李，民航可拒运或不负损坏责任。随身携带的物品重量不超过5千克，其体积不得超过20×40×55厘米。严禁旅客携带枪支、弹药、凶器和易爆、易燃、剧毒、放射性物品以及其他危害民用航空安全的危险品进入机场和乘坐飞机。

二、铁路旅行常识

（一）旅客列车种类

旅客列车或称客运列车，是铁路运输系统中以运送旅客为主要目的的铁路列车。旅客列车分国际旅客列车（如北京—莫斯科的国际列车）和国内旅客列车。

国内旅客列车按其运行距离远近和运行速度可对旅客列车进行分类：高速铁路动车组（G 字头）、城际动车组列车（C 字头）、动车组列车（D 字头）、直达特快旅客列车（Z 字头）、特快旅客列车（T 字头）、快速旅客列车（K 字头）、跨局普通旅客快车（1001-2998）、管内普通旅客快车（4001-5998），临时旅客列车（L 字头），临时旅游列车（Y 字头），普通旅客慢车（6001-7598）。

按照铁道部门的有关规定，乘坐列车均采用实名制购票（儿童除外）和实名查验。

（二）车票

1. 车票种类

车票，是铁路运输合同的基本凭证。车票票面包含七要素，即车次、发站与到站、席别、开车时间、票价、有效期、径路。车票由客票和附加票两部分构成：客票分为软座、硬座；附加票分为加快票、卧铺票、空调票。

旅客须持车票乘车旅行，无票乘车或持失效车票乘车者要加倍交费；使用伪造或涂改的车票乘车，旅客不仅要加倍交费，还得承担刑事责任。

身高 1. 20~1. 50 米的儿童乘车，须购买半价票，并照购加快票及空调票；超过 1. 50 米的儿童买全票；身高 1. 20 米以下的儿童乘车免票，但一个大人只准携带一名免票儿童，超过一名免票儿童时，超过的人数应购儿童票。

2. 丢失车票的处理

旅客购买车票后如丢失车票，在不晚于车票票面发站停止检票时间前 20 分钟，可到车站售票窗口办理挂失补办手续。旅客办理挂失补办手续，应提供购票时所使用的有效身份证件原件、原车票乘车日期和购票地名称。车站确认旅客身份、车票等信息无误后，旅客按原车票车次、席位、票价重新购买一张新车票。新车票发售后，原车票失效。旅客持新车票乘车时，应向列车工作人员声明。到站前，列车长确认该席位使用正常的，开具客运记录交旅客作为到站退票的凭证。旅客到站后 24 小时内，凭客运记录、新车票和购票时所使用的有效身份证件原件，至退票窗口办理新车票退票手续。

3. 行李

旅客免费携带的物品重量：成人 20 千克，儿童（包括免票儿童）10 千克，外交人员 35 千克。携带物品的长度和体积要适于放在行李架上或座位下边，并不妨碍其他旅客乘坐和通行。

危险品（如雷管、炸药、鞭炮、汽油、煤油、电石、液化气体等爆炸、易燃、自燃物品和杀伤性剧毒物品），国家限制运输物品，妨害公共卫生的物品、动物及损坏污染车厢的物品，都不得带入车内。

三、水路旅行常识

（一）一般知识

中国的水路交通分为沿海航运和内河航运两大类。海外旅游者在中国作水上旅游时大多乘坐豪华游轮。航行在沿海和江湖上的客轮大小不等，船上的设备差异很大。大型客轮的舱室一般分五个等级的客舱：二等舱（软卧，1~2 人），二等舱（软卧，2~4 人），三等舱（硬卧，4~8 人），四等舱（硬卧，8~24 人）和五等舱（硬卧）。另外，客舱还有散席（包括座席），豪华客轮设有特等舱（由软卧卧室、休息室、卫生间等组成）。

（二）船票

船票分普通船票和加快船票，又分成人票、儿童票（1.20~1.50 米的儿童）和伤残军人优待票。

旅客在乘船前丢失船票，应另行购票；上船后旅客丢失船票，如能提出足够的证明，经确认后无须补票；无法证明时，按有关规定处理。

根据 2017 年 1 月 10 日起施行的《水路旅客运输实名制管理规定》（交通运输部令 2016 年第 77 号），我国部分区域水路实施水路旅客运输船票实名售票、实名查验。乘船人遗失船票的，经核实其身份信息后，水路旅客运输经营者或者其委托的船票销售单位应当免费为其补办船票。

（三）行李

乘坐沿海和长江客轮，持全价票的旅客可随身携带免费行李 30 千克，持半价票者和免票儿童可携带免费行李 15 千克；每件行李的体积不得超过 0.2 立方米，长度不超过 1.5 米，重量不超过 30 千克。乘坐其他内河客轮，免费携带的行李分别为 20 千克和 10 千克。

下列物品不准携带上船：法令限制运输的物品，有臭味、恶腥味的物品，能损坏、污染船舶和妨碍其他旅客的物品，爆炸品、易燃品、自燃品、腐蚀性物品、有毒物品、杀伤性物品以及放射性物质。

第四节　货币、保险知识

一、货币知识

（一）货币知识

1. 外汇

外汇，是指外国货币（包括钞票、铸币等），外币有价证券（包括政府公债、国库券、公司债券、股票、息票等），外币支付凭证（包括票据、银行存款凭证、邮政储蓄凭证等）以及其他外汇资金。

中国对外汇实行由国家集中管理、统一经营的方针。在中国境内，禁止外汇流通、使用、质押，禁止私自买卖外汇，禁止以任何形式进行套汇、炒汇、逃汇。

旅游者带入中国的外币和票据金额没有限制，但数额大时必须在入境时据实申报；在中国境内，海外游客可持外汇到中国银行各兑换点（机场、饭店或商店）兑换成人民币。

在中国境内能兑换的外币主要有：美元 USD、欧元 EUR、英镑 GBP、澳大利亚元 AUD、加拿大元 CAD、瑞士法郎 CHF、丹麦克朗 DKK、挪威克朗 NOK、瑞典克朗 SEK、新加坡元 SGD、菲律宾比索 PHP、泰国铢 THB、韩国元 KRW、俄罗斯卢布 RUB，以及港币 HKD、澳门元 MOP、新台币 TWD 等。兑换外币后，游客应妥善保存好银行出具的外汇兑换证明（俗称“水单”，其有效期为 6 个月）。离境时，人民币如没有用完，可持护照和水单将其兑换回外汇，但不能超过水单上注明的金额。

2. 人民币进入 SDR

SDR 是特别提款权（special drawing right）的英文首字母，是国际货币基金组织创设的一种储备资产和记账单位，目前由美元、英镑、欧元和日元组成。2015 年 11 月 30 日，国际货币基金组织（IMF）主席拉加德宣布将人民币纳入 IMF 特别提款权（SDR）货币篮子，决议将于 2016 年 10 月 1 日生效。SDR 篮子的最新权重为美元 41.73%，欧元 30.93%，人民币 10.92%，日元 8.33%，英镑 8.09%。

中国加入 SDR 意味着人民币真正跻身于全球主要货币之列，人民币作为结算货币将得到更广泛的使用，也将推动人民币成为可兑换、可自由使用的货币。

3. 信用卡

信用卡是指银行为提供消费信用而发给客户的，在指定地点支取现金、购买货物或支付劳务费用的信用凭证，实际上是一种分期付款的消费者信贷。信用卡上印有持卡者姓名、签字、号码及每笔赊购的限额和有效期等内容。

信用卡的种类有很多。根据发卡机构的不同，可分为银行卡和非银行卡；根据发卡对象的不同，可分为公司卡和个人卡；根据持卡人的信誉、地位等资信情况的不同，可分为普通卡、金卡和白金卡；根据清偿方式的不同，信用卡可分为贷记卡和准贷记卡；根据信用卡流通范围的不同，可分为国际卡和地区卡。国际卡是一种可以在发行国之外使用的信用卡，全球通用。地区卡是一种只能在发行国国内或一定区域内使用的信用卡。中国商业银行所发行的各类信用卡大多数属于地区卡。中国银行的外汇长城万事达卡是国际卡，而人民币万事达信用卡和中国工商银行的牡丹卡都是地区卡。

我国目前受理的主要外国信用卡有七种：万事达卡（Master Card）、维萨卡（VISA Card）、运通卡（American Express Card）、大莱卡（Diners Club Card）、JCB 卡（JCB Card）、百万卡（Million Card）和发达卡（Federal Card）。

二、保险知识

保险是一种风险转移机制，即个人或企业通过保险将一些难以确定的事故转移给别人去负担。投保人以付出一笔已知的保险费为代价，就可将损失转移给保险公司承担。当然，办理保险本身并不能消除风险，保险只能为遭受风险损失的人提供经济补偿。

旅游保险是指投保人根据合同的约定，向保险人支付保险费，保险人对于合同约定的在旅游合同中可能发生的事故所造成的财产损失承担赔偿保证金责任，或者当被保险人在旅游过程中死亡、伤残、疾病时承担赔偿保证金责任的商业保险行为。

（一）旅行社责任保险

旅行社责任保险是指旅行社根据保险合同的约定，向保险公司支付保险费，保险公司对旅行社在从事旅游业务经营活动中，致使旅游者人身，财产遭受损害应由旅行社承担的责任，承担赔偿保险金责任的行为。

自2001年9月1日起施行的《旅行社投保旅行社责任保险规定》（简称《规定》）中规定："旅行社从事旅游业务经营活动，必须投保旅行社责任保险。"

责任保险的投保人是旅行社（被保险人），投保范围如下：

（1）旅游者人身伤亡赔偿责任；

（2）旅游者因治疗支出的交通、医药费用赔偿责任；

（3）旅游者死亡处理和遗体遣返费用赔偿责任；

（4）对旅游者必要的施救费用，包括必要时近亲属探望需支出的合理的交通、食宿费用，随行未成年人的送返费用，旅行社人员和医护人员前往处理的交通、住宿费用，行程延迟需支出的合理费用等赔偿责任；

（5）旅行者的行李物品的丢失、损坏或被盗所引起的赔偿责任；

（6）由于旅行社责任争议引起的诉讼费用；

（7）旅行社与保险公司约定的其他赔偿责任。

这里的"赔偿责任"是指由旅行社的过错造成的游客的财产、人身的损失。因而对于旅游者在旅游行程中，由自身疾病或个人过错导致的受损，或者在旅行社组织安排的活动之外，发生的损失，旅行社是不承担赔偿责任的。因此，旅游者在参加旅行社组织的旅游活动时，一是要注意不要参加自己的身体条件不能完成的活动；二是要注意保护自身及随行未成年人的安全，妥善保管所携带的行李、物品。

《规定》中还指出，"旅行社办理旅行社责任保险的保险金额不得低于下列标准：（1）国内旅游每人责任赔偿限额人民币8万元，入境旅游、出境旅游每人责任赔偿限额人民币16万元；（2）国内旅行社每次事故和每年累计责任赔偿限额人民币200万元，国际旅行社每次事故和每年累计责任赔偿限额人民币400万元。旅行社组织高风险旅游项目可另行与保险公司协商投保附加保险事宜。"

（二）旅游者个人投保

有了旅行社责任保险，当遭遇旅行事故时，旅游者不用支付保费就可以获得赔偿。但是该责任险责任范围较小，有些损失还是得不到赔偿。为此，旅游者还可以个人投保。旅游保险一般包括医疗费用、人身意外、意外双倍赔偿、紧急医疗运送、运返费用、个人行李、行李延误、取消旅程、旅程延误、缩短旅程、个人钱财及证件，还有个人责任等。

三、卫生救护常识与其他

（一）常见病的防治

1. 晕动病的防治

晕车、晕船和晕飞机在医学上统称晕动病，又叫运动病。主要是因为人在乘坐交通工具时，显著的颠簸、升降及旋转使人体的位置也随之不断变化，而有些人的平衡器官不能适应这种频繁的变化，其耳朵前庭神经功能会出现暂时紊乱，再加上恐惧、烦躁和内脏受到震动等因素，会出现头晕、头痛、恶心和呕吐等现象。晕动病在严重时，甚至会发生虚脱、休克，因此不可大意。

对于晕车、晕船的旅游者，首先要保持心情愉快，任何不开心与不稳定的情绪都可能诱发及加重症状。在出行前，导游人员要提醒他们不要饮酒，勿过饱或过饥。有可能的话，尽量安排他们处于车船中部重心较稳的位置，保持与车船前进的方向一致，并避免视线与窗处运动的景物接触。必要时可在启程前半小时让他们服用自备的防晕药物。

2. 中暑

中暑的主要症状表现是大汗、口渴、头晕、头痛、耳鸣、恶心、呕吐、胸闷、烦躁、发烧等，严重者会神志不清甚至昏迷。人长时间地处在暴晒、高热、高湿热环境中容易中暑，所以盛夏旅游，导游人员在带团时要注意劳逸结合，避免旅游者长时间在骄阳下活动。

如果在旅游过程中发现旅游者中暑，导游人员要迅速将患者移往通风、凉爽的地方休息；让其平躺并松开患者衣服；可能时让其饮用适量的盐水，对发烧者要用冷水或酒精擦身散热，服用必要的防暑药物；待患者症状缓解后让其静坐（卧）休息。对于严重中暑者，导游人员在进行了必要处理后要将其立即送往医院治疗。

3. 腹泻

腹泻可以说是旅游中最常见的疾病，尤其在夏秋季节，极易发生，旅游中急性腹泻的致病病原体主要是通过对食物和水源造成污染后才得以传播并感染的。要预防腹泻，首先要注意饮食卫生，养成良好卫生习惯，严防病从口入。

如果染上急性腹泻，又未能及时治疗，则极易转化成慢性肠炎。因此及时采取措施、急症急治是十分必要的。急性腹泻使人全身乏力虚弱，除治疗外，尚需卧床休息，多喝糖水，还可以进食少量流质食物并避免吃不消化的东西。

4. 高山反应

平原地区居民在短时间内进入海拔 3 000 米以上的高原地区，可能会产生一些不适应的症状，如头痛、头昏、心慌、气短，严重者出现恶心、呕吐、失眠、胸闷、腹胀、疲乏，可见到口唇发绀、面部浮肿，有时精神兴奋、言语过多、步态不稳，并有咽喉干燥，手足发凉等，称为高山反应或高原反应。高山反应最严重者可以出现高山肺水肿或高原水肿。高山反应多在攀登高山或突然（如乘飞机）进入高原 24 小时内发生。

高山反应主要由低气压缺氧引起，缓解高山反应，首要的是通过体育锻炼来加强呼吸功能和血液循环功能，同时在进入高原地区以前，进行全面身体健康检查与评估，一般身体健康者容易适应低氧环境，凡有明显心、肺、肝、肾疾病者，以及高血压患者和严重贫血者，不宜进入高山地区。

旅游者初入高原地区要减少体力劳动，减少新陈代谢的耗氧量，应多食碳水化合物类食物，提高葡萄糖的供应。轻度高山反应不必治疗，精神兴奋者可适量服用镇静剂；严重缺氧者，出现发绀、气急、可予吸氧，直至症状缓解。如果出现严重高山反应，如心慌、胸闷、呼吸困难、头胀痛、并有咳嗽带血泡沫痰，甚至烦躁、昏迷，应立即中止旅游，迅速返回低海拔地域休息治疗。

（二）突发病的救护

1. 突发性昏厥

昏厥是因为大脑暂时缺氧而出现的一种短暂的意识丧失状态。导游人员若发现有突然晕倒的旅游者，应立即让其躺平，并抬高下肢，保持较多的血液集中在重要器官，以改善脑部的血流供应；同时解开病人的领口、腰带，如处于室内，还要打开窗户，使空气流通。如是因低血糖引起的昏厥，喂服糖水、巧克力等高糖食品，通常能使病人迅速恢复。若上述两种方法均未能令病人苏醒，可取用火消毒过的针刺其中穴和十指尖端十宣穴，稍放出一点血，即能奏效。若针刺后，病人仍不能苏醒，导游人员要迅速将其送往医院诊治。在病人情况严重，已停止呼吸和心跳的时候，必须马上进行人工呼吸和心脏按压，等病人苏醒后，再将其送医院。在送往医院途中，要让病人的双脚高于头部，用毛毯等物品裹住身体保暖。有一点须注意，如果病人是因为脑外伤、脑中风而引起的休克，则一定要将其头部抬高些。

2. 心脏病猝发

心脏病猝发来势凶猛，处理不当就有致命危险。为此，导游人员发现旅游者心脏病猝发时，不要惊慌失措，切忌急着将患者抬着或背着去医院，而应让其就地平躺，头略高，由患者亲属或领队或其他旅游者从患者衣物中寻找备用药物，让其服用；同时全陪应主动到附近的医院找医生前来救治，病情稍稳定后再将患者送医院治疗。

3. 食物中毒

在旅游过程中，旅游者因吃了不洁或变质食物时会发生食物中毒事故，其症状是恶心、呕吐、腹泻、胃疼、心脏衰弱等。食物中毒的特点是潜伏期短、发病快，且时常集体发病，如果抢救不及时会有生命危险。若导游人员发现旅游者有此种症状时，应立即送患者到医院治疗，并同时报告旅游主管部门和卫生医疗部门，请求协助处理。导游人员将患者送往医院途中，可做些急救工作：让患者多喝水，加速排泄和稀释毒性；协助患者用筷子或手指触及咽部，引其呕吐；让患者喝些糖水、浓茶；暖一暖脚，以助心脏正常跳动。食物中毒都是由饮食不卫生引起的，导游人员应带领旅游者在定点餐馆用餐，并随时提醒旅游者不要食用无安全保障的食品。用餐时，导游人员若发现食物、饮料不卫生要立即请求更换，并要求餐厅负责人出面道歉。

（三）受伤的救治

1. 摔伤、骨折

旅游者在旅途中摔伤、骨折，导游人员须及时将其送往医院救治，但在现场，导游人员应做力所能及的应急处理。

（1）止血。常用的止血方法有三种，即指压止血法、加压包扎止血法和止血带止血法。①指压止血（压迫止血）法，即用手指在伤口上方（近心端）的动脉压迫点上，用力将动脉血管压在骨骼上，中断血液流通达到止血目的。指压止血法是较迅速有效的一种临时止血方法，止住出血后，须立即换用其他止血方法。②加压包扎止血法，即先用消毒纱布，如没有消毒纱布，就先用干净的毛巾覆盖伤口后，再将棉花团、纱布卷或毛巾、帽子等折成垫子，放在伤口敷料上面，然后用三角巾或绷带紧紧包扎，以达到止血目的为度。伤口有碎骨存在时，禁用此法。加压包扎止血法适用于小动脉、静脉及毛细血管出血。③止血带止血法，即用弹性止血带绑在伤口近心脏的大血管止血。这种止血法用于四肢较大动脉的出血。用其他方法不能止血或伤肢损伤无法再复原时，才可采用止血带止血。止血带分为橡皮制的止血带和布制的止血带，如果没有止血带时亦可用宽绷带、三角巾或其他布条等代替以备急需。

（2）包扎。包扎前要清洗伤口，包扎时动作要轻柔，松紧要适度，绷带的结口不要在创伤处。

（3）上夹板。就地取材上夹板，以求固定两端关节，避免转动骨折肢体。

2. 咬伤、蜇伤

（1）蜂蜇伤。在夏秋季节外出野游，如被蜂蜇伤，应引起重视，有时会导致严重的后果。假如蜂毒进入血管，会发生过敏性休克，以致死亡。被蜂蜇伤后，其毒针会留在皮肤内，必须用消毒针将叮在肉内的断刺剔出，然后用力掐住被蜇伤的部分，用嘴反复吸吮，以吸出毒素。如果身边暂时没有药物，可用肥皂水冲洗患处，然后再涂些食醋或柠檬。如果出现休克，在通知急救中心或去医院的途中，要注意保持呼吸畅通，并进行人工呼吸、心脏按压等急救处理。要注意，被毒蜂蜇伤后，往患处涂氨水基本无效，因为蜂毒的组织胺用氨水是中和不了的。黄蜂有毒，但蜜蜂没有毒。若被蜜蜂蜇伤，处理时要先剔出断刺，可在伤口涂些氨水、小苏打水或肥皂水。被蜂蜇伤20分钟后无症状者，可以放心。

（2）蜈蚣咬伤、蝎子蜇伤。被蜈蚣咬伤后，患处会出现局部红肿、疼痛，或有红丝出现，严重者可有全身症状，如头痛、头晕、呕吐、发热以及肢体麻木等。治疗方法是：将季德胜蛇药片研碎，用冷开水调敷患处。鱼腥草、蒲公英、桑叶、生扁豆叶30~60克，任选一种外敷；取旱烟筒内的烟油涂擦伤处。

被蝎子蜇伤后，患处会出现局部灼痛、红肿麻木、出血，严重者则会出现全身中毒症状。处理方法是：对于一般的蝎子蜇伤，可立即拔出毒刺，局部冷敷，然后将季德胜蛇药片研碎，用冷开水调成糊状，敷于创口周围，应露出伤口。可选用以下药物外敷：明矾，研细末，用米醋调敷；雄黄、明矾等份，研细末，用茶水调敷；大青叶、马齿苋、薄荷叶捣烂外敷。严重的蝎子蜇伤或儿童被刺，都应尽快送往医院救治。

（3）蛇咬伤。旅游者若被蛇咬伤，伤处在手臂或腿部，导游人员可在咬伤处上方5~10厘米处用一条带子绑住，但不要切断血液循环。在医疗人员进行医治之前，可用清水、冷开水、冷开水加食盐或肥皂水冲洗伤口，若用过氧化氢、1∶500高锰酸钾液冲洗更佳。伤口在经过冲洗处理后，用消毒过的刀片在毒牙痕处切一道深约半厘米的切口，切口方向应与肢体纵向平行，也可以将伤口浸于冷盐水中，从上而下地向伤口挤压20分钟左右，使毒液排出，也可以用口直接吸出毒液，但必须注意安全，边吸边吐，每次吸吐毒液后，都要用清水漱口。若口内有溃疡或龋齿，则不能用口吸毒液，因为毒液通过口腔黏膜损伤处会很快进入血液循环。

小常识

判断是否是毒蛇咬伤，一是看蛇头，毒蛇头部略成三角形，身上有色彩鲜明的花纹，上颌长有成对的毒牙，可与无毒蛇相区别。二是看伤口，毒蛇咬伤后，伤口局部常留有一对或3~4颗毒牙痕迹，且伤口周围明显肿胀及疼痛或麻木感，局部有瘀斑、水泡或血泡，全身症状也较明显，多为毒蛇咬伤。被无毒蛇咬伤后，局部可能会留两排锯齿形牙痕，或有血流出。无毒蛇咬伤后，患部可能会疼痛，但无麻木，肿胀不甚，更无全身表现，经1~2天后疼痛完全消失，其牙痕小且排列整齐。被毒蛇咬伤后，蛇毒在人体内迅速扩散，短期内可危及生命，因此，必须及时采取各种有效的抢救措施。

（四）其他常识

1. 国际时差

统一时间、调整时差是导游人员带团的基本要求。

两个地区地方时之间的差别被称作时差。人们在日常生活中所用的时间，是以太阳通过天体子午线的时刻——“中午”作为标准来划分的。每个地点根据太阳和子午线的相对位置确定的本地时间，称为“地方时”。

地球每24小时自转一周（360°），每小时自转15°。自1884年起，国际上将全球划分为24个时区，每个时区的范围为15个经度，即经度每隔15度，时间差1小时。以经过格林尼治天文台的零度经线为标准线，从西经7. 5°到东经7. 5°为中区（称为0时区）。然后由0时区的两个边界分别向东和向西，每隔经度15°划一个时区，东、西各划出12个时区，而东12时区与西12时都是半时区，合起来称为12区。各时区都以中央经线的“地方时”作为本区共同的标准时间。

北京位于东经116°24，划在东八区，该区的中央经线为东经120°，因此，“北京时间”是以东经120°的地方时作为标准时间。中国幅员辽阔，东西横跨经度64度，跨5个时区（从东五区到东九区），为方便期间，以北京时间作为全国标准时间。例如，中国东八区的时间总比泰国东七区的时间早1小时，而比日本东九区的时间晚1小时。因此，到中国旅游的海外旅游者，入境时只有调整自己的手表，才能和北京时间相一致。表7-1为国际时差比较。

表 7-1　国际时差比较

城市名称	时差数	城市名称	时差数
新加坡、马尼拉、乌兰巴托	0	赫尔辛基、布加勒斯特、开罗、开普敦、索非亚	-6
首尔、东京	+1		
悉尼、堪培拉	+2	斯德哥尔摩、柏林、巴黎、日内瓦、华沙、布达佩斯、罗马、维也纳、雅温得	-7
惠灵顿	+4		
河内、金边、曼谷、雅加达	-1	伦敦、阿尔及尔、达喀尔	-8
仰光	-1.5	布宜诺斯艾利斯、里约热内卢	-11
达卡	-2	纽约、华盛顿、渥太华、哈瓦那、巴拿马城	-13
新德里、科伦坡、孟买	-2.5		
卡拉奇	-3	芝加哥、墨西哥城	-14
迪拜	-4	洛杉矶、温哥华	-16
德黑兰	-4.5	安克雷奇	-17
莫斯科、巴格达、内罗毕	-5	夏威夷	-18

注：以北京时间零点时与世界主要城市相比，“+”表示比北京时间早，“-”表示比北京时间晚。

2. 度量衡换算

世界上的度量衡有公制和英、美制，中国还有市制，它们之间的换算比较复杂。然而，导游人员在工作时经常会遇到这类换算问题，因此应该对此有所了解。

以下是常用的度量衡换算。

（1）长度。

1 英寸=2.540 0 厘米

1 英尺=12 英寸=0.304 8 米

1 码=3 英尺=0.914 4 米

1 英里=1 760 码≈1.609 3 千米

1 厘米=10 毫米≈0.393 7 英寸

1 米=1 000 毫米≈1.093 6 码

1 千米=1 000 米≈0.621 4 英里

1 里=0.5 千米≈0.310 7 英里

（2）体（容）积。

1 升≈0.264 2 加仑美

1 升≈0.220 0 加仑英

（3）重量。

1 克=1 000 毫克≈0.035 3 盎司

1 千克=1 000 克≈2.204 6 磅

1 盎司≈141.747 6 克拉≈28.349 5 克≈0.567 0 两

（4）面积。

1 亩≈0.165 英亩≈0.066 7 公顷

1 公倾=10 000 平方米=15 亩≈2.471 1 英亩

1 平方公里=100 公顷≈0.386 1 平方英里

1 平方英里=640 英亩≈259.0 公顷

3. 摄氏华氏换算

温度的测算标准有两种：摄氏℃和华氏℉。在我国，习惯于以摄氏测算温度。

二者间的换算公式如下：

摄氏℃=5/9×（℉-32）

例如，将华氏 84 度，换算成摄氏度数。

其计算方法为：5/9×（84-32）=5/9×52=260/9≈28.9

即，华氏 84 度约等于摄氏 28.9 度。

华氏℉=℃×9/5+32

例如，将摄氏 17 度换算成华氏度数。

其计算方法为：17×9/5+32=153/5+32=30.6+32=62.6

即，摄氏 17 度等于华氏 62.6 度。

第五节　社交礼仪知识

社交礼仪知识是导游人员必备的知识。一方面，在旅游活动过程中，旅游者要进行各种社会交往，由于存在文化的差异性，经常需要导游人员协助，以达到更好的交流效果；另一方面，导游服务具有很强的社会性，导游人员不仅要与来自世界各地的旅游者接触、交往，还要与旅游目的地的旅游从业人员、各界人士，以及东道国（地区）的居民交往。因此，掌握必要的社交礼仪知识和不同国家、民族的社交礼仪知识是导游人员的基本素质要求，也是提升导游人员形象不可缺少的要素。

一、社交礼仪常识

礼仪是社会文明的标志，也是人际交往中文明行为的规范。各国人民在日常交往中十分讲究礼节、礼貌，而且都特别尊重本民族的传统礼仪。作为传播文化和友谊的使者，导游人员必须懂礼貌、讲礼节，掌握古今中外的社交礼仪常识，尤其要尊重旅游者所属民族的礼仪习俗，从而向他们提供高质量的礼貌服务。

（一）礼貌和礼节

礼节是人们在交际场合中相互问候、致意、祝愿的惯用形式。礼貌则是人与人之间在接触交往中相互尊重和友好的行为规范。礼节是礼貌的具体表现。“行为心表，言为心声”，礼节、礼貌是一个人内心世界的外在表现和真实感情的自然流露，体现出人的文化层次、优美情操、高尚志趣和道德修养。有道德、有修养、有文化、有学识的人才会知书达理，言行举止才能温文尔雅、落落大方、文质彬彬、不卑不亢，这样的人在人际交往中才真正懂礼节、讲礼貌。礼节、礼貌的核心是尊重人。人际交往中应该相互尊重，彼此谦让恭敬；应该懂得尊重人就是尊重自己，懂礼貌、讲礼节、遵守和维护社会公德就是为自己创造了一个文明的生活环境这一道理。作为导游人员，要努力使旅游者在整个旅游过程中感到亲切，感到宾至如归，为达到这一目的，就得运用适当的礼仪作媒介。礼仪既是表达亲切情感的一种方式，又是文明社会的重要标志，它反映了人类相互尊重的需要。

（二）人际交往中的礼节

1. 接待礼节

（1）介绍。人际交往中，不相识的人若有相识的愿望，可自我介绍或由第三者介绍。自我介绍或介绍他人时态度要诚恳。自我介绍时要自信，切忌羞怯，要有自知之明，对自己做出正确评价；要自谦，对自己的评价要留有余地，不要自吹自擂。介绍他人时要热情，要客观，掌握分寸。介绍有先后之别，一般是将身份低、年轻者介绍给身份高者和长者；将男子介绍给女性；将主人介绍给客人。介绍时，一般双方要起立，长者和身份高的女子可例外。

递名片是社交场合一种重要的自我介绍方式。递名片时应用双手（至少用右手），目视对方，微笑致意；接名片时也要用双手，以示尊重；接过名片应认真看一遍，不要马上装入口袋，更不要在手中玩弄。

与西方人交往时要注意，他们一般不随意交换名片。

（2）见面礼节。不同国家和民族往往有不同的见面礼，在外事接待场合应以尊重对方为重。

握手礼。握手礼源于中世纪的欧洲，现已成为全世界人际交往中最常见、最普遍的见面礼。见面行握手礼时，主人、身份高者、年长者和女子一般应先伸手，以免对方尴尬；朋友平辈间以先伸手为有礼；祝贺、谅解、宽慰对方时以主动伸手为有礼。行握手礼时，上身稍前倾，立正，目视对方，微笑，说问候语或敬语；握手时要摘帽、脱手套，女子和身份高者可例外；握手时不要将左手插在裤袋里，不要边握手边拍人家肩头，不要眼看别人或与他人打招呼，更不要低头哈腰；无特殊原因不用左手握手；多人在一起时避免交叉握手；长时间握手表示亲热，双手握住对方的手以示尊敬，但一般是双方伸手握一下即可，尤其是异性之间。

鞠躬礼。鞠躬礼源自中国，现在作为日常见面礼节已不多见，但盛行于日本、韩国和朝鲜。行鞠躬礼时应立正、脱帽、微笑、目光正视、上身前倾 15~30 度（赔礼、请罪时例外）。平辈应还礼，长辈和上级欠身点头即算还礼。

合掌礼。亦称合十礼，佛教礼节，盛行于印度和东南亚佛教国家，泰国尤盛。行礼时，双手合拢于胸前，微微低头，神情安详、严肃。对长者双手举得越高越有礼，但手指尖不得超过额头。接待外国旅游者时，对方行合掌礼，导游人员应以同样形式还礼，但不主动向旅游者行合掌礼。

拥抱接吻礼。它盛行于欧美、中东、南美洲以及俄罗斯等国家，是常见的熟人和朋友间的一种礼节。在一般情况下，父母子女间亲脸、亲额头，平辈亲友间贴面颊，亲人、好友之间拥抱、亲脸、贴面颊。在公共场合，见面时拥抱亲吻以示亲热，关系亲近的女子间亲脸，男子之间抱肩，男女之间贴脸颊；晚辈亲长辈额头，长辈亲晚辈的脸或额头；对高贵的女性，男子吻其手背以示尊敬。

见面时还有其他一些礼节，如招手礼、拱手礼、脱帽礼、注目礼、点头礼、鼓掌礼等。

（3）称谓。在交际场合，称谓很重要。称谓反映了人与人之间的相互关系，显示出一个人的修养，在某种程度上也反映了社会风尚。

称谓一般可分为：职务称，即以其所担任的职务相称，如总经理、李总经理；姓名称，即在“先生”“小姐”“同志”之前冠以姓；一般称，即泛称某人为“先生”“小姐”“太太”等；职业称，如“司机先生”“秘书小姐”；代词称，如“您”“他”等；亲昵称，亲属、好友间的称呼。

通常情况下，我们称男子为“先生”，称女子为“夫人”“太太”“女士”或“小姐”。一般称前可冠以“姓”，如林先生、莫利太太；一般称前可冠以“职务”，如院长先生、导游小姐；一般称前可冠以“衔称”，如博士先生等。

对教授、医生、法官、律师，可直接称其为教授、医生等；或冠以姓，如杜邦教授、张律师等；或加上先生，如法官先生等。

对军人，要称其“军衔”并加“一般称”，如上校先生、将军阁下等。

对有荣誉爵位的人，要称他们的爵位，或者称“阁下”。

对地位高的人，可称他们为“阁下”，如“部长阁下”或“部长先生阁下”。

对王室成员，要尊称其为“女王陛下”或“陛下”，“亲王殿下”“公主殿下”或“殿下”。

对标志不明的女子，年长者称作“夫人”“太太”，年轻者则称“小姐”，如有错误，她们一般会提出纠正。

导游人员应重视称谓并正确运用，若能在短时间内记住旅游者的姓名，了解他们的身份，并能在日常交往中正确地称呼他们，定会产生很好的效果。

小常识

在我国，我们将寺院中的主要负责人称为“住持”或“方丈”，分管内部事务的称为“监院”，负责对外联系的称为“知客”。他们可被尊称为“高僧”“长老”“大师”“法师”等。

2. 交谈时的礼节和语言

准确优美的语言，诚恳、有礼的态度，潇洒的风度是人际交往活动取得成功的保证。因此，与人聚谈时，必须讲究语言艺术，力求表达得体，善于运用礼貌语言，并注意与表情、目光、手势等体态语言的适当配合。经常与旅游者交往的导游人员更应该懂得社交聚谈时的礼节礼貌，善于辞令。

（1）交谈时的态度：真诚、庄重。导游人员在与旅游者交谈时或在社交场合与人聚谈时，态度要庄重、真诚，不能傲慢，傲慢会伤害对方的自尊心；不能冷漠，冷漠会让对方感到不亲切；不能太随便，太随便会给对方一种消极的感觉；不能慌乱，慌乱会给对方留下不诚实、不成熟的感觉，从而使对方产生不信任感；不能唯唯诺诺、卑躬屈膝，否则会让对方瞧不起。

（2）交谈时的表情：大方、自然 。导游人员同旅游者一起交谈时，神情要自信、大方、得体，不要腼腆、惊慌失措、心不在焉，也不要时时看表，避免打哈欠、伸懒腰及其他不雅观的小动作。

（3）交谈时的目光：坦率、诚实。与人聚谈，要坦诚地注视对方的眼睛，忌讳左顾右盼、躲躲闪闪，不要惶惑不安，切忌居高临下。

（4）交谈时的体态：适当配合。与人交谈，注意体态的适当配合，要避免手舞足蹈，不要用手指指人，双手不能交叉胸前或背在背后，不要手插裤袋，更不要攥紧拳头，不要疯笑，切忌对人动手动脚。

（5）交谈时的语言：文雅、得体。导游人员与旅游者聊天、讨论问题时，讲话要有内容、有中心，要简洁明了；语言表达要得体，要掌握分寸；谦虚要适当，赞语不宜过分，不乱用俚语。总之，导游人员要尽量使用高雅、文明的语言。

（6）聚谈艺术。为了使社交聚谈成功，我们必须掌握谈话的艺术并熟练运用，而高超的谈话艺术绝非一日之功，必须勤奋学习，勇于实践并做有心人，长期总结、积累。不过，在与人交谈时若能注意下述要点，可能会获得比较理想的结果。

①善于选择话题。社交聚谈，话题不能太专，曲高则和寡，因而要选择在场的大多数人感兴趣的，且让大家都能发表自己看法的话题。忌讳令人扫兴、不愉快的话题，交际活动是为了寻求愉悦和舒畅，是为了增进相互了解，令人扫兴的话题会影响交谈者的情绪、破坏社交气氛；忌讳格调低下的话题，偶然谈及奇闻趣事能活跃气氛，但讲得过多，只能证明其智力低下。至于那些乱七八糟、博人一笑的内容绝不是社交场合的话题，也不应是导游人员与旅游者交谈的内容。

②善于随机应变。谈话时的灵活性表现在当话不投机时要灵活地转移话题，必要时要向对方致以歉意；如果对方不想说话或不打算多说话，就不要与之攀谈，更不要纠缠，而是寒暄几句后就应客气地结束交谈。谈话时的灵活性还表现在对不同对象讲不同的话，持不同的态度。例如，对上级、长者讲话时要恭敬、严肃，与女性讲话时要谦让、谨慎，不过多地开玩笑等。

③不涉及隐私 。互相尊重是社交聚谈时必须遵循的原则，因而交谈时忌讳谈及他人隐私，不触及他人痛处，不道破他人秘密，不议论第三者；不勉强他人回答不愿回答的问题；不要显露出自己曾施惠于某人（此人在场时更要注意）；但不要忘记自己曾得到过他人的恩惠，若此人在场时要给予适当表示。

④不恶语伤人。在社交场合，不攻击他人，不当众指责他人（即使是对下级或晚辈，也要避免当众指责），切忌恶语伤人；忌讳蔑视语、烦躁语、斗气语；讲话时不要显得尖酸刻薄，尖刻者易树敌，尖刻机敏者纵能让人叹赏，但也令人敬而远之。

⑤慎言。话语如同水，容易倒出去，极难收回来，所以要三思而后言。与人交谈，

不得胡言乱语，不得泄露国家机密；不主动谈及他国内政及宗教等问题，不讲他人忌讳之事（例如，不与印度人谈牛的坏话，不与欧美人讲打狗、宰狗的事等）；不传播流言蜚语，不搬弄是非；开玩笑、讲幽默话要注意场合，切勿伤及在场的任何人；问题没有听懂，不要急于回答，以免答非所问，更不要在没有听清对方讲话内容时就妄下结论或做出强烈反应。

⑥注意对话。所谓“聚谈”，就是大家讲话，要注意有来有往。与人交谈，不要一个人喋喋不休，讲个没完，注意要让对方讲话，以求达到交流的目的。

⑦忌讳自我吹嘘。社交聚谈是为了交流，而不是一味吹嘘自己。急于表露自己、炫耀自己往往会与预期的效果相反，而质朴、与人平等交谈者反而能获得他人的信任和敬重；与人交谈时，矫揉造作、装腔作势、咬文嚼字、故弄玄虚绝不会取得好的交谈效果，卖弄自己只会让人讨厌。

⑧冷落他人是大忌。多人交谈时要照顾大家，要与多数人谈话，忌讳与一二人窃窃私语；不要冷落任何人，尤其是女主人，不要让任何宾客产生被遗弃的感觉，导游人员也应注意不冷落任何旅游者。

⑨适当沉默。“雄辩如银，沉默是金”。面对强词夺理者、无理取闹者、故意挑剔者、恶语伤人者，沉默往往是最好的反击；对不熟悉的话题，保持沉默为佳，抢先说外行话会被人瞧不起。不过，沉默不可滥用，故意显得高深莫测会让人敬而远之。沉默要与言谈和谐一致、相辅相成，才能达到预期的效果。

⑩认真倾听。听别人讲话，一要耐心，即约束自己，集中思想听，不要左顾右盼、胡思乱想；二要会心，即主动反馈，表现出心领神会的反应；三要虚心，即尊重对方意见，平等交谈。不要随意打断对方谈话，如要插话，应客气地提出并表示歉意。

3. 赴宴时的礼节

宴请是一种常见的社交活动，形式较多，主要有宴会、冷餐会、酒会、茶会等。

宴会是一种比较正式的宴请活动，一般规模小，多在晚间举行，往往有负责人出席。正式宴会多用请柬邀请，对服装有严格要求，参会人员依座次入席。

冷餐会是一种比较自由的宴请形式，一般不设座，食品集中放在厅中央或两侧桌上，由客人自取。冷餐会可招待较多的客人，客人到场或退场较自由。

酒会，亦称鸡尾酒会，是一种自由的社交活动，备有多种饮料和少量小食品，一般在下午或晚上举行，不设座，时间短，客人到场或退场自由。

茶会，或称“下午茶”，一般在下午四五点钟举行，以茶水、点心、水果招待客人，客人入场或退场较自由。

参加宴请活动要讲究礼节，注重礼仪。下面只就赴宴时和宴席中的一般礼节及注意事项作简单介绍。

（1）接到请柬要及时回答。接到宴会请柬，特别是接到注有 R.S.V.P. 字样的请柬，应该及早回复主人；若不能赴宴，一定要讲明原因并向主人致以歉意；接受邀请后不要随意更改，万一不得已无法赴宴，尤其是主宾，必须立即告知主人，讲清原因并赔礼道歉。

（2）赴宴要准时。准时赴宴是对主人的尊重，但一般不提前，身份高者可略晚，但也不能太晚；宴会结束，主宾退席后其他宾客就可陆续告辞；若确有要事须提前退席，应先与主人打招呼，届时悄悄离席，但逗留时间不能太短。

参加宴会，着装要整洁大方，若另有规定，则必须按要求着装赴宴。

宾客抵达后要主动向主人问好，如是节庆活动，应表示祝贺；参加家宴，可向女主人赠送鲜花。散席离开时，不必向众多宾客一一告别，但必须向男女主人辞别。

（3）宴席中的礼节及注意事项。入席时按主人的安排就座，若旁边有女宾或长者，应先帮助他（她）就座，然后自己坐下。

主人祝酒、致辞时不要吃东西，也不取食物并停止交谈，注意倾听；口中有食物时不要讲话；席间不抽烟，除非女主人请大家抽烟。

作为翻译赴宴，不得边翻译边吸烟。不得喧宾夺主，不要自己向客人祝酒，不随意为客人布菜；嘴里不要放过大、过多、带刺的食物，要时刻准备完成翻译任务。

席间不得解开衣扣，即使很热也不脱外衣；家宴席间若女主人请客人宽衣，男宾可脱下外套挂在椅背上。

席间、饭后，不要当着大家的面剔牙，不要边走边剔牙，不得已剔牙时，要用手或餐巾遮口。

使用刀叉时注意不要碰击盘子；吃东西时不要咂嘴，以免发出怪声；喝汤和咖啡时不用嘴啜；汤和咖啡太热，可待稍凉后再饮，也可用匙轻轻搅，但不能用嘴吹；喝汤不能就着盆喝，而要用匙，但喝咖啡时不用匙，而是直接喝，小匙只用来搅拌咖啡，让糖溶化。

席间饮料自取，可敬酒、祝酒，但不劝酒，更不要强行灌酒。

正式宴会，由侍者布菜，不要拒绝送来的菜，实在不爱吃的菜尝一二口后可将其留在盘中；若自己取菜，待侍者走到左边时方可取菜，最好各样菜都取一点，让主人高兴。家宴时，食物一般自取；主人送上的菜，即使不喜欢，也不要坚决拒绝。冷餐会上，自取的食物不宜过多，吃完后可再取；席间碰翻酒水，打碎餐具，掉落餐具时，不要手忙脚乱，也不要自己处理，而应让侍者收拾、调换餐具，但要对邻座说声“对不起”。

西餐桌上的食物一般都使用刀叉进食，但小萝卜、水果、点心、炸土豆片、玉米粒、田鸡腿及面包等可用手取食。

席间、饭后，不要忘记赞美酒菜、点心，特别对主人亲自做的菜点更要赞美几句。

席间、饭后要谈些令人愉快、格调高雅的话题；主人，尤其是女主人要照顾各方，席间交谈时不要冷落某些宾客。

女士不要在餐桌上化妆，饭后需化妆时应去卫生间。

4. 异性交往中的礼节及注意事项

（1）“女士优先”原则。西方世界，尤其在社交场合，处处显示着“女士优先”原则，男性导游人员在与外国旅游者交往时应尊重这一习惯，注意必要的礼节。

①过道上相遇，男子为女士让道；在人行道上行走，男子应走在外侧；男女同行，男子一般应落后女士半步。

②男子为女士开门，然后站立一旁，让女士先进（出）门；上车、上楼梯，女先男后；下车、下楼梯，男先女后，以便必要时男子能给予女士帮助。

③进入餐厅等场所，男子前导并为女士找好座位；在餐厅，让女士坐在最好的位置并帮其入座，让其先点菜。

④女士掉了东西，男子应帮助捡起来。

⑤抽烟时，若有女士在场，应征得女士同意。

（2）异性交往，男子应显出“绅士”风度。在女士面前，男子要充满自信，彬彬有礼，相处坦然。

与女士交谈，男子应注意：不过分亲昵，也不过分冷淡；不过分殷勤，也不过分拘谨；不轻浮，但也不可太严肃；不与女士开过多的玩笑，不说挑逗性的话，不与其无休止地攀谈，不谈及她们的隐私。

（3）赞美女士要诚恳，送礼物要适当。男子赞美女士时态度要诚恳，溢美之词要适当，过多的高级形容词有时反而会让女士产生被讽刺的感觉。

不要过多地赞赏女士的外表美，称赞她们的内在美可能会取得意想不到的效果。送女士礼物，最好能了解她的爱好和需要，若能投其所好，效果最佳。不要随便送女性用品和香水等化妆品。注意不要随意送红玫瑰。

（4）对待异性纠缠的态度。坦然、大方、正气凛然、进退有度、言行有分寸，不单独去异性房间，不单独与异性相处，就可避免很多麻烦。

对异性的挑逗及非礼要求，要委婉但明确地表示拒绝并设法找借口避开，必要时应采取断然措施。

（三）人际交往中的待人接物常识

人际关系是复杂的，处理人际关系大有学问。在处理人际关系时每个人都有自己的方式方法。下面介绍的是处理人际关系的一些常识，如果导游人员按此行事，客、导之间必然会友好相处，导游服务质量必将大大提高。

1. 自尊，但不贬人

一个人必须自尊、自爱，要尊重自己的人格，尊重自己的独立性和自主权。不过，自尊不是虚荣，不是清高自负，更不是用贬低他人的手段来抬高自己。

“相互尊重”是人际关系中必须遵循的基本原则之一。在人际交往中要尊重他人的人格、意见、劳动和权益（包括自主权和隐私权）；要尊重老弱病残，尊重妇女。

人人都想得到别人的尊重，但要让别人尊重自己，一要自尊，二要尊重别人。不尊重他人，自己就不可能得到别人的尊重，人与人之间也不可能和谐相处。

2. 信任，但不盲从

人际交往，应以诚、信待人，要“言必信、行必果”，时时按“合理而可能”原则办事，对人不信口开河，待人不口是心非，处事不草率从事。我们要信任他人，但不是盲从，遇事都要问个“为什么”，这样可少上当，少犯错误。

3. 谦虚，但不虚伪

谦虚随和是人之美德，君子之风。谦虚的基础是“坦诚”，虚情假意是虚伪。与人交往时要谦虚，但不是谦卑，更不是谄媚，谦虚是自尊尊人的表现，而后者则是有损人格的行为。

4. 老练，但不世故

老练是一个人成熟的标志，老练靠知识和经验的长期积累。一个老练的人能在万千世界中透过现象抓住本质，能随时摆正感情和理智的关系。

一个老练的人在待人接物时严肃谨慎，但不拘谨怯懦；能在适当场合适当显示自己，但不自我吹嘘、狂妄自大；有很强的自控能力，能随时控制自己的感情，能抵制外来的各种诱惑；与人相处时仪态落落大方，办事干练得体，但不圆滑世故。

5. 宽容，但不失原则

忍耐、宽容是君子之风，宽容随和体现了一个人的气度。宽容人是自己强大的表现，而不是怯弱。如果人间多一点尊重、多一点宽容，许多事情都可化干戈为玉帛。

宽容，就要以理解为上，善解人意，即善解人言之意，善解人行为之意，善解人难言之隐；就是要同情别人的不幸，关心别人的难处，体谅别人的苦衷。

忍耐、宽容，要做到严于律己，宽以待人，冷静处事，但绝不是无原则地一味迁就，姑息养奸。

6. 热情，但有分寸

与人交往，要轻松活泼，但不轻浮；要幽默风趣，但不油滑；待人要热情坦诚，但进退有度；与人要亲热相处，但不搞不正之风，不谋私利，不搞不正当的异性关系，不违法乱纪。

二、不同国家风俗习惯概况

不同的国家和民族，由于不同的历史、文化、宗教等因素，有其特殊的风俗习惯和礼节。尽管有些习惯在现代人看来缺乏科学道理，但这些习惯是千百年来沿袭下来的传统，是多数人恪守的祖规。了解这一点，导游人员在接待外国旅游者时可避免许多误会，也有利于提高导游服务的质量。

（一）英语主要国家的风俗习惯

英语国家主要包括英国、美国、加拿大和澳大利亚等国家。

1. 信仰禁忌

英语国家的宗教信仰复杂多样，但主要的信仰是广义上的基督教（新教和天主教）。

一个民族的风俗习惯往往和其宗教信仰有着直接的关系。英语民族普遍忌讳“13”日和“星期五”，认为这是不祥的日子。据说是因为“13”曾是出卖并使耶稣致死的犹大参加“最后晚餐”的排序数和神话中天国凶神的象征；而“星期五”则是耶稣被钉死在十字架上和亚当、夏娃偷吃禁果被逐出天堂的日子。如果“13”日和“星期五”碰巧在同一天时，这一天就被称为“黑色星期五”。所以，在日常生活中都尽量避开“13”这个数字和“星期五”这个日期，如门牌号码、旅馆房号、楼层号、宴会桌号、车队汽车的编号都会尽量避开“13”，宴会也不安排在“13”日或“星期五”举行，更忌讳“13”人同席共餐。

英语民族普遍不喜欢黑猫和百合花；认为碰撒了盐和打碎玻璃是凶兆，预示要发生口角或与朋友断交；打破镜子更是不祥之兆，碰响水杯也不吉利，因此，用餐时要尽量避免刀叉器皿碰撞杯子出声。

另外，英语民族还忌讳“3”，特别是在点烟的时候，忌用一根火柴或打火机点3支烟；忌同性跳舞，否则往往会被视为是同性恋者；忌在别人面前打喷嚏或咳嗽，不得已时，要背身掩面并致以歉意；忌打听别人私隐。

除上述共同点外，英语民族各国还有自己的一些特点。如英国人忌4人交叉握手；在社交场合，忌用菊花、杜鹃花、石竹花和黄色的花献给客人；在大庭广众面前，忌讳交头接耳，更忌讳拍打对方的肩膀；忌用大象、孔雀等动物图案。美国人忌黑色，偏爱白色和黄色，喜欢蓝色和红色，崇尚白头鹰，敬之为国鸟。

2. 礼仪习俗

现在国际上通用的社交礼仪基本上就是欧美的社交礼仪。但由于历史、文化背景不同，即使是同为英语国家的英国和美国，在礼仪习俗上也存在着各种差异。

英国人讲究服装得体，注意社交礼仪，习惯握手礼，但女子一般施屈膝礼，奉行“女士优先”的原则。对英国人要避免使用English（英格兰人）这个词，而要用British（不列颠人）。

美国人性格开朗、喜欢社交。他们在与互不相识的人交际时，贯于实事求是、坦率直言。即使是自我介绍时，他们也喜欢对自己的情况据实说出，愈真实愈好。对那些谦虚、客套的表白是看不习惯的。他们以好客著称，为了表示友好，使客人感到随便、不拘束，他们一般乐于在自己家里宴请客人，而不习惯在餐馆请客。他们很健谈，喜欢边交谈边用手势比画；彼此间乐于保持一定的距离，一般以50厘米左右间距为好。

3. 饮食习惯

英国人和澳大利亚人通常一日三餐加茶点。英国人不善于烹饪，饮食简单、口味清淡，他们看重饭桌上的礼仪，对饭菜本身并不在意。英国人爱吃牛羊肉、烤面包，他们创造的炸鱼、土豆条和三明治成为现代快餐业的标志。英国人每餐后都吃水果，进餐时喝酒，爱喝啤酒、葡萄酒和烈性酒，但绝不劝酒，更不灌酒。喝茶是英国人生活中的一种乐趣，英国人年均消费的茶叶量在西方各国中居于首位。看书、喝茶、足球和园艺是英国人最喜爱的休闲方式。

美国人和加拿大人一日三餐。美国人的饮食习惯五花八门，他们一般不在精美细致上下功夫，更讲求效率和方便。快餐在美国非常普及。晚餐是他们一天中最丰盛的正餐，他们习惯在餐后吃甜点喝咖啡，有睡前小吃的习惯。美国人喜欢保健食品，注重营养均衡。他们吃蔬菜水果讲究新鲜，对于菜肴味道喜欢清淡，吃肉要少而瘦，吃鸡鸭要去皮，喝牛奶要脱脂，喝咖啡尽量不放糖，喜欢吃豆制品，喜欢喝可乐、啤酒、冰水、矿泉水、威士忌、白兰地等，不喜欢在餐碟里剩食物，认为这是不礼貌的。

加拿大人对法式菜肴比较偏爱，面包、牛肉、鸡肉、土豆、西红柿等物为日常之食。从总体上讲他们以肉食为主，特别爱吃奶酪和黄油。加拿大人重视晚餐，在饮食上讲究菜肴的营养和质量，注重菜肴的鲜嫩，口味一般偏爱甜味，不喜欢太咸，习惯饭后喝咖啡和吃水果。他们忌吃虾酱、鱼露、腐乳等有怪味、腥味和辣味的食物，忌食各种动物内脏和脚爪，不爱吃肥肉。

（二）拉丁语族国家的风俗习惯

拉丁语族国家主要包括意大利、法国、西班牙、葡萄牙等国家。

1. 信仰禁忌

拉丁语族国家主要信仰天主教，意大利是全世界天主教的中心。拉丁语族国家在很多方面与英语国家相近。他们共同的禁忌主要有：谈话忌询问对方隐私，如年龄、学历、职业、婚姻状况、子女情况、家庭收入、宗教信仰、政治倾向等；握手忌讳交叉握手，也忌讳一只手插在口袋里，另一只手和别人相握；忌讳数字“13”，但把“3”“7”看作吉祥数字；忌食狗肉，更忌杀狗，在这点上其他欧洲人也一样，把狗看作朋友。

法国人对每一种花都赋予了一定的含义，所以给法国人选送花时要格外小心。在当地菊花表示哀悼，玫瑰花表示爱情，秋海棠表示忧虑，兰花表示虔诚，郁金香表示爱慕之情，报春花表示初恋，水仙花表示冷酷无情，金盏花表示悲伤，雏菊花表示渴望见到你，百合花表示尊敬，大丽花表示感激，金合欢表示信赖等。此外，法国人视鲜艳色彩为高贵，认为蓝色是宁静和忠诚的色彩，粉红色是积极向上的色彩。但法国人厌恶墨绿色，忌讳核桃，忌用黑桃图案，商标上忌用菊花。法国人还视孔雀为恶鸟，忌讳仙鹤（认为它是蠢汉与淫妇的象征）、乌龟，认为杜鹃花、纸花不吉利。

意大利人忌送人菊花，因为它是丧仪之花；忌送手帕，因为它象征别离；忌把盐撒在地上，认为那是对主人最大的不尊敬，而主人向客人敬盐则是表示欢迎。意大利人喜欢绿、蓝、黄三种颜色。他们偏爱雏菊，认为它象征着意大利人的君子风度和天真烂漫。

西班牙人喜欢石榴花，忌讳菊花和大丽花，而且每月13日不送花，送花不送13支。西班牙人忌讳别人对他们酷爱的头牛和奔牛说三道四；忌讳男人拿把扇子在街上走。

2. 礼仪习俗

拉丁语族国家的人的见面礼有握手、亲吻、拥抱三种方式。他们做客时迟到10~20分钟是常事，一般不会准时；做客时一般会带一点小礼物，如一束鲜花、一盒糖果、一瓶酒等。

法国人待人接物十分注重礼节和礼貌用语，对妇女谦让有礼，即所谓的“骑士风度”是法国人引以为傲的传统。西班牙人乐观悠闲、热情奔放、穿戴讲究、能歌善舞，西班牙男士以握手和拥抱来表达问候，女士则相互施吻面礼表达问候，吻面礼在亲朋好友之间也通行。西班牙人有晚睡晚起的习惯，一般早上10点之前不要上门做客。

3. 饮食习惯

相对于欧洲其他民族，法国人、意大利人、西班牙人都是善饮、善食，讲究烹饪的民族，尤其是法国大餐被誉为欧洲之冠，是西餐的代表性流派。这些国家都盛产葡萄酒，酒的名目繁多，是家庭中必备饮料。在午饭和晚饭时，无论男女老少，很少有人不喝葡萄酒；客人来了也以酒相待；就是喝咖啡也要掺上些酒。他们喝酒的方式十分讲究，一般在饭前喝开胃酒，席间视菜定酒，吃鱼时喝白葡萄酒，吃肉时喝红葡萄酒，餐后喝少量加冰块的烈性酒，以助消化。在正式宴会上，每一道菜都配有一种不同的酒。他们的第二个共性是喜欢喝咖啡，咖啡馆比比皆是。他们共同喜爱的食品是奶酪、生火腿、鸡蛋土豆煎饼。

此外，拉丁语族的人在饮食方面也有很多不同点，如意大利人喜爱吃面食和米饭；法国人爱吃蜗牛；西班牙人喜爱吃海鲜、烤牛肉和菜汤。

（三）日耳曼语族国家的风俗习惯

日耳曼语族国家主要包括德国、奥地利、瑞士、比利时、荷兰、丹麦、瑞典、挪威等。这些民族的语言虽然有或大或小的差异，但从语源上说都是以古日耳曼语为母语逐渐演变来的。

1. 信仰禁忌

日耳曼民族的宗教信仰主要是基督教的两大派流——新教和天主教。位置靠南的民族多信仰天主教，位置靠北的民族大都信仰新教。

德国人对烟囱清洁工有一种特殊的迷信，认为在路上遇到烟囱清洁工会有好运。德国人在所有花卉之中，对矢车菊最为推崇，并且选定其为国花。在德国，不宜随意以玫瑰或蔷薇送人，前者表示求爱，后者则专用于悼亡。德国人对黑色、灰色比较喜欢。赠送德国人礼品，不宜选择刀、剑、剪、餐刀和餐叉；到德国人家中做客忌带葡萄酒。以褐色、白色、黑色的包装纸和彩带包装、捆扎礼品，也是不允许的。德国人忌黑猫、公羊、仙鹤、孔雀等动物，赠送礼品都要回避这些图案；核桃也是忌讳之物。

奥地利人把马、龙、蛇、猫、狗视为吉祥之物，喜欢用它们作装饰图案；他们崇拜火；新年忌吃虾。

瑞士人忌背后议论其他民族；忌谈金钱，一般不向别人借钱借物；忌讳与人初识时攀亲戚、论辈分。

比利时人忌蓝色，忌谈论政治、宗教话题。在比利时，狮子象征北部的弗拉芒人，公鸡象征南部的瓦隆族人，我们与比利时人交谈时，要尊重这两种动物，而且要避免比较北部的弗拉芒人和南部的瓦隆族人。

荷兰人在星期六和星期日禁止弹奏乐器，星期日要保证他们的绝对休息，商店等场所都要停止营业，否则会遭白眼。

丹麦人有一种高度的趋同心理，不喜欢与众不同。关注人权、动物权；忌在门口聊天、谈话，视天鹅为仙鸟，对黑猫很反感，忌讳从梯子下面走过。

瑞典是个半禁酒的国家，到瑞典人家做客不要送酒。

挪威人喜爱红色，赴宴时喜欢用带点红色包装的小礼物；交谈保持稍远的距离（约1.2米）。

芬兰是桑拿浴的故乡，芬兰人酷爱桑拿，并认为桑拿浴是圣洁之事。

2. 礼仪习俗

日耳曼诸民族的见面礼与英语民族的大同小异，以握手礼最为普遍，拥抱礼和亲吻礼不多用。日耳曼诸民族以时间观念强著称，迟到被视为极失礼的行为。登门拜访必先预约。另外，德国人对于四个人交叉握手，或者在交际场合进行交叉谈话，也比较反感，因为这都被他们看作是不礼貌的。

3. 饮食习惯

德国人在三餐中很看重早餐，饮料、主食、肉类一应俱全。德国烹饪是以多种多样的肉肴和面包片为特征的。德国菜不像法式菜那样复杂，也不像英式菜那样清淡，其特点是食用生菜较多，很多菜都带酸味，德国的特产是各种各样的香肠，现在风靡一时的快餐食品“汉堡包”，也是德式的汉堡肉扒演变而成的。喝酒是德国人的一种偏爱，他们主要喝啤酒和葡萄酒。德国啤酒总共有 5 000 多种，因种类繁多而闻名于世。瑞士以法式烹调为主，以生产巧克力闻名。比利时人的饮食习惯与法国人和荷兰人相近。瑞典人、丹麦人、挪威人都喜爱吃生冷蔬菜和食品，瑞典人尤甚。

（四）斯拉夫语族国家的风俗习惯

斯拉夫语族是印欧语系中三大语族之一，包括国家很多，这里主要介绍俄罗斯的情况。

1. 信仰禁忌

俄罗斯人大多信仰东正教，少数人信仰伊斯兰教和天主教。在与俄罗斯人的交往中，握手和递送物品都不能伸左手。他们忌讳谈论对方的胖瘦，女性对此尤为敏感，也不宜谈论其他个人隐私。送花要送单数，俄罗斯人认为双数不吉利。俄罗斯人认为打碎镜子意味着灵魂的毁灭，个人生活将出现不幸；而打碎杯子和碗，特别是盘子和碟子则意味着富贵和幸福。他们忌讳送刀子、剪子之类的利器；不能在门槛上握手；忌讳在桥上告别。

对于数字，俄罗斯人忌讳“13”，而喜爱“1”和“7”。“1”代表开始，标志着从无到有；“7”被认为是幸福和成功。

2. 礼仪习俗

俄罗斯人注重礼貌，见面时互相致意问好。一般的见面礼是握手，但握手时要脱下手套，并且不能拉对方的手。久别的亲朋好友相见时，常用拥抱礼和亲吻礼，男士一般亲吻女士的手背，父母亲吻儿女的额头。在隆重的场合，俄罗斯人用“面包加盐”的方式迎接贵宾，以表示最高的敬意和最热烈的欢迎。

在俄罗斯称“您”或“你”有严格界限。“你”一般用于称呼 16 岁以下的儿童、近亲或同层级的同事之间以及年轻人之间。“您”一般用于称呼老年人、陌生人（儿童除外）和领导人。对儿童可直呼其名，而对老年人、陌生人和领导人则应呼其名字加父称。

3. 饮食习惯

在饮食习惯上，俄罗斯人讲究量大实惠，油大味厚。他们喜欢酸、辣、咸味，偏爱炸、煎、烤、炒的食物，尤其爱吃冷菜。俄罗斯以面食为主，很爱吃用黑麦烤制的黑面包。除黑面包之外，俄罗斯人大名远扬的特色食品还有鱼子酱、酸黄瓜、酸牛奶，等等。吃水果时，他们多不削皮。在饮料方面，俄罗斯人很能喝冷饮。具有该国特色的烈酒伏特加，是他们最爱喝的酒。

（五）日本、韩国、泰国的风俗习惯

1. 日本

（1）信仰禁忌。日本人多信仰神道和佛教。日本人喜爱鲜艳、活泼和明快的色调，不喜欢紫色，认为它代表悲伤；最忌讳绿色，认为是不祥之色。日本人忌讳荷花，认为荷花是丧花；探望病人忌送山茶花和白色、淡黄色的花。日本人不愿接受菊花或菊花图案的东西或礼物，因为它们是皇室家族的标志。在日本，因为“4”与“死”谐音，“9”与“苦”谐音，所以日本人忌“9”“4”等数字。就像欧美人不喜欢“13”一样，日本人的房号、楼号、餐桌号、车号、礼品数都避免以“4”开头或结尾。送礼时不宜将梳子和手帕作为礼物，因为梳子发音与“苦死”相同，手帕容易让人联想到擦眼泪。日本忌3人一起合影；忌讳用餐过程中整理自己的衣服或用手抚摸、整理头发，因为这是不卫生和不礼貌的举止。日本人用筷子很讲究，他们将筷子放在筷托上，忌把筷子放在碗碟上面，不能用一双筷子依次给每个人夹菜等。

（2）礼仪习俗。日本以“礼仪之邦”著称。在日本用得最多的礼节是鞠躬礼，鞠躬的深度和时间视对象的不同而有所差异。

日本人最忌直呼其名，只有家人或十分亲密的朋友才可以这样。在日本，与地位高的人谈话时，一般使用不带姓的头衔。日本人一般不喜欢自我介绍。当相互介绍时，日本人讲究先介绍地位低的人，后介绍地位高的人，还要介绍每个人与介绍人的关系以及他们的头衔和所在的公司。

日本人对坐姿很讲究。在学校、公司一般都坐椅子，但在家里，日本人仍然保持着坐“榻榻米”的传统习惯。他们称坐在“榻榻米”上的正确坐法为“正坐”，把双膝并拢跪地，臀部压在脚跟上。轻松的坐法有“盘腿坐”和“横坐”。盘腿坐即把脚交叉在前面，臀部着地，这是男性的做法。“横坐”是双腿稍许横向一侧，身体不压住双脚，这主要是见于女性的坐姿。

日本人注意衣着仪表的美观，平时穿着大方整洁，公开场合一般都要着礼服。节日或集会时他们最喜欢穿的还是传统的和服。在天气炎热的时候，不随便脱衣服，如果需要脱衣服，要先征得主人的同意。

（3）饮食习惯。日本人的饮食习惯，主食以大米饭为主，副食主要是蔬菜和鱼类，尤其爱吃生鱼片和寿司。按照日本人的风俗，饮酒是重要的礼仪。日本人以酒待客时，认为客人自己斟酒是失礼的，得由主人或侍者斟，方法是右手持壶，左手托壶底，壶嘴不能碰杯口。客人要右手持杯，左手托杯底接受斟酒为有礼。一般情况下，接受第一杯酒是有礼的，但谢绝第二杯酒却不为失礼。日本人在饮食中的忌讳很多，一般不吃肥肉和猪内脏，也有人不吃羊肉和鸭子，喜欢喝绿茶和咖啡，也喜欢喝清酒和啤酒。

2. 韩国

（1）信仰禁忌。韩国人多信仰基督教和佛教。忌将“李”姓解释为“十八子李”。

他们喜欢白色衣料；交接东西要用右手，韩国人认为“右尊左卑”；迷信生辰八字；韩国人喜欢单数，忌讳双数，对“4”非常反感，在编号时，一般不用“4”字，送礼也不送“4个”或“两双”；忌用手指指人；站立交谈时不能背手；忌用餐时戴帽子，以及吃光盘中菜。

（2）礼仪习俗。韩国人待客十分重视礼节，非常注重身份、地位的高低，有敬老的传统。男性见面要相互鞠躬，热情握手，并道“您好”。若与长辈握手时，韩国人讲究以左手轻置于其右手之上，躬身相握，以示恭敬；别时，握手说“再见”。异性之间一般不握手，通过鞠躬、点头、微笑、道安表示问候。进门或出席某种场所，要请客人、长辈先行。用餐，请客人、长辈先入席，不可先于长者动筷。与客人或长辈递接东西，要先鞠躬，然后再伸双手。见面时，一般用咖啡、不含酒精的饮料或大麦茶招待客人，有时候还加上适量的糖和淡奶。韩国很多人养成了通报姓氏的习惯，并和“先生”等敬称联用。如果要拜访，必须预约，并带一份小礼物（不要送外国烟），用双手奉上。接受礼物者不能当着赠送者的面把礼物打开。敬酒时用右手拿酒瓶，左手托瓶底，鞠躬致祝辞，最后再倒酒，且一连三杯。敬酒人用自己酒杯的杯沿去碰对方的杯身，敬完酒鞠躬后才能离开；被敬者要转身、背脸、仰头喝酒，并回敬。

韩国人注重服饰，男子穿西服、系领带。韩国人传统的民族服装现在只在婚礼、大型活动等重要庆典及传统节假日时才穿。进屋脱鞋是韩国人的传统习惯。

（3）饮食习惯。韩国人主食是米饭、冷面，大酱汤与泡菜是副食中不可缺少的两道菜。韩国部分传统名菜（烧肉、冷面）已经成了世界名菜。韩食以泡菜文化为特色，一日三餐都离不开泡菜。泡菜的主料是白菜、萝卜，作料是辣椒、大蒜、大葱，有时还要佐以鱼虾酱加以腌制。汤也是每餐必不可少的，酱是韩国各种菜汤的基本作料。拌饭也是韩国有代表性的美食。韩国人爱吃辣和酸，尤以酸辣白菜最为爽口。

3. 泰国

（1）信仰禁忌。泰国人信仰佛教，其禁忌多与佛教有关。泰国人忌讳用脚指物或指人，即便是坐着时，也不允许将脚尖对着别人，此举被视为不礼貌的做法。抚摸对方头颅或挥手越过别人头顶，都被视为有侮蔑之意，是禁忌的动作。泰国人认为右手高贵，而左手只能用来拿一些不干净的东西，因此，给别人递东西时都要用右手，以示敬意，在比较正式的场合递东西时，还要双手奉上。寺庙是泰国人公认的神圣地方，因此凡入寺庙的人，衣着必须端庄整洁，不可穿短裤、短裙、无袖上装或其他不适宜的衣服。在寺庙内，可以穿鞋，但进入佛殿时，必须脱下鞋子，并注意不可脚踏门槛。每尊佛像，无论大小或是否损毁，都是神圣的，绝对不可爬上佛像拍照，或者对佛像做出失敬的动作。

（2）礼仪习俗。泰国是一个传统礼仪之邦，泰国人温和谦恭，热情好客，故有“微笑国度”之美称。泰国是佛教之邦，佛教在泰国社会生活中有深刻的影响，泰国人的礼仪一般都沿用佛教的礼仪。除非在相当西化的场合，泰国人见面时不握手，而是双手合掌致意。合掌级别分为 4 种：平民见国王，双手举过头顶；小辈见长辈，双手举到前额；平辈相见，双手举到鼻子以下；长辈见小辈，双手举到胸前即可。

给客人戴花环和花串是泰国民间一种尊贵的礼节，表示对客人衷心的欢迎和祝福。

花环和花串是用新鲜的泰国兰花、茉莉花等制作而成，香气袭人。主人通常在客人下飞机时，或在游船上将花环或花串献给客人，以示欢迎。

（3）饮食习惯。泰国人以大米为主粮。由于地处热带，泰国人喜欢食用富有刺激性的调味品，如辣椒、葱、蒜、姜等，泰国人非常喜欢吃辣椒，民间有“没有辣椒不算菜”的俗语，并常用生菜蘸酱佐餐。泰国人最爱吃民族风味的“咖喱饭”。餐后点心通常是时令水果或用面粉、鸡蛋、椰奶、棕榈糖做成的各式甜点。

（六）阿拉伯—伊斯兰教国家的风俗习惯

1. 信仰禁忌

据统计，全世界国民50%以上信仰伊斯兰教的国家有38个。信仰伊斯兰教的人有许多共同的禁忌，如严格禁食猪肉；禁止饮酒；禁止女性暴露躯体肌肤；严禁崇拜真主以外的任何偶像；男女界限分明；普遍忌讳右手。

埃及人喜欢绿色、白色，忌讳黑色与蓝色，喜欢金字塔型莲花图案，禁穿星星图案的衣服，有星星图案的包装纸也不受欢迎。他们禁忌猪、狗、猫、熊等动物；喜爱数字“3”“5”“7”“9”，忌讳“13”。在正式用餐时，忌讳交谈，否则会被认为是对神的亵渎行为。沙特阿拉伯人崇拜蓝色和绿色。马来西亚人视白色为不吉，也忌用黄色。伊朗人忌讳向前伸出大拇指，认为是侮辱人；忌讳在别人面前打哈欠、打嗝。印度尼西亚人和马来西亚人均视头部为最神圣的地方，任何人都不可随便触摸他们的头部，连小孩子也不例外，也不能用右食指去指人、指物。

2. 礼仪习俗

相遇要互致问候或施见面礼。如果是熟人，阿拉伯人、土耳其人、巴基斯坦人要行拥抱礼或贴面礼；孟加拉国人行握手礼；马拉人见面行触手礼。还有些人习惯行鞠躬礼。一般，女性之间出于礼貌或表示亲热，常采用温柔的贴面礼；异性之间通常用握手礼，也可不握。

3. 饮食习惯

他们以牛、羊、骆驼和鸡、鹅等家禽为主，以烧烤为多见，平时多以玉米、大饼和手抓饭为食，爱吃甜点，喜欢喝红茶和咖啡。

三、中国部分少数民族待客礼仪

中国有56个民族，不同民族有不同的待客礼仪和风俗习惯，在此仅以部分少数民族的待客礼仪为例。

（一）蒙古族

“长者为尊西为大，敬酒敬茶献哈达”是蒙古族人礼貌好客的真实写照。按蒙古族习惯，有客必待，不论是远亲还是近邻，不管是常来的熟客还是初来乍到的陌生人，蒙古族人都是以满腔热情真诚款待。牧民家，一般以肉和奶制品待客。客人一到，首先是互相问候，待客人坐定，女主人端上一碗馨香的奶茶，并摆上各种奶食品、炒米、手把羊肉等，其间敬酒是必不可少的。奶茶用银质的碗盛着，与哈达一起献上。哈达质料是布，也有纺织品；颜色分为白色、蓝色、黄色，以白色居多。主人手捧哈达，躬身把它举过头顶，恭敬地递给客人。客人接到哈达，表示谢意后，要恭敬地奉还。对平辈、下属客人，则要将哈达系在对方的脖颈上，献哈达是最普通也是最尊贵的礼节。敬酒时，要右手举杯、左手托肘，恭敬地把酒杯交到客人手中。

奶茶是蒙古族人在日常生活中必不可少的食物。主人端来奶茶，客人应欠身双手去接。牧民家的“扒肉”，是别具风味、鲜嫩可口的。用手扒肉待客有一定的礼仪程序：较讲究的是用一条琵琶骨肉配四条长肋骨肉进餐；牛肉则用一只脊柱内配半截肋骨及小段肥肠敬客；出嫁的女儿回娘家，则以羊胸脯相待；肥羊尾一般都是年长者吃；特别忌讳的是未婚男青年和小男孩吃羊尾肉，据说吃了羊尾肉，男孩子长大成婚时，所骑乘的马撒野不听驯服；小腿骨、下巴骨和脖子肉等，则都是给家庭晚辈和小孩吃的；吃肉时须用刀，给人递刀时忌刀尖朝向接刀者。摆全羊席是隆重的喜庆酒会和宴会必选，蒙古语称之为“乌察”“秀斯”，或“布和勒呼压”。席间可高歌敬酒、助兴，主人先膝落地，酒杯高高举起，唱敬酒歌，歌词大意一般都是请您放开海量多喝一杯等吉祥的祝词。

蒙古族牧民虽好客，但做客的忌讳也比较多。到牧民家做客，接近蒙古包时，要在蒙古包附近勒马慢行，待主人出包迎接，并在狗被看住后再下马，以免狗扑过来咬伤人。千万不能打狗、骂狗，蒙古族人认为狗是人类的朋友。客人进蒙古包时，要注意整装，切勿挽着袖子把衣襟掖在腰带上，也不可提着马鞭子进去，要把鞭子放在蒙古包门的右方，并且要立着放；进蒙古包后，忌坐佛龛前面，否则主人就会冷待客人，并认为客人不懂礼俗，不尊重民族习惯；客人离开时也要走原来的路线，要走一段路，等主人回去后再上马。蒙古包后面立着的木头杆子是为了纪念苏武的，平时不准外人随便走近它。

到牧民家做客，出入蒙古包时，绝不许踩蹬门槛。农区、半牧区的蒙古人也有此禁忌。蒙古族还忌讳生人用手摸小孩的头部；忌乱摸乱动有宗教意义的法器、经典、佛像、佛阁等。敖包上的石头、树枝忌随便拿走。蒙古族崇拜火、火神和灶神，他们认为火、火神或灶神是驱妖避邪的圣洁物。所以客人在进入蒙古包后，禁忌在火炉上烤脚，更不许在火炉旁烤湿靴子和鞋子，不得跨越炉灶，或者脚蹬炉灶，不得在炉灶上磕烟袋、摔东西、扔脏物，不能用刀子挑火、将刀子插入火中，或者用刀子从锅中取肉等。

（二）藏族

藏族有句谚语：“最好的食品留给客人吃，最好的衣服留给自己穿。”藏族人待客热情周到，若有宾朋登门，定会倾其所有，拿出好酒好茶好菜盛情款待。藏族饮茶和饮酒礼仪习俗很多：平时在家喝茶各自用自己的茶碗，不能随便用他人的碗；喝茶时，碗中的茶不能随便喝干，而是喝一半或一大半，斟满后再喝；结束喝茶时，茶水不能全部喝干，而要留下少许，表示茶永远喝不完，财富充足，寓意颇深。若客人到来，女主人会取出珍藏的擦拭得光亮照人的瓷碗摆放于客人面前，并端起茶壶轻轻摇晃数次（壶底须低于桌面），斟满酥油茶后双手端碗躬身献给客人。客人接茶后不能急匆匆张口就饮，而是缓缓吹开浮油，饮啜数次后碗内留下约一半，将茶碗放于桌上，女主人会续满，客人不能立刻端起就饮，而是在主人一次次敦请下边同主人拉话边慢慢啜饮。客人每次饮茶后主人会很快添满，使茶碗保持盈满状态。客人至，一般需饮茶3碗，只喝1碗就不吉利，藏谚道："一碗成仇"。在节日婚庆或众多人聚会场合，饮酒一般是先向德高望重的长者敬献，然后按顺时针方向依次敬酒。敬酒者一般应用双手捧酒杯举过头顶，敬献给受酒者，特别对长者更是如此。而受酒者先双手接过酒杯，然后用左手托住，再用右手的无名指轻轻地蘸上杯中的酒，向空中弹一下，如此反复三次，有的人口中还要轻声念出"扎西德勒平松措……"等吉祥的祝词，然后再饮。弹酒三次是对天、地、神的敬奉和对佛、法、僧三宝的祈祝。饮酒时不能一饮而尽，而要遵循"三口一杯"制。在弹酒敬神后，受酒者应先饮一口，敬酒者续满酒杯，受酒者第三次饮一口斟满后将杯中酒一饮而尽。滴酒不剩者，才是最有诚意的。

有酒就有歌，聚会饮酒时，歌是必不可少的。向他人敬酒时，敬酒人一般要唱酒歌。若不唱，受酒者可以拒绝饮用。敬酒人献上酒，受酒者接过酒杯，即可要求敬酒人唱酒歌。有时敬酒者斟满杯中酒，走到宾客前即开始唱酒歌，唱到一半时，再将酒杯敬上，唱完酒歌再履行弹酒仪式及饮酒。

献哈达是藏族待客最普遍的一种礼仪。佳节之日互献哈达，祝贺节日愉快、生活幸福；迎宾时奉献哈达，表示一片虔诚，祈祷菩萨保佑。哈达是藏语，即纱巾或绸巾。它以白色为主，亦有浅蓝色或淡黄色的，一般长约1.5~2米，宽约20厘米。最好的是蓝、黄、白、绿、红五彩哈达。五彩哈达用于最高最隆重的仪式，如佛事等。

磕头是西藏常见的礼节，一般是朝觐佛像、佛塔和活佛，也有对长者磕头的。鞠躬是对长者或尊者所施之礼，行礼时要脱帽、弯腰45度，帽子拿在手上低放。如果对一般人或平辈行鞠躬礼，帽子放在胸前、头略低即可。有时合掌与鞠躬并用，对尊敬者合掌要过头，弯腰点头。回礼动作也相同。

藏族的禁忌较多：接待客人时，无论是行走还是言谈，总是让客人或长者为先，并使用敬语，忌讳直呼其名。迎送客人，要躬腰屈膝、面带笑容、室内就座，要盘腿端坐，忌男女混坐，一般男左女右，不能双腿伸直，脚底朝人，不能东张西望。接受礼品，要双手去接；赠送礼品，要躬腰双手高举过头。敬茶、酒、烟时，要双手奉上，手指不能放进碗口。藏族人绝对禁吃驴肉、马肉和狗肉，有些地区也不吃鱼、虾等水生动物。忌在别人后背吐唾沫、拍手掌。行路遇到寺院、玛尼堆、佛塔等宗教设施，必须从左往右绕行；不得跨越法器、火盆、经筒；经轮不得逆转。进寺庙，须经主事喇嘛同意；禁止在庙内吸烟、摸佛像、翻经书、敲钟鼓等。忌讳别人用手触摸头顶。用餐时，专碗专用，碗和茶具不能倒扣放置；喝水必须用勺子舀上倒在碗里喝；用刀吃手抓羊肉时，必须将刀把让给对方，禁忌刀刃向着别人。不能在酥油灯上点香烟；不能乱打乱赶狗。

（三）维吾尔族

维吾尔族热情好客，崇尚礼节，讲究礼貌。如对长者要尊敬，走路让长者先行，谈话让长者先说，坐下时让长者坐在上座；小辈在长者面前不准喝酒、抽烟；亲友相见必须握手问候，互相致礼和问好，然后右臂抚胸，躬身后退步，再问对方家属平安；

妇女在问候之后，双手扶膝，躬身道别。

在民间迎宾待客的社交活动中，“给洗手水”是一项必不可少的礼仪。主人亲自或安排专人向客人掬起的手掌倒水，服侍客人洗手一般在宾主寒暄之后、进食之前进行。

在维吾尔族家中做客，一定要注意礼貌。在屋内坐下时，要求跪坐，禁忌双腿伸直，脚底朝人。接受主人的物品时要双手，单手接受物品被视为缺乏礼貌的举动。吃饭时不能随便拨弄盘中食；不能随便到锅灶前面，不能剩饭；若饭屑不慎落地，要将其拾起放在餐布上，而不能放进共用的盘中；吃饭或与人交谈时，禁忌做出擤鼻涕、打哈欠、吐痰等不文明的行为。

维吾尔族信奉伊斯兰教，在饮食方面，禁吃猪肉、驴肉、狗肉、骡肉，自然死亡的牲畜一律不食。在清真寺和麻扎（墓地）附近禁止喧哗；在衣着方面，忌服饰过于短小，上衣一般要过膝，裤腿达脚面，最忌在户外穿着短裤。青壮年妇女一人在家时忌外人进入；新婚夫妇的洞房忌随便闯入；门上挂红布条，表示妇女分娩或小孩出疹子，忌外人入内；不要和妇女开玩笑；在公共场合忌光着上身，更不能穿着背心、裤衩到别人家里去；忌背后议论别人的短处；禁止在住地附近、水源旁边、墓地、清真寺周围和果树下面大小便、吐痰或倒脏水；禁止携带污浊之物进入墓地或清真寺；禁止在墓地附近修筑猪圈、厕所，不许从墓地上取土，不许牲畜在墓地内乱跑；不得用自己的水桶或罐子在水井或涝坝内打水，要先用公用水桶打水，然后倒入自己的桶或罐内。

（四）白族

白族以尊老爱幼、扶持弱小、敬客如宾为美德。在白族，即使是陌生的不速之客，也会受到主人热情款待；在人称谓前往往加一个“阿”字，表示尊敬和亲切。客人光临，必以烤茶招待，白族茶礼一般斟三道，俗称“三道茶”，即头苦、二甜、三回味，一道为纯烤茶，二道加核桃片、乳扇和红糖，三道加蜂蜜和几颗花椒，三道茶是白族对尊贵的客人的招待；吃饭时，长辈坐首位，晚辈依次坐在两旁或对面，随时为长辈添饭加汤，热情侍候。男女客人一般不同席入座，饭前饭后休息，男女各有客堂。

白族崇尚白色，以白色衣服为贵。主要禁忌有：访友或探望病人，不要在上午，以下午或晚间为宜；进门忌蹬坐门槛；年节正月初一这天，不能到别家串门；待客时有“酒满敬人，茶满欺人”的礼俗，斟茶只能斟半杯，喝完再续，斟满杯茶端给客人，被视为不礼貌。

（五）彝族

彝族人好客，有“客人的辈数比主人大三千”的习惯。客人到访，无论远近、生熟，也不论什么民族，都要招呼进屋坐，安排其食宿。来客招呼在火塘边“嘎哈”（上方）就座，以示尊敬。到彝家做客，不能坐在堆放东西和睡铺的下方和左方。客人落座后，主人先在火塘内加柴，烧成熊熊火焰，屋内充满明亮和温暖；接着敬烟（兰花烟）、敬寡酒（无下菜酒），不会喝也要尝一尝，否则是对主人不恭；然后主人宰牲待客，杀鸡为普通招待，杀羊和小猪为上等招待，杀牛为特殊招待。猪头或牛羊膀肉舀给谁，就表示招待谁。

彝族好酒，待客必须有酒，即为“无酒不成席”，民间有“汉人贵茶，彝人贵酒”之说。彝族咂酒，其酿造历史悠久，制作工艺奇异，味道纯正独特，饮法别具风格。几人对饮时，咂酒共贮于一坛内，各执咂酒竿一支，伸入同一坛内吮吸，握竿动作、咂饮程序、对饮量等，都有一定规矩。彝族逢年过节，婚丧大事及接待嘉宾时都常用咂酒。共饮时，除同享咂酒的美味外，还给人以亲密、友好、热情、豪放的感觉。

尊长爱幼是彝族人的美德。在路途上遇见长辈，幼辈必须先招呼，待长辈走后，幼辈才能走。在家里，长辈入座后，幼辈才能入座，长辈上座，幼辈下坐。

彝族禁忌较多，彝族人最忌别人对他们有不尊的称谓。他们忌讳生人跨入供奉神灵的地方；忌讳抓扯男人的“天菩萨”（男子头顶的长发）；忌讳吃狗肉、猴肉、马肉；忌讳乌鸦、猫头鹰、狐狸在自家周围叫；忌讳用脚踏或用物敲打锅庄石；忌讳从火塘上方跨过；忌讳向火塘内吐口痰；忌讳骑马过别家门前，若在途中遇见长辈或兄长，要下马招呼；禁止在席上敲打餐具；不准乱打别人的狗；禁止捕杀布谷鸟；灵牌是祖灵的化身，禁外人挨近或不洁之物摆放周围；火把节时，忌在田地中间随意走动，否则会招来虫灾；忌白天点着火把到处走动，忌从屋里相继点着两把火把走出；家中有人出门远行，忌随后扫垃圾出门。彝族有敬“神树”的习惯，“神树”严禁砍伐，祭祀时忌外人观看。彝族人大年初一忌讳很多，不许扫地，否则，会把财气扫走；不许泼水，否则，一年四季雨水多，不利于农耕；不许串门、拜年，否则，凶神恶鬼会到处乱窜，惹祸招灾。

（六）羌族

羌族是个重礼仪的民族，他们在各种社会交往中，处处以礼待人，讲究长幼有序，待客热情，尊重师长，重义气，他们纯朴真诚，忌讳不雅之习。家庭里的一切事宜，首先要征得老人长辈的同意。老年人和长辈进屋，屋内的人都要起身迎接。宴席上老人、长辈坐上位，而后其他人才可入座。幼辈要给老人、师长敬酒、敬歌、盛茶、盛饭。家中或村寨举行的各种庆典上，要安排老年人、长辈首先发言。饮咂酒时首先由老年人、长辈致开坛词并以长老顺序饮之。路遇老人、师长，要让立路旁，骑马遇老人、师长，要下马行礼、问安。歌舞开始由老人长辈领唱。不得顶撞老人长辈。儿女、晚辈不得直呼父母、长辈的名字。对长辈要使用敬语。对小孩倍加关怀爱护，尽力使其不受疾苦。

羌族好客尚礼，家中来客，全家热情相迎，嘘寒问暖。远客临门，立即备酒饭茶招待，并献敬酒歌。客人进房要让座于上方，招待咂酒、糖食、水果、茶水，唱敬酒歌以示祝福。客人谈话，不能随意打断。晚上睡觉，先安排客人睡下，除老人外，不得先于客人睡觉。早上起床，要向长辈、老人和客人问安。有客人和长辈及老人在场不准跷腿而坐。坐火塘四周，男女、宾主有别。任何人不得把脚放到火塘上面。客人不能擅自随意进入其他房间，以示对主人家尊重。客人要走时，主人家要表达挽留，当客人要离开时，主人要在家中及门外敬送路酒并热情欢送到寨外目送一程。客人无论尊卑贵贱，踏入别人村寨附近要下马，不得吆喝嬉戏，以示对该村寨之尊重。

羌族有饮咂酒的待客礼仪。家有贵宾至，主人往往请客人喝当地特有的泡坛酒

（“咂酒”），以表敬意。他们会先将桌子和盛有糯米酒的酒坛放在堂屋中，桌子四周不设座，客人围桌而立。饮前，主人叫主妇出来启封开坛，并端上一只盛满热水的盆或碗。人们以通节细竹就水中一吸，然后注入酒坛中，使酒不欠不溢。接着，主客轮流以细竹吸酒而饮。酒液将完时，须加水，直到酒味清淡为止。

在羌族做客要注意，客人在主人家不能随意进入侧房或上楼；饭后不能把筷子横放在碗上，也不能倒扣酒盅，因为这是敬鬼仪式；忌坐门槛和楼梯；正月初一忌大声叫骂，要把火钳、绳子、菜刀藏起来，因为这些东西象征着不吉利。

（七）壮族

壮族是个好客的民族，客人到家，必在力所能及的情况下给客人以最好的食宿，对客人中的长者和新客尤其热情。用餐时须等最年长的老人入席后才能开饭；长辈未动的菜，晚辈不得先吃；给长辈和客人端茶、盛饭，必须双手捧给，而且不能从客人面前递，也不能从背后递给长辈；用餐结束后要逐个对长辈、客人说“慢吃”，之后再离席；晚辈不能最后用完餐。

尊老爱幼是壮族的传统美德。路遇老人要主动打招呼、让路，在老人面前不跷二郎腿，不说污言秽语，不从老人面前跨来跨去。杀鸡时，鸡头、鸡翘必须敬给老人。路遇老人，男的要称“公公”，女的则称“奶奶”或“老太太”；遇客人或负重者，要主动让路，若遇负重的长者同行，要主动给予长者帮助并将其送到分手处。

壮族人把彩虹称为“龙杠东”（龙挂在东方），禁止用手指彩虹。登上壮族人家的竹楼，一般都要脱鞋。壮族人忌讳戴着斗笠和扛着锄头或其他农具的人进入自己家中，所以到了壮家门外要放下农具，脱掉斗笠、帽子。火塘、灶塘是壮族家庭中最神圣的地方，禁止用脚踩踏火塘上的三脚架以及灶台。壮族人忌大门正对大树，他们认为那样会前途无望；忌踩踏门槛，进门时要从门槛上跨过去；忌送礼送单数。两家喜事不能互贺，认为祝贺别人的喜事会将喜气、好运送走。壮族青年结婚，忌讳怀孕妇女参加，怀孕妇女尤其不能看新娘。

壮族是稻作民族，十分爱护青蛙，有些地方的壮族有专门的“敬蛙仪”，所以到壮族地区，严禁捕杀青蛙，也不要吃蛙肉。每逢水灾或其他重大灾害时，壮族都要举行安龙祭祖活动，乞求神龙赈灾。仪式结束后，于寨口立碑，谢绝外人进寨。

（八）苗族

敬牛角酒是苗族待客迎送的礼俗。凡有宾客至，主人即以自酿米酒斟满牛角，双手捧着相敬。如果来者是贵客，苗族主人必须持酒捧案于路口迎候，双手将牛角敬奉至贵宾唇边，若客人不善饮酒，主人须双手相接，将酒饮尽。敬酒后主人将几根筷子捆成一束，蘸上朱红，在客人额上点一个红印表示祝福。送客之礼与此同。此礼流行于贵州一带，至今犹盛行不衰。

苗族人认为，鸡心代表人心。以鸡心献给客人，包含着“交心”之意，表达自己的至诚。所以，每有宾客来到，主人一定要宰鸡杀鸭，在宴请客人时，长者或尊者将烹制好的熟鸡、鸭心敬献给客人，表示“同心一意，交契至诚”。客人接受后，要把鸡心分成若干份，回赠给在座的诸位尊长，以示自己无私和忠诚，然后大家才一起食用。

在苗族人家做客，切记不能去夹鸡头吃。客人一般也不能食用鸡肝、鸡杂和鸡腿，鸡肝、鸡杂是要敬老年妇女的，鸡腿则是留给小孩的。当你离开苗族主人家时，一定要有礼貌地说声“哇周”，意为“谢谢”，感谢苗家对你的盛情款待。禁杀狗、打狗，不吃狗肉；不能坐苗家祖先神位的地方，不能用脚踩火炕上的三脚架；不许在家或夜间吹口哨；不能拍了灰吃火烤的糍粑；嬉闹时不许用绳带捆苗家人；遇门上悬挂草帽、树枝或婚丧祭日，不要进屋；路遇新婚夫妇，不要从中间穿过等。

（九）土家族

土家族很注重礼仪，见面要互相问候，家有来客，必盛情款待。土家族平时粗茶淡饭，若有客至，夏天先喝一碗糯米甜酒，冬天就先吃一碗开水泡团馓，然后再以美酒佳肴待客。土家族一般说请客人吃茶是指吃油茶、阴米或汤圆、荷包蛋等。无论婚丧嫁娶、修房造屋等红白喜事都要置办酒席，一般习惯于每桌7、9或11碗菜，但无8和10碗菜的桌。因为8碗桌被称“勺吃花子席”，10碗的“10”与“石”同音，都被视为对客人不尊，故回避8和10。

在土家族吃饭时，忌端碗立于他人背后，面向其背吃饭；忌幼童吃鸡爪、猪鼻、猪尾；忌吃敬神祭品，否则记忆力差。鄂西土家族还忌在待客的油茶场中打3、4以外数目的鸡蛋。

（十）傣族

傣族老人常用这样的话来教育孩子：“山离得再近也靠不拢，人隔得再远也能会面。不管来客贫或富，迎上竹楼不偏心。宁肯自己省吃省喝，也不能怠慢远方客人。”所以，热情待客成为傣族村寨的风气。外地人到了傣家，主人会主动打招呼，端茶倒水，款待饭菜，对客人面带微笑，说话轻声细语，从不大喊大叫，不骂人，不讲脏话。傣族妇女从客人面前走过，要拢裙弯腰轻走；客人在楼下，不从客人所在位置的楼上走过。

傣族普遍信仰南传上座部佛教，傣族的风俗禁忌大多与佛教有关。在每年傣历六月举行的泼水节是最盛大的节日，届时要赕佛，并大摆筵席，宴请僧侣和亲朋好友，以泼水的方式互致祝福。泼水节期间，除酒、菜要丰盛外，各种傣族风味小吃也很多。

进傣家做客，千万不能窥看主人的卧室，也不能从佛堂的三脚架上跨过。傣族人忌讳外人骑马、赶牛、挑担和蓬乱着头发进入寨子；进入傣家竹楼，要把鞋脱在门外，在屋内走路要轻声；不能坐在火塘上方或跨过火塘；不能进入主人内室；不能坐门槛；不能移动火塘上的三脚架，也不能用脚踏火；忌讳在家里吹口哨、剪指甲；不准用衣服当枕头，也不能坐枕头；晒衣服时，上衣要晒在高处，裤子和裙子要晒在低处；进佛寺要脱鞋，忌讳摸小和尚的头，也不能摸佛像、戈矛、旗幡等一系列佛家圣物；不能随便大声喧哗。

典型案例

一次某旅行社组织旅游团前往苗家做客，苗族同胞设宴款待该团客人。在宴席上，主人把鸡心、鸡头、鸡翅、鸡爪分给客人，对该团一位最年长的客人、主人献上鸡心。由于这位客人患有严重的高脂血症，不能吃动物内脏，为了表示对主人的尊重，客人并未推辞。浅尝了一口后，就把剩下的鸡心放到了桌子上。这时，主人看见了他的举动，立即表现出了极大的不满，认为这是对苗家人的蔑视。主人就再没有向客人敬酒，直至筵席结束。客人向主人敬酒，表达谢意时，主人却说："我们苗家虽然不富裕，可是我们不喜欢接待不尊重苗家的外人。"客人一头雾水，还不明白自己是哪里得罪了主人。导游人员这时才意识到自己工作的失误。

原来，苗族同胞是热情好客的。客人来访，必杀鸡宰鸭盛情款待，若是远道来的贵客，有的地方还要在寨前摆酒迎候。吃鸡时有分鸡心的习俗，即由家里年纪最大的主人用筷子把鸡心夹给客人，但客人不能自己吃掉，必须把鸡心平分给在座的老人。

思考与练习

1. 解释下列名词：护照、签证、OK 票、OPEN 票、旅行社责任保险。
2. 解释下列名词：礼貌、礼节、礼仪、冷餐会、酒会、茶会。
3. 在社会交往中，有哪些接待礼节？需要注意什么问题？
4. 何谓"红色通道""绿色通道"？什么人能经"绿色通道"通关？
5. 一位老年旅游者在旅游途中心脏病猝发，导游人员该怎么处理？
6. 英语主要国家有哪些禁忌？
7. 日本人在礼节礼貌方面有哪些礼仪规范？
8. 简述伊斯兰教的主要宗教礼仪与饮食禁忌。
9. 藏族的宗教禁忌和饮食禁忌是什么？
10. 彝族有哪些禁忌？

实训练习

1. 选择一条包含少数民族地区的旅游线路或到某一少数民族地区旅游为例，由学生模拟导游人员向旅游者说明如何对待当地的风俗习惯。

2. 在实训室模拟操作：由学生分组模拟导游人员向英国和日本旅游团队介绍当地的市容，并负责接待安排当地的欢迎酒会。

3. 请医务救护人员指导：结合救护知识，模拟练习参观游览过程中各种常见病、突发病、受伤等情况的防治和急救办法。

参考文献

[1] 国家旅游局人事劳动教育司. 导游业务 [M]. 4 版. 北京：旅游教育出版社，2005.

[2] 全国导游人员资格考试教材编写组. 导游业务 [M]. 4 版. 北京：旅游教育出版社，2019.

[3] 杜炜，张建梅. 导游业务 [M]. 北京：高等教育出版社，2002.

[4] 马树生，许萍. 模拟导游 [M]. 北京：旅游教育出版社，2004.

[5] 王健民. 出境旅游领队实务 [M]. 北京：旅游教育出版社，2005.

[6] 四川省旅游局. 四川导游实务（2008 年修订版）[M]. 北京：中国旅游出版社，2008.

[7] 徐堃耿. 导游概论 [M]. 北京：旅游教育出版社，2001.

[8] 陈永发. 导游学概论 [M]. 上海：上海三联书店，1999.

[9] 毛福禄，樊志勇. 导游概论 [M]. 天津：南开大学出版社，1999.

[10] 蒋炳辉. 导游带团艺术 [M]. 北京：中国旅游出版社，2001.

[11] 郭赤婴. 导游员职业道德实证分析 [M]. 北京：中国旅游出版社，2003.

[12] 彭元力，周刚刚. 实用导游技能 [M]. 北京：中国旅游出版社，2003.

[13] 陈蔚德. 我的导游生涯 [M]. 北京：中国旅游出版社，2002.

[14] 陈蔚德. 导游讲解实务 [M]. 北京：旅游教育出版社，2004.

[15] 王有路. 导游艺术 100 则 [M]. 广州：广东旅游出版社，2004.

[16] 帕特里克·克伦. 导游成功的秘诀 [M]. 李中泽，译. 北京：旅游教育出版社，1989.

[17] 哈拉尔德·巴特尔. 合格导游 [M]. 胡永震，等译. 北京：旅游教育出版社，1988.

[18] 陈国成. 导游与导游艺术技巧 [M]. 北京：旅游教育出版社，1990.

[19] 王连义. 怎样做好导游工作 [M]. 北京：中国旅游出版社，2005.

[20] 郭书兰. 导游原理与实务 [M]. 大连：东北财经大学出版社，1999.

[21] 黎泉. 导游促销技巧 [M]. 北京：中国旅游出版社，2004.

[22] 凯思琳·林格·庞德. 职业导游员导游职业发展动态 [M]. 张文，鲁勤，张宏杰，译. 大连：东北财经大学出版社，2004.

[23] 今井登茂子. 服务接待小技巧 [M]. 王雅楠，译. 天津：天津科学技术出版社，2006.

[24] 国家旅游局旅游质量监督管理所. 旅游服务案例分析 [M]. 北京：中国旅游出版社，2007.

［25］崔佳山. 旅游接待礼仪［M］. 北京：科学出版社，2005.

［26］万剑敏. 旅行社产品设计［M］. 北京：旅游教育出版社，2008.

［27］王明波. 导游心理学［M］. 北京：中国旅游出版社，1996.

［28］甘朝有，齐善鸿. 旅游心理学［M］. 天津：南开大学出版社，1998.

［29］魏星. 导游语言艺术［M］. 北京：中国旅游出版社，2002.

［30］韩荔华. 实用导游语言艺术［M］. 北京：旅游教育出版社，2002.

［31］熊建平. 导游业务［M］. 武汉：武汉大学出版社，2004.

［32］陶汉军，黄松山. 导游服务学概论［M］. 北京：中国旅游出版社，2003.

［33］陈乾康. 四川导游实务［M］. 北京：中国旅游出版社，2012.

［34］全国导游资格考试统编教材专家编写组. 导游业务［M］. 北京：中国旅游出版社，2017.

［35］方海川. 导游原理与实务［M］. 2 版. 成都：西南财经大学出版社，2014.

［36］李灵资. 趣味导游顺口溜［M］. 北京：旅游教育出版社，2005.

附　录

附录 I　导游人员管理条例（2017 年修正本）

（1999 年 5 月 14 日中华人民共和国国务院令第 263 号发布根据 2017 年 10 月 7 日中华人民共和国国务院令第 687 号公布，自公布之日起施行的《国务院关于修改部分行政法规的决定》修正）

第一条　为了规范导游活动，保障旅游者和导游人员的合法权益，促进旅游业的健康发展，制定本条例。

第二条　本条例所称导游人员，是指依照本条例的规定取得导游证，接受旅行社委派，为旅游者提供向导、讲解及相关旅游服务的人员。

第三条　国家实行全国统一的导游人员资格考试制度。

具有高级中学、中等专业学校或者以上学历，身体健康，具有适应导游需要的基本知识和语言表达能力的中华人民共和国公民，可以参加导游人员资格考试；经考试合格的，由国务院旅游行政部门或者国务院旅游行政部门委托省、自治区、直辖市人民政府旅游行政部门颁发导游人员资格证书。

第四条　在中华人民共和国境内从事导游活动，必须取得导游证。

取得导游人员资格证书的，经与旅行社订立劳动合同或者在相关旅游行业组织注册，方可持所订立的劳动合同或者登记证明材料，向省、自治区、直辖市人民政府旅游行政部门申请领取导游证。

导游证的样式规格，由国务院旅游行政部门规定。

第五条　有下列情形之一的，不得颁发导游证：

（一）无民事行为能力或者限制民事行为能力的；

（二）患有传染性疾病的；

（三）受过刑事处罚的，过失犯罪的除外；

（四）被吊销导游证的。

第六条　省、自治区、直辖市人民政府旅游行政部门应当自收到申请领取导游证之日起 15 日内，颁发导游证；发现有本条例第五条规定情形，不予颁发导游证的，应当书面通知申请人。

第七条　导游人员应当不断提高自身业务素质和职业技能。

国家对导游人员实行等级考核制度。导游人员等级考核标准和考核办法，由国务院旅游行政部门制定。

第八条　导游人员进行导游活动时，应当佩戴导游证。

导游证的有效期限为3年。导游证持有人需要在有效期满后继续从事导游活动的，应当在有效期限届满3个月前，向省、自治区、直辖市人民政府旅游行政部门申请办理换发导游证手续。

第九条　导游人员进行导游活动，必须经旅行社委派。

导游人员不得私自承揽或者以其他任何方式直接承揽导游业务，进行导游活动。

第十条　导游人员进行导游活动时，其人格尊严应当受到尊重，其人身安全不受侵犯。

导游人员有权拒绝旅游者提出的侮辱其人格尊严或者违反其职业道德的不合理要求。

第十一条　导游人员进行导游活动时，应当自觉维护国家利益和民族尊严，不得有损害国家利益和民族尊严的言行。

第十二条　导游人员进行导游活动时，应当遵守职业道德，着装整洁，礼貌待人，尊重旅游者的宗教信仰、民族风俗和生活习惯。

导游人员进行导游活动时，应当向旅游者讲解旅游地点的人文和自然情况，介绍风土人情和习俗；但是，不得迎合个别旅游者的低级趣味，在讲解、介绍中掺杂庸俗下流的内容。

第十三条　导游人员应当严格按照旅行社确定的接待计划，安排旅游者的旅行、游览活动，不得擅自增加、减少旅游项目或者中止导游活动。

导游人员在引导旅游者旅行、游览过程中，遇有可能危及旅游者人身安全的紧急情形时，经征得多数旅游者的同意，可以调整或者变更接待计划，但是应当立即报告旅行社。

第十四条　导游人员在引导旅游者旅行、游览过程中，应当就可能发生危及旅游者人身、财物安全的情况，向旅游者作出真实说明和明确警示，并按照旅行社的要求采取防止危害发生的措施。

第十五条　导游人员进行导游活动，不得向旅游者兜售物品或者购买旅游者的物品，不得以明示或者暗示的方式向旅游者索要小费。

第十六条　导游人员进行导游活动，不得欺骗、胁迫旅游者消费或者与经营者串通欺骗、胁迫旅游者消费。

第十七条　旅游者对导游人员违反本条例规定的行为，有权向旅游行政部门投诉。

第十八条　无导游证进行导游活动的，由旅游行政部门责令改正并予以公告，处1 000元以上3万元以下的罚款；有违法所得的，并处没收违法所得。

第十九条　导游人员未经旅行社委派，私自承揽或者以其他任何方式直接承揽导游业务，进行导游活动的，由旅游行政部门责令改正，处1 000元以上3万元以下的罚款；有违法所得的，并处没收违法所得；情节严重的，由省、自治区、直辖市人民政府旅游行政部门吊销导游证并予以公告。

第二十条　导游人员进行导游活动时，有损害国家利益和民族尊严的言行的，由旅游行政部门责令改正；情节严重的，由省、自治区、直辖市人民政府旅游行政部门吊销导游证并予以公告；对该导游人员所在的旅行社给予警告直至责令停业整顿。

第二十一条　导游人员进行导游活动时未佩戴导游证的，由旅游行政部门责令改正；拒不改正的，处500元以下的罚款。

第二十二条　导游人员有下列情形之一的，由旅游行政部门责令改正，暂扣导游证3至6个月；情节严重的，由省、自治区、直辖市人民政府旅游行政部门吊销导游证并予以公告：

（一）擅自增加或者减少旅游项目的；

（二）擅自变更接待计划的；

（三）擅自中止导游活动的。

第二十三条　导游人员进行导游活动，向旅游者兜售物品或者购买旅游者的物品的，或者以明示或者暗示的方式向旅游者索要小费的，由旅游行政部门责令改正，处1 000元以上3万元以下的罚款；有违法所得的，并处没收违法所得；情节严重的，由省、自治区、直辖市人民政府旅游行政部门吊销导游证并予以公告；对委派该导游人员的旅行社给予警告直至责令停业整顿。

第二十四条　导游人员进行导游活动，欺骗、胁迫旅游者消费或者与经营者串通欺骗、胁迫旅游者消费的，由旅游行政部门责令改正，处1 000元以上3万元以下的罚款；有违法所得的，并处没收违法所得；情节严重的，由省、自治区、直辖市人民政府旅游行政部门吊销导游证并予以公告；对委派该导游人员的旅行社给予警告直至责令停业整顿；构成犯罪的，依法追究刑事责任。

第二十五条　旅游行政部门工作人员玩忽职守、滥用职权、徇私舞弊，构成犯罪的，依法追究刑事责任；尚不构成犯罪的，依法给予行政处分。

第二十六条　景点景区的导游人员管理办法，由省、自治区、直辖市人民政府参照本条例制定。

第二十七条　本条例自1999年10月1日起施行。1987年11月14日国务院批准、1987年12月1日国家旅游局发布的《导游人员管理暂行规定》同时废止。

附录Ⅱ　导游管理办法

（中华人民共和国国家旅游局令第44号）

第一章　总则

第一条　为规范导游执业行为，提升导游服务质量，保障导游合法权益，促进导游行业健康发展，依据《中华人民共和国旅游法》《导游人员管理条例》和《旅行社条例》等法律法规，制定本办法。

第二条　导游执业的许可、管理、保障与激励，适用本办法。

第三条　国家对导游执业实行许可制度。从事导游执业活动的人员，应当取得导游人员资格证和导游证。

国家旅游局建立导游等级考核制度、导游服务星级评价制度和全国旅游监管服务信息系统，各级旅游主管部门运用标准化、信息化手段对导游实施动态监管和服务。

第四条　旅游行业组织应当依法维护导游合法权益，促进导游职业发展，加强导游行业自律。

旅行社等用人单位应当加强对导游的管理和培训，保障导游合法权益，提升导游服务质量。

导游应当恪守职业道德，提升服务水平，自觉维护导游行业形象。

第五条　支持和鼓励各类社会机构积极弘扬导游行业先进典型，优化导游执业环境，促进导游行业健康稳定发展。

第二章　导游执业许可

第六条　经导游人员资格考试合格的人员，方可取得导游人员资格证。

国家旅游局负责制定全国导游资格考试政策、标准，组织导游资格统一考试，以及对地方各级旅游主管部门导游资格考试实施工作进行监督管理。

省、自治区、直辖市旅游主管部门负责组织、实施本行政区域内导游资格考试具体工作。

全国导游资格考试管理的具体办法，由国家旅游局另行制定。

第七条　取得导游人员资格证，并与旅行社订立劳动合同或者在旅游行业组织注册的人员，可以通过全国旅游监管服务信息系统向所在地旅游主管部门申请取得导游证。

导游证采用电子证件形式，由国家旅游局制定格式标准，由各级旅游主管部门通过全国旅游监管服务信息系统实施管理。电子导游证以电子数据形式保存于导游个人移动电话等移动终端设备中。

第八条　在旅游行业组织注册并申请取得导游证的人员，应当向所在地旅游行业组织提交下列材料：

（一）身份证；

（二）导游人员资格证；

（三）本人近期照片；

（四）注册申请。

旅游行业组织在接受申请人取得导游证的注册时，不得收取注册费；旅游行业组织收取会员会费的，应当符合《社会团体登记条例》等法律法规的规定，不得以导游证注册费的名义收取会费。

第九条　导游通过与旅行社订立劳动合同取得导游证的，劳动合同的期限应当在1个月以上。

第十条　申请取得导游证，申请人应当通过全国旅游监管服务信息系统填写申请信息，并提交下列申请材料：

（一）身份证的扫描件或者数码照片等电子版；

（二）未患有传染性疾病的承诺；

（三）无过失犯罪以外的犯罪记录的承诺；

（四）与经常执业地区的旅行社订立劳动合同或者在经常执业地区的旅游行业组织注册的确认信息。

前款第（四）项规定的信息，旅行社或者旅游行业组织应当自申请人提交申请之日起5个工作日内确认。

第十一条　所在地旅游主管部门对申请人提出的取得导游证的申请，应当依法出具受理或者不予受理的书面凭证。需补正相关材料的，应当自收到申请材料之日起5个工作日内一次性告知申请人需要补正的全部内容；逾期不告知的，收到材料之日起即为受理。

所在地旅游主管部门应当自受理申请之日起10个工作日内，作出准予核发或者不予核发导游证的决定。不予核发的，应当书面告知申请人理由。

第十二条　具有下列情形的，不予核发导游证：

（一）无民事行为能力或者限制民事行为能力的；

（二）患有甲类、乙类以及其他可能危害旅游者人身健康安全的传染性疾病的；

（三）受过刑事处罚的，过失犯罪的除外；

（四）被吊销导游证之日起未逾3年的。

第十三条　导游证的有效期为3年。导游需要在导游证有效期届满后继续执业的，应当在有效期限届满前3个月内，通过全国旅游监管服务信息系统向所在地旅游主管部门提出申请，并提交本办法第十条第（二）项至第（四）项规定的材料。

旅行社或者旅游行业组织应当自导游提交申请之日起3个工作日内确认信息。所在地旅游主管部门应当自旅行社或者旅游行业组织核实信息之日起5个工作日内予以审核，并对符合条件的导游变更导游证信息。

第十四条　导游与旅行社订立的劳动合同解除、终止或者在旅游行业组织取消注册的，导游及旅行社或者旅游行业组织应当自解除、终止合同或者取消注册之日起5

个工作日内，通过全国旅游监管服务信息系统将信息变更情况报告旅游主管部门。

第十五条　导游应当自下列情形发生之日起10个工作日内，通过全国旅游监管服务信息系统提交相应材料，申请变更导游证信息：

（一）姓名、身份证号、导游等级和语种等信息发生变化的；

（二）与旅行社订立的劳动合同解除、终止或者在旅游行业组织取消注册后，在3个月内与其他旅行社订立劳动合同或者在其他旅游行业组织注册的；

（三）经常执业地区发生变化的；

（四）其他导游身份信息发生变化的。

旅行社或者旅游行业组织应当自收到申请之日起3个工作日内对信息变更情况进行核实。所在地旅游主管部门应当自旅行社或者旅游行业组织核实信息之日起5个工作日内予以审核确认。

第十六条　有下列情形之一的，所在地旅游主管部门应当撤销导游证：

（一）对不具备申请资格或者不符合法定条件的申请人核发导游证的；

（二）申请人以欺骗、贿赂等不正当手段取得导游证的；

（三）依法可以撤销导游证的其他情形。

第十七条　有下列情形之一的，所在地旅游主管部门应当注销导游证：

（一）导游死亡的；

（二）导游证有效期届满未申请换发导游证的；

（三）导游证依法被撤销、吊销的；

（四）导游与旅行社订立的劳动合同解除、终止或者在旅游行业组织取消注册后，超过3个月未与其他旅行社订立劳动合同或者未在其他旅游行业组织注册的；

（五）取得导游证后出现本办法第十二条第（一）项至第（三）项情形的；

（六）依法应当注销导游证的其他情形。

导游证被注销后，导游符合法定执业条件需要继续执业的，应当依法重新申请取得导游证。

第十八条　导游的经常执业地区应当与其订立劳动合同的旅行社（含旅行社分社）或者注册的旅游行业组织所在地的省级行政区域一致。

导游证申请人的经常执业地区在旅行社分社所在地的，可以由旅行社分社所在地旅游主管部门负责导游证办理相关工作。

第三章　导游执业管理

第十九条　导游为旅游者提供服务应当接受旅行社委派，但另有规定的除外。

第二十条　导游在执业过程中应当携带电子导游证、佩戴导游身份标识，并开启导游执业相关应用软件。

旅游者有权要求导游展示电子导游证和导游身份标识。

第二十一条　导游身份标识中的导游信息发生变化，导游应当自导游信息发生变化之日起10个工作日内，向所在地旅游主管部门申请更换导游身份标识。旅游主管部门应当自收到申请之日起5个工作日内予以确认更换。

导游身份标识丢失或者因磨损影响使用的，导游可以向所在地旅游主管部门申请重新领取，旅游主管部门应当自收到申请之日起10个工作日内予以发放或者更换。

第二十二条　导游在执业过程中应当履行下列职责：

（一）自觉维护国家利益和民族尊严；

（二）遵守职业道德，维护职业形象，文明诚信服务；

（三）按照旅游合同提供导游服务，讲解自然和人文资源知识、风俗习惯、宗教禁忌、法律法规和有关注意事项；

（四）尊重旅游者的人格尊严、宗教信仰、民族风俗和生活习惯；

（五）向旅游者告知和解释文明行为规范、不文明行为可能产生的后果，引导旅游者健康、文明旅游，劝阻旅游者违反法律法规、社会公德、文明礼仪规范的行为；

（六）对可能危及旅游者人身、财产安全的事项，向旅游者作出真实的说明和明确的警示，并采取防止危害发生的必要措施。

第二十三条　导游在执业过程中不得有下列行为：

（一）安排旅游者参观或者参与涉及色情、赌博、毒品等违反我国法律法规和社会公德的项目或者活动；

（二）擅自变更旅游行程或者拒绝履行旅游合同；

（三）擅自安排购物活动或者另行付费旅游项目；

（四）以隐瞒事实、提供虚假情况等方式，诱骗旅游者违背自己的真实意愿，参加购物活动或者另行付费旅游项目；

（五）以殴打、弃置、限制活动自由、恐吓、侮辱、咒骂等方式，强迫或者变相强迫旅游者参加购物活动、另行付费等消费项目；

（六）获取购物场所、另行付费旅游项目等相关经营者以回扣、佣金、人头费或者奖励费等名义给予的不正当利益；

（七）推荐或者安排不合格的经营场所；

（八）向旅游者兜售物品；

（九）向旅游者索取小费；

（十）未经旅行社同意委托他人代为提供导游服务；

（十一）法律法规规定的其他行为。

第二十四条　旅游突发事件发生后，导游应当立即采取下列必要的处置措施：

（一）向本单位负责人报告，情况紧急或者发生重大、特别重大旅游突发事件时，可以直接向发生地、旅行社所在地县级以上旅游主管部门、安全生产监督管理部门和负有安全生产监督管理职责的其他相关部门报告；

（二）救助或者协助救助受困旅游者；

（三）根据旅行社、旅游主管部门及有关机构的要求，采取调整或者中止行程、停止带团前往风险区域、撤离风险区域等避险措施。

第二十五条　具备领队条件的导游从事领队业务的，应当符合《旅行社条例实施细则》等法律、法规和规章的规定。

旅行社应当按要求将本单位具备领队条件的领队信息及变更情况，通过全国旅游监管服务信息系统报旅游主管部门备案。

第四章　导游执业保障与激励

第二十六条　导游在执业过程中，其人格尊严受到尊重，人身安全不受侵犯，合法权益受到保障。导游有权拒绝旅行社和旅游者的下列要求：

（一）侮辱其人格尊严的要求；

（二）违反其职业道德的要求；

（三）不符合我国民族风俗习惯的要求；

（四）可能危害其人身安全的要求；

（五）其他违反法律、法规和规章规定的要求。

旅行社等用人单位应当维护导游执业安全、提供必要的职业安全卫生条件，并为女性导游提供执业便利、实行特殊劳动保护。

第二十七条　旅行社有下列行为的，导游有权向劳动行政部门投诉举报、申请仲裁或者向人民法院提起诉讼：

（一）不依法与聘用的导游订立劳动合同的；

（二）不依法向聘用的导游支付劳动报酬、导游服务费用或者缴纳社会保险费用的；

（三）要求导游缴纳自身社会保险费用的；

（四）支付导游的报酬低于当地最低工资标准的。

旅行社要求导游接待以不合理低价组织的旅游团队或者承担接待旅游团队的相关费用的，导游有权向旅游主管部门投诉举报。

鼓励景区对持有导游证从事执业活动或者与执业相关活动的导游免除门票。

第二十八条　旅行社应当与通过其取得导游证的导游订立不少于 1 个月期限的劳动合同，并支付基本工资、带团补贴等劳动报酬，缴纳社会保险费用。

旅行社临时聘用在旅游行业组织注册的导游为旅游者提供服务的，应当依照旅游和劳动相关法律、法规的规定足额支付导游服务费用；旅行社临时聘用的导游与其他单位不具有劳动关系或者人事关系的，旅行社应当与其订立劳动合同。

第二十九条　旅行社应当提供设置“导游专座”的旅游客运车辆，安排的旅游者与导游总人数不得超过旅游客运车辆核定乘员数。

导游应当在旅游车辆“导游专座”就坐，避免在高速公路或者危险路段站立讲解。

第三十条　导游服务星级评价是对导游服务水平的综合评价，星级评价指标由技能水平、学习培训经历、从业年限、奖惩情况、执业经历和社会评价等构成。导游服务星级根据星级评价指标通过全国旅游监管服务信息系统自动生成，并根据导游执业情况每年度更新一次。

旅游主管部门、旅游行业组织和旅行社等单位应当通过全国旅游监管服务信息系统，及时、真实地备注各自获取的导游奖惩情况等信息。

第三十一条　各级旅游主管部门应当积极组织开展导游培训，培训内容应当包括政策法规、安全生产、突发事件应对和文明服务等，培训方式可以包括培训班、专题讲座和网络在线培训等，每年累计培训时间不得少于24小时。培训不得向参加人员收取费用。

旅游行业组织和旅行社等应当对导游进行包括安全生产、岗位技能、文明服务和文明引导等内容的岗前培训和执业培训。

导游应当参加旅游主管部门、旅游行业组织和旅行社开展的有关政策法规、安全生产、突发事件应对和文明服务内容的培训；鼓励导游积极参加其他培训，提高服务水平。

第五章　罚则

第三十二条　导游违反本办法有关规定的，依照下列规定处理：

（一）违反本办法第十九条规定的，依据《旅游法》第一百零二条第二款的规定处罚；

（二）违反本办法第二十条第一款规定的，依据《导游人员管理条例》第二十一条的规定处罚；

（三）违反本办法第二十二条第（一）项规定的，依据《导游人员管理条例》第二十条的规定处罚；

（四）违反本办法第二十三条第（一）项规定的，依据《旅游法》第一百零一条的规定处罚；

（五）违反本办法第二十三条第（二）项规定的，依据《旅游法》第一百条的规定处罚；

（六）违反本办法第二十三条第（三）项至第（六）项规定的，依据《旅游法》第九十八条的规定处罚；

（七）违反本办法第二十三条第（七）项规定的，依据《旅游法》第九十七条第（二）项的规定处罚；

（八）违反本办法第二十三条第（八）项规定的，依据《导游人员管理条例》第二十三条的规定处罚；

（九）违反本办法第二十三条第（九）项规定的，依据《旅游法》第一百零二条第三款的规定处罚。

违反本办法第三条第一款规定，未取得导游证从事导游活动的，依据《旅游法》第一百零二条第一款的规定处罚。

第三十三条　违反本办法规定，导游有下列行为的，由县级以上旅游主管部门责令改正，并可以处1 000元以下罚款；情节严重的，可以处1 000元以上5 000元以下罚款：

（一）未按期报告信息变更情况的；

（二）未申请变更导游证信息的；

（三）未更换导游身份标识的；

（四）不依照本办法第二十四条规定采取相应措施的；

（五）未按规定参加旅游主管部门组织的培训的；

（六）向负责监督检查的旅游主管部门隐瞒有关情况、提供虚假材料或者拒绝提供反映其活动情况的真实材料的；

（七）在导游服务星级评价中提供虚假材料的。

旅行社或者旅游行业组织有前款第（一）项和第（七）项规定行为的，依照前款规定处罚。

第三十四条　导游执业许可申请人隐瞒有关情况或者提供虚假材料申请取得导游人员资格证、导游证的，县级以上旅游主管部门不予受理或者不予许可，并给予警告；申请人在一年内不得再次申请该导游执业许可。

导游以欺骗、贿赂等不正当手段取得导游人员资格证、导游证的，除依法撤销相关证件外，可以由所在地旅游主管部门处 1 000 元以上 5 000 元以下罚款；申请人在三年内不得再次申请导游执业许可。

第三十五条　导游涂改、倒卖、出租、出借导游人员资格证、导游证，以其他形式非法转让导游执业许可，或者擅自委托他人代为提供导游服务的，由县级以上旅游主管部门责令改正，并可以处 2 000 元以上 1 万元以下罚款。

第三十六条　违反本办法第二十五条第二款规定，旅行社不按要求报备领队信息及变更情况，或者备案的领队不具备领队条件的，由县级以上旅游主管部门责令改正，并可以删除全国旅游监管服务信息系统中不具备领队条件的领队信息；拒不改正的，可以处 5 000 元以下罚款。

旅游行业组织、旅行社为导游证申请人申请取得导游证隐瞒有关情况或者提供虚假材料的，由县级以上旅游主管部门责令改正，并可以处 5 000 元以下罚款。

第三十七条　对导游违反本办法规定的行为，县级以上旅游主管部门应当依照旅游经营服务不良信息管理有关规定，纳入旅游经营服务不良信息管理；构成犯罪的，依法移送公安机关追究其刑事责任。

第三十八条　旅游主管部门及其工作人员在履行导游执业许可、管理职责中，滥用职权、玩忽职守、徇私舞弊的，由有关部门责令改正，对直接负责的主管人员和其他直接责任人员依法给予处分。

第六章　附则

第三十九条　本办法下列用语的含义：

（一）所在地旅游主管部门，是指旅行社（含旅行社分社）、旅游行业组织所在地的省、自治区、直辖市旅游主管部门或者其委托的设区的市级旅游主管部门、县级旅游主管部门；

（二）旅游行业组织，是指依照《社会团体登记管理条例》成立的导游协会，以及在旅游协会、旅行社协会等旅游行业社会团体内设立的导游分会或者导游工作部门，具体由所在地旅游主管部门确定；

（三）经常执业地区，是指导游连续执业或者 3 个月内累计执业达到 30 日的省级行政区域；

（四）导游身份标识，是指标识有导游姓名、证件号码等导游基本信息，以便于旅游者和执法人员识别身份的工作标牌，具体标准由国家旅游局制定。

第四十条　本办法自 2018 年 1 月 1 日起施行。

附录Ⅲ 《导游服务质量》

（GB/T 15971—1995）

1 范围

本标准规定了导游服务的质量要求，提出了导游服务过程中若干问题的处理原则。

本标准适用于各类旅行社的接待旅游者过程中提供的导游服务。

2 定义

本标准采用下列定义。

2.1 旅行社（travel service）

依法设立并具有法人资格，从事招徕、接待旅行者，组织旅游活动，实行独立核算的企业。

2.2 组团旅行社（简称组团社）（domestic tour wholesale）

接受旅游团（者）或海外旅行社预定，制定和下达接待计划，并可提供全程陪同导游服务的旅行社。

2.3 接待旅行社（简称接待社）（domestic land operator）

接受组团社的委托，按照接待计划委派地方陪同导游人员，负责组织安排旅游团（者）在当地参观游览等活动的旅行社。

2.4 领队（tour escort）

受海外旅行社委派，全权代表该旅行社带领旅游团从事旅游活动的工作人员。

2.5 导游人员（tour guide）

持有中华人民共和国导游资格证书、受旅行社委派、按照接待计划，从事陪同旅游团（者）参观、游览等工作的人员。导游人员包括全程陪同导游人员和地方陪同导游人员。

2.5.1 地方陪同导游人员（简称地陪）（local guide）

受接待旅行社委派，代表接待社，实施接待计划，为旅游团（者）提供当地旅游活动安排、讲解、翻译等服务的导游人员。

2.5.2 全程陪同导游人员（简称全陪）（national guide）

受组团旅行社委派，作为组团社的代表，在领队和地方陪同导游人员的配合下实施接待计划，为旅游团（者）提供全旅程陪同服务的导游人员。

3 全陪服务

全陪服务是保证旅游团（者）的各项旅游活动按计划实施，旅行顺畅、安全的重要因素之一。

全陪作为组团社的代表，应自始至终参与旅游团（者）全旅程的活动，负责旅游团（者）移动中各环节的衔接，监督接待计划的实施，协调领队、地陪、司机等旅游接待人员的协作关系。

全陪应严格按照服务规范提供各项服务。

3.1 准备工作要求

准备工作是全陪服务的重要环节之一。

3.1.1 熟悉接待计划

上团前，全陪要认真查阅接待计划及相关资料，了解旅游团（者）的全面情况，注意掌握其重点和特点。

3.1.2 做好物质准备

上团前，全陪要做好必要的物质准备，携带必备的证件和有关资料。

3.1.3 与接待社联络

根据需要，接团的前一天，全陪应同接待社取得联系，互通情况，妥善安排好有关事宜。

3.2 首站（入境站）接团服务要求

首站接团服务要使旅游团（者）抵达后能立即得到热情友好的接待，旅游者有宾至如归的感觉。

（a）接团前，全陪应向接待社了解本站接待工作的详细安排情况；

（b）全陪应提前半小时到接站地点迎候旅游团（者）；

（c）接到旅游团（者）后，全陪应与领队核实有关情况；

（d）全陪应协助领队向地陪交接行李；

（e）全陪应代表组团社和个人向旅游团（者）致欢迎辞。欢迎辞应包括表示欢迎、自我介绍、表示提供服务的真诚愿望、预祝旅行顺利愉快等内容。

3.3 进住饭店服务要求

进住饭店服务应使旅游团（者）进入饭店后尽快完成住宿登记手续、进住客房、取得行李。为此，全陪应积极主动地协助领队办理旅游团的住店手续，并热情地引导旅游者进入房间，还应协助有关人员随时处理旅游者进店过程中可能出现的问题。

3.4 核对商定日程

全陪应认真与领队核对、商定日程。如遇难以解决的问题，应及时反馈给组团社，并使领队得到及时的答复。

3.5 各站服务要求

全陪各站服务，应使接待计划得以全面顺利实施，各站之间有机衔接，各项服务适时、到位，保护好旅游者人身及财产安全，突发事件得到及时有效处理，为此：

（a）全陪应向地陪通报旅游团的情况，并积极协助地陪工作；

（b）监督各地服务质量，酌情提出改进意见和建议；

（c）出现突发事件按附录 A（标准的附录）的有关原则执行。

3.6 离站服务要求

全陪应提前提醒地陪落实离站的交通票据及准确时间，协助领队和地陪妥善办理离店事宜，认真做好旅游团（者）搭乘交通工具的服务。

3.7 途中服务要求

在向异地移动途中，无论乘坐何种交通工具，全陪应提醒旅游者注意人身和物品的安全；组织好娱乐活动，协助安排好饮食和休息，努力使旅游团（者）旅行充实、轻松、愉快。

3.8 末站（离境站）服务要求

末站（离境站）的服务是全陪服务中最后的接待环节，要使旅游团（者）顺利离开末站（离境站），并留下良好的印象。

在当次旅行结束时，全陪应提醒旅游者带好自己的物品和证件，征求旅游者对接待工作的意见和建议，对旅途中的合作表示感谢，并欢迎再次光临。

3.9 处理好遗留问题

下团后，全陪应认真处理好旅游团（者）的遗留问题。

全陪应认真、按时填写《全陪日志》或其他旅游行政管理部门（或组团社）所要求的资料。

4 地陪服务

地陪服务是确保旅游团（者）在当地参观游览活动的顺利，并充分了解和感受参观游览对象的重要因素之一。

地陪应按时做好旅游团（者）在本站的迎送工作；严格按照接待计划，做好旅游团（者）参观游览过程中的导游讲解工作和计划内的食宿、购物、文娱等活动的安排；妥善处理各方面的关系和出现的问题。

地陪应严格按照服务规范提供各项服务。

4.1 准备工作要求

做好准备工作，是地陪提供良好服务的重要前提。

4.1.1 熟悉接待计划

地陪应在旅游团（者）抵达之前认真阅读接待计划和有关资料，详细、准确地了解该旅游团（者）的服务项目和要求，重要事宜做好记录。

4.1.2 落实接待事宜

地陪在旅游团（者）抵达的前一天，应与各有关部门或人员落实、核查旅游团（者）的交通、食宿、行李运输等事宜。

4.1.3 做好物质准备

上团前，地陪应做好必要的物质准备，带好接待计划、导游证、胸卡、导游旗、接站牌、结算凭证等物品。

4.2 接站服务要求

在接站过程中，地陪服务应使旅游团（者）在接站地点得到及时、热情、友好的接待，了解在当地参观游览活动的概况。

4.2.1 旅游团（者）抵达前的服务安排

地陪应在接站出发前确认旅游团（者）所乘交通工具的准确抵达时间。

地陪应提前半小时抵达接站地点，并再次核实旅游团（者）抵达的准确时间。

地陪应在旅游团（者）出站前与行李员取得联络，通知行李员行李送往的地点。地陪应与司机商定车辆停放的位置。

地陪应在旅游团（者）出站前持接站标志，站立在出站口醒目的位置热情迎接旅游者。

4.2.2 旅游团（者）抵达后的服务

旅游团（者）出站后，如旅游团中有领队或全陪，地陪应及时与领队、全陪接洽。

地陪应协助旅游者将行李放在指定位置，与领队、全陪核对行李件数无误后，移交给行李员。

地陪应及时引导旅游者前往乘车处。旅游者上车时，地陪应恭候车门旁。上车后，应协助旅游者就座，礼貌地清点人数。

行车过程中，地陪应向旅游团（者）致欢迎辞并介绍本地概况。欢迎辞内容应包括：

（a）代表所在接待社、本人及司机欢迎旅游者光临本地；

（b）介绍自己姓名及所属单位；

（c）介绍司机；

（d）表示提供服务的诚挚愿望；

（e）预祝旅游愉快顺利。

4.3 入店服务要求

地陪服务应使旅游者抵达饭店后尽快办理好入店手续，进住房间，取到行李，及时了解饭店的基本情况和住店注意事项，熟悉当天或第二天的活动安排，为此地陪应在抵饭店的途中向旅游者简单介绍饭店情况及入店、住店的有关注意事项，内容应包括：

（a）饭店名称和位置；

（b）入店手续；

（c）饭店的设施和设备的使用方法；

（d）集合地点及停车地点。

旅游团（者）抵饭店后，地陪应引导旅游者到指定地点办理入店手续。

旅游者进入房间之前，地陪应向旅游者介绍饭店内就餐形式、地点、时间，并告知有关活动的时间安排。

地陪应等待行李送达饭店，负责核对行李，督促行李员及时将行李送至旅游者房间。

地陪在结束当天活动离开饭店之前，应安排好叫早服务。

4.4 核对、商定节目安排

旅游团（者）开始参观游览之前，地陪应与领队、全陪核对、商定本地节目安排，并及时通知到每一位旅游者。

4.5 参观游览过程中的导游、讲解服务要求

参观游览过程中的地陪服务，应努力使旅游团（者）参观游览全过程安全、顺利。应使旅游者详细了解参观游览对象的特色、历史背景等及其他感兴趣的问题。

4.5.1 出发前的服务

出发前，地陪应提前十分钟到达集合地点，并督促司机做好出发前的各项准备工作。

地陪应请旅游者及时上车。上车后，地陪应清点人数，向旅游者报告当日重要新闻、天气情况及当日活动安排，包括午、晚餐的时间、地点。

4.5.2 抵景点途中的讲解

在前往景点的途中，地陪应相机向旅游者介绍本地的风土人情、自然景观，回答旅游者提出的问题。

抵达景点前，地陪应向旅游者介绍该景点的简要情况，尤其是景点的历史价值和特色。抵达景点时，地陪应告知在景点停留的时间，以及参观游览结束后集合的时间和地点。地陪还应向旅游者讲明游览过程中的有关注意事项。

4.5.3 景点导游、讲解

抵达景点后，地陪应对景点进行讲解。讲解内容应繁简适度，应包括该景点的历史背景、特色、地位、价值等方面的内容。讲解的语言应生动，富有表达力。

在景点导游的过程中，地陪应保证在计划的时间与费用内，旅游者能充分地游览、观赏，做到讲解与引导游览相结合，适当集中与分散相结合，劳逸适度，并应特别关照老弱病残的旅游者。

在景点导游的过程中，地陪应注意旅游者的安全，要自始至终与旅游者在一起活动，并随时清点人数，以防旅游者走失。

4.6 旅游团（者）就餐时对地陪的服务要求

旅游团（者）就餐时，地陪的服务应包括：

（a）简单介绍餐馆及其菜肴的特色；

（b）引导旅游者到餐厅入座，并介绍餐馆的有关设施；

（c）向旅游者说明酒水的类别；

（d）解答旅游者在用餐过程中的提问，解决出现的问题。

4.7 旅游团（者）购物时对地陪的服务要求

旅游团（者）购物时，地陪应：

（a）向旅游团（者）介绍本地商品的特色；

（b）随时提供旅游者在购物过程中所需要的服务，如翻译、介绍托运手续等。

4.8 旅游团（者）观看文娱节目时对地陪的服务要求

旅游团（者）观看计划内的文娱节目时，地陪的服务应包括：

（a）简单介绍节目内容及其特点；

（b）引导旅游者入座。

在旅游团（者）观看节目过程中，地陪应自始至终坚守岗位。

4.9 结束当日活动时的服务要求

旅游团（者）在结束当日活动时，地陪应询问其对当日活动安排的反映，并宣布次日的活动日程、出发时间及其他有关事项。

4.10 送站服务要求

旅游团（者）结束本地参观游览活动后，地陪服务应使旅游者顺利、安全离站，遗留问题得到及时妥善的处理。

（a）旅游团（者）离站的前一天，地陪应确认交通票据及离站时间，通知旅游者移交行李和与饭店结账的时间；

（b）离饭店前，地陪应与饭店行李员办好行李交接手续；

（c）地陪应诚恳征求旅游者对接待工作的意见和建议，并祝旅游者旅途愉快；

（d）地陪应将交通和行李票证移交给全陪、领队或旅游者；

（e）地陪应在旅游团（者）所乘交通工具起动后方可离开；

（f）如系旅游团（者）离境，地陪应向其介绍办理出境手续的程序。如系乘机离境，地陪还应提醒或协助领队或旅游者提前72小时确认机座。

4.11 处理好遗留问题

下团后，地陪应认真处理好旅游团（者）的遗留问题。

5 导游人员的基本素质

为保证导游服务质量，导游人员应具备以下基本素质。

5.1 爱国主义意识

导游人员应具有爱国主义意识，在为旅游者提供热情有效服务的同时，要维护国家的利益和民族的自尊。

5.2 法规意识和职业道德

5.2.1 遵纪守法

导游人员应认真学习并模范遵守有关法律及规章制度。

5.2.2 遵守公德

导游人员应讲文明，模范遵守社会公德。

5.2.3 尽职敬业

导游人员应热爱本职工作，不断检查和改进自己的工作，努力提高服务水平。

5.2.4 维护旅游者的合法权益

导游人员应有较高的职业道德，认真完成旅游接待计划所规定的各项任务，维护旅游者的合法权益。对旅游者所提出的计划外的合理要求，经主管部门同意，在条件允许的情况下应尽力予以满足。

5.3 业务水平

5.3.1 能力

导游人员应具备较强的组织、协调、应变等办事能力。

无论是外语、普通话、地方语和少数民族语言导游人员，都应做到语言准确、生动、形象、富有表达力，同时注意使用礼貌用语。

5.3.2 知识

导游人员应有较广泛的基本知识，尤其是政治、经济、历史、地理以及国情、风土习俗等方面的知识。

5.4 仪容仪表

导游人员应穿工作服或指定的服装，服装要整洁、得体。

导游人员应举止大方、端庄、稳重，表情自然、诚恳、和蔼，努力克服不合礼仪的生活习惯。

6　导游服务质量的监督与检查

各旅行社应建立健全导游服务质量的检查机构，依据本标准对导游服务进行监督检查。

旅游行政管理部门依据本标准检查导游服务质量，受理旅游者对导游服务质量的投诉。

附录 A（标准的附录）

若干问题处理原则

A1 路线或日程变更

A1.1 旅游团（者）要求变更计划行程

旅游过程中，旅游团（者）提出变更路线或日程的要求时，导游人员原则上应按合同执行，特殊情况报组团社。

A1.2 客观原因需要变更计划行程

旅游过程中，因客观原因需要变更路线或日程时，导游人员应向旅游团（者）作好解释工作，及时将旅游团（者）的意见反馈给组团社和接待社，并根据组团社或接待社的安排做好工作。

A2 丢失证件或物品

当旅游者丢失证件或物品时，导游人员应详细了解丢失情况，尽力协助寻找，同时报告组团社或接待社，根据组团社或接待社的安排协助旅游者向有关部门报案，补办必要的手续。

A3 丢失或损坏行李

当旅游者的行李丢失或损坏时，导游人员应详细了解丢失或损坏情况，积极协助查找责任者。当难以找出责任者时，导游人员应尽量协助当事人开具有关证明，以便向投保公司索赔，并视情况向有关部门报告。

A4 旅游者伤病、病危或死亡

A4.1 旅游者伤病

旅游者意外受伤或患病时，导游人员应及时探视，如有需要，导游人员应陪同患者前往医院就诊。严禁导游人员擅自给患者用药。

A4.2 旅游者病危

旅游者病危时，导游人员应立即协同领队或亲友送病人去急救中心或医院抢救，或请医生前来抢救。患者如系某国际急救组织的投保者，导游人员还应提醒领队及时与该组织的代理机构联系。

在抢救过程中，导游人员应要求旅游团的领队或患者亲友在场，并详细地记录患者患病前后的症状及治疗情况。

在抢救过程中，导游人员应随时向当地接待社反映情况；还应提醒领队及时通知患者亲属，如患者系外籍人士，导游人员应提醒领队通知患者所在国驻华使（领）馆；同时妥善安排好旅游团其他旅游者的活动。全陪应继续随团旅行。

A4.3 旅游者死亡

出现旅游者死亡的情况时，导游人员应立即向当地接待社报告，由当地接待社按照国家有关规定做好善后工作，同时导游人员应稳定其他旅游者的情绪，并继续做好旅游团的接待工作。

如系非正常死亡，导游人员应注意保护现场，并及时报告当地有关部门。

A5 其他

如遇上述之外的其他问题，导游人员应在合理与可能的前提下，积极协助有关人员予以妥善处理。

附录Ⅳ 《旅行社国内旅游服务质量要求》
（LB/T 004—1997）

1 范围

本标准提出了旅行社组织国内旅游活动所应具备的产品和质量要求。

本标准适用于经营国内旅游业务的国际、国内旅行社。

2 引用标准

下列标准所包含的条文，通过在本标准中引用而构成为本标准的条文。在标准出版时，所示版本均为有效，所有标准都会被修订，使用本标准的各方应探讨、使用下列标准最新版本的可能性。

GB/T15971-1995 导游服务质量

GB/16153-1996 饭店（餐厅）卫生标准

GB/T19004.2-1994 质量管理和质量体系要素第二部分：服务指南（idt ISO 9004-2：1991）LB/T 002-1995 旅游汽车服务质量

3 定义

本标准采用下列定义。

3.1 国内旅游

中国公民在境内的旅行和游览活动。

3.2 门市

旅行社为方便宣传、招徕和接待国内旅游者而专门设立的营业场所。

4 旅游产品的要求

4.1 市场需求原则

旅行社提供旅游产品应符合旅游者的愿望，满足不同消费层次的需求，为旅游者喜闻乐见。

4.2 安全第一原则

旅行社向旅游者提供的旅游产品应有安全保障。

4.3 安排合理原则

旅行社开发的旅游产品应交通行程合理，组织连接性强，有一定的系列化程度。

4.4 确保履约原则

旅行社对所提供的产品一般应确保完全履约，意外情况发生时，应有合理对策。

5 旅游产品的提供

5.1 旅行社对旅游产品的宣传应特色显著，具体详尽，实事求是。

5.2 旅行社销售旅游产品时应质价相符，明码标价。

5.3 旅行社出售旅游产品时应具备规范的销售手续，并按附录A（标准的附录）实施组团合同制度。

5.4 旅行社销售旅游产品时应为旅游者投旅游意外保险。对其外报价目应包含保险费，组团旅行社与接团旅行社及旅行社与旅游者之间应签订保险方面的协议。

5.5 旅行社在旅游产品销售后应准确、及时地制订和发送接待旅游计划。有特殊情况时，要更改接待计划的，应及时通知旅游者和负责接待的旅行社。

5.6 门市服务应符合下列要求：

5.6.1 门市服务环境

（a）整洁、明亮；

（b）配置必要的设施、设备和办公用具；

（c）准确、鲜明地介绍旅游产品的内容。

5.6.2 门市服务人员

（a）遵守旅游职业道德和岗位规范；

（b）佩戴胸卡，服饰整洁，精神饱满，端庄大方；

（c）用普通话和民族语言，态度热情、礼貌、认真、耐心；

（d）主动、具体、详实地介绍相应的旅行日程；

（e）满足旅游者的需求，帮助选择、组织和安排旅游产品；

（f）计价收费手续完备，账款清楚。

5.6.3 旅游产品销售成交后，门市服务人员应向旅游者：

（a）开具正式发票；

（b）按附录A（标准的附录）签订组团合同；

（c）发放旅行日程、参团须知、赔偿细则等；

（d）交代出发的时间和地点；

（e）无全陪的团体和散客须被告知旅游目的地的具体接洽办法和应急措施；

（f）提醒其他注意事项。

6 旅游接待服务

6.1 履约服务

旅行社应按组团合同或与散客约定的内容和标准为旅游者提供服务。

6.2 内部运作

旅行社应严格管理，做到外联、计划、调度和接待内部运作有机衔接，确保准确无误。

6.3 相关服务

旅行社应加强横向联合，应与各相关服务单位签订合同，保障交通、住宿、餐饮和游览等相关服务内容和标准符合接待计划。

6.3.1 餐饮

6.3.1.1 旅行社应向旅游者公开就餐标准，不得降低或克扣餐馆标准。

6.3.1.2 所选餐馆应明码标价，确保膳食质量。

6.3.1.3 所选餐馆应环境整洁，符合 GB16153 的要求。提供的食品、饮料应符合国家有关法律法规的要求。

6.3.2 住宿

6.3.2.1 旅行社选订的旅馆应符合所承诺的标准。

6.3.2.2 旅馆设施设备装饰完好，方便旅游者使用。

6.3.2.3 旅馆应具有完善的安全保卫措施，切实保障旅游者的人身财产安全。

6.3.3 交通

旅游过程提供的汽车服务应符合 LB/T002 的规定和合同承诺的车辆标准。

6.3.4 游览点应按承诺安排游览点，未经旅游者同意，不得擅自增减游览项目。

6.3.5 特殊情况处理

6.3.5.1 旅行社对游客在旅游过程出现的特殊情况，如事故死亡、行程受阻、财物丢失、被抢被盗、疾病救护等，应积极协助处理。

6.3.5.2 旅行社应建立健全应急处理系统制度。

6.3.5.3 旅行社在处理特殊情况时，应维护旅游者的合法权益，不推卸责任，不草率应付，积极排除险情，妥善解决问题。

6.4 导游服务

6.4.1 旅行社应为每辆旅游车的旅游者配备至少 1 名导游人员。

6.4.2 导游人员的基本素质及服务应符合 GB/T15971 的规定。

6.4.3 导游人员应具有一定的安全知识和防范技能，以保障旅游者的人身安全。

7 旅游服务质量的保证和监督

7.1 旅行社应按 GB/T19004.2 建立服务质量保证体系。

7.2 旅游服务质量的监督

7.2.1 旅行社应向旅游者发放并回收“征求意见表”。

7.2.2 旅行社应开展有目的、有计划、有选择的回访旅游者的工作。

7.2.3 旅行社应根据旅游者的合理建议和意见，采取有效措施改进服务工作，不断提高旅游服务质量。

7.3 投诉处理

7.3.1 旅行社对旅游者的投诉应耐心受理、查明情况，实事求是处理。

7.3.2 旅行社应设专职负责处理旅游者的投诉。对于重大旅游投诉，旅行社主要管理人员应亲自负责处理。

附录V 《旅行社出境旅游服务质量》

（LB/T 005—2002）

1 范围

本标准提出了组团社组织出境旅游活动所应具备的产品和服务质量的要求。

本标准适用于组团社的出境旅游业务。

2 规范性引用文件

下列文件中的条款通过本标准的引用而成为本标准的条款。凡是注明日期的引用文件，其随后的所有修改单（不包括勘误的内容）或修订版均不适用于本标准，然而，鼓励根据本标准达成协议的各方研究是否可使用这些文件的最新版本。凡不注明日期的引用文件，其最新版本适用于本标准。

GB/T 19001—2000 质量管理体系要求（idt ISO 9001：2000）

GB/T 15971—1995 导游服务质量

LB/T 002—1995 旅游汽车服务质量

LB/T 004—1997 旅行社国内旅游服务质量要求

3 术语和定义

本标准采用下列定义。

3.1 组团社

经国务院旅游行政管理部门批准，依法取得出境旅游经营资格的旅行社。

3.2 出境旅游

旅游者参加组团社组织的前往旅游目的地国家/地区的旅行和游览活动。

3.3 出境旅游领队

依照规定取得领队资格，受组团社委派，从事领队业务的工作人员。

领队业务指全权代表组团社带领旅游团出境旅游，督促境外接待旅行社和导游人员等方面执行旅游计划，并为旅游者提供出入境等相关服务的活动。

3.4 门市（营业部）

组团社为提供旅游咨询和销售旅游产品而专门设立的营业场所。

3.5 出境旅游产品

组团社为出境旅游者提供的旅游线路及其相应服务。

3.6 旅游证件

指护照和/或来往港澳地区通行证。

3.7 出境旅游服务合同

出境旅游服务合同指组团社与旅游者（团）双方共同签署并遵守的、约定双方权利和义务的格式化合同。

4　出境旅游产品设计要求

出境旅游产品设计应：

（a）具有安全保障；

（b）符合国家法律法规、部门规章、国家或行业标准的要求；

（c）正常情况下能确保全面履约，发生意外情况时有应急对策；

（d）满足不同消费档次、不同品位的市场需求，可供旅游者选择；

（e）对旅游者有吸引力。

5　服务提供要求

5.1 总要求

组团社应在受控条件下提供出境旅游服务，以确保服务过程准确无误。为此，组团社应：

（a）下工序接受上工序工作移交时进行检验复核，以确认无误；

（b）确保其工作人员符合规定的资格要求和具备实现出境旅游服务所必需的能力，以证实自身的服务过程的质量保障能力和履约能力；

（c）确立有效的服务监督方法并组织实施；

（d）为有关工序提供作业指导书；

（e）提供适当的培训或其他措施，以使员工符合规定的资格要求和具备必需的能力。

5.2 营销服务

5.2.1 门市服务环境

门市服务环境应符合《旅行社国内旅游服务质量要求》（LB/T004）中 5.6.1 的要求。

5.2.2 营业销售人员

营业销售人员应：

（a）遵守旅游职业道德的岗位规范；

（b）佩戴服务标志，服饰整洁；

（c）熟悉所推销的旅游产品和业务操作程序；

（d）向旅游者提供有效的旅游产品资料，并为其选择旅游产品提供咨询；

（e）对旅游者提出的参团要求进行评价与审查，以确保所接纳的旅游者要求均在组团社服务提供能力范围之内；

（f）向旅游者/客户说明所报价格的限制条件，如报价的有效时段或人数限制等；

（g）计价收费手续完备，账款清楚。

5.2.3 销售成交

营业销售人员在销售成交后，应：

（a）告知旅游者填写出境旅游有关申请表格的须知和出境旅游兑换外汇有关须知；

（b）认真审验旅游者提交的资料物品，对不适用或不符合要求的及时向旅游者退换；

（c）妥善保管旅游者在报名时提交的各种资料物品，交接时手续清楚；

（d）与旅游者签订出境旅游服务合同；

（e）收取旅游费用后开具发票；

（f）提醒旅游者有关注意事项，并向旅游者推荐旅游意外保险；

（g）将经评审的旅游者要求和所作的承诺及时准确地传递到有关工序。

5.3 团队计调运作

5.3.1 证照

组团社应按照合同约定协助旅游者办理出境旅游证件。旅游者已取得旅游证件的，组团社应认真查验其有效期并妥善保管，以确保证件在受控状态下交接和使用。

5.3.2 境外接团社的选择与管理

组团社应在目的地国家/地区旅游部门指定或推荐的范围内，选择境外接团旅行社并进行评审，信誉和业绩优良者优先选用，以确保组团社所销售的旅游产品质量的稳定性。

组团社应按要求与境外接团社签订书面接团协议。

组团社应定期审验其履约能力并建立境外接团社信誉档案。

5.3.3 旅游签证

组团社应按照旅游目的地国驻华使领馆的要求和与旅游者的约定为旅游者办理旅游签证。对旅游者提交的自办签证，接收时应认真查验。

5.3.4 团队计划的落实

组团社应根据其承诺/约定、旅游线路以及经评审的旅游者要求，与有关交通运输、移民机关、接团社等有关部门/单位落实团队计划的各项安排，确保准确无误。

组团社在落实团队计划过程中发现任何不适用的旅游者物品资料，应及时通知旅游者更换/更正。

组团社应有境外接待社落实计划的确认信息，并保留其书面记录。

5.3.5 行前说明会

出团前，组团社应召开出团行前说明会。在会上，组团社应：

（a）向旅游者说明出境旅游的有关注意事项以及外汇兑换事项与手续等；

（b）向旅游者发放《出境旅游行程表》、团队标志和《旅游服务质量评价表》；

（c）相关的法律法规知识以及旅游目的地国家的风俗习惯；

（d）向旅游者翔实说明各种由于不可抗力/不可控制因素导致组团社不能（完全）履行约定的情况，以取得旅游者的谅解。

《出境旅游行程表》应列明如下内容：

（a）旅游线路、时间、景点；

（b）交通工具的安排；

（c）食宿标准/档次；

（d）购物、娱乐安排以及自费项目；

(e) 组团社和接团社的联系人和联络方式;

(f) 遇到紧急情况的应急联络方式。

5.4 领队及接待服务

5.4.1 总要求

出境旅游团队应配备领队。

国内段的接送汽车应符合《旅游汽车服务质量》(LB/T002) 的要求。

5.4.2 领队素质要求

领队的基本素质应符合《导游服务质量》(GB/T15971) 第5章的要求。

领队应具备一定的英语或目的地国家/地区语言的能力。

领队上岗前应具备一定的导游工作经验。

领队应切实履行领队职责、严格遵守外事纪律，并具有一定的应急处理能力。

5.4.3 领队服务要求

5.4.3.1 通则

领队服务应符合《导游服务质量》(GB/T15971) 第3章和第4章的要求。

领队应按合同的约定完成旅游行程计划。

5.4.3.2 出团前的准备

领队接收计调人员移交的出境旅游团队资料时应认真核对查验。

注3：出境旅游团队资料通常包括团队名单表、出入境登记卡、海关申报单、旅游证件、旅游签证/签注、交通票据、接待计划书、联络通讯录等。

5.4.3.3 出入境服务

领队应告知并向旅游者发放通关时应向口岸的边检/移民机关出示/提交的旅游证件和通关资料（如：出入境登记卡、海关申报单等），引导团队依次通关。

向口岸的边检/移民机关提交必要的团队资料（如：团队名单、团体签证、出入境登记卡等），并办理必要的手续。

领队应积极为旅游团队办妥乘机和行李托运的有关手续，并依时引导团队登机。

飞行途中，领队应协助机组人员向旅游者提供必要的帮助和服务。

5.4.3.4 旅行游览服务

领队应按组团社与旅游者所签的旅游合同约定的内容和标准为旅游者提供接待服务，并督促接待社及其导游人员按约定履行旅游合同。

在旅游途中，领队应积极协助当地导游，为旅游者提供必要的帮助和服务。

5.4.4 特殊情况的处理

组团社应建立健全应急处理程序和制度。

旅游者在旅游过程出现的特殊情况，如事故伤亡、行程受阻、财物丢失或被抢被盗、疾病救护等，领队应积极作出有效的处理，以维护旅游者的合法权益。

必要时，向我驻当地使领馆报告，请求帮助。

6 服务质量的监督和改进

6.1 总要求

组团社应建立出境旅游服务质量管理体系。

组团社应建立健全出境旅游服务质量检查机构和监督机制，依据本标准对出境旅游服务进行监督检查。

旅游行政管理部门依据本标准检查组团社出境旅游服务质量，受理旅游者对出境旅游服务质量的投诉。

6.2 服务质量的监督

组团社应通过《旅游服务质量评价表》及其他方式认真听取旅游者的合理建议和意见；对收集到的旅游者反馈信息进行统计分析，了解旅游者对组团社出境旅游服务的满意度。

6.3 服务质量的改进

组团社应根据旅游者的满意度对存在的质量问题进行分析，确定出现质量问题的原因。

组团社应针对出现质量问题的原因采取有效措施，防止类似问题再次发生，达到出境旅游服务质量的持续改进。

6.4 投诉处理

组团社对旅游者的投诉应认真受理、登记记录，依法作出处理。

组团社应设专职人员负责处理旅游者投诉。对于重大旅游投诉，组团社主要管理人员应亲自出面处理，并向所在地旅游行政部门报告。

组团社应建立健全投诉档案管理制度。

附录Ⅵ　旅游合同示范文本

团队境内旅游合同示范文本

GF—2014—2401

团队境内旅游合同

（示范文本）

国　家　旅　游　局
国家工商行政管理总局　制定

二〇一四年四月

使 用 说 明

1. 本合同为示范文本，供中华人民共和国境内（不含港、澳、台地区）旅行社与旅游者之间签订团队境内包价旅游合同时使用（不含赴港、澳、台地区旅游及边境游）。

2. 双方当事人应当结合具体情况选择本合同协议条款中所提供的选择项，空格处应当以文字形式填写完整。

3. 双方当事人可以书面形式对本示范文本内容予以变更或者补充，但变更或者补充的内容，不得减轻或者免除应当由旅行社承担的责任。

4. 本示范文本由国家旅游局和国家工商行政管理总局共同制定、解释，在全国范围内推行使用。

团队境内旅游合同

合同编号：________________

旅游者：____________________等______人（名单可附页，需旅行社和旅游者代表签字盖章确认）；

旅行社：____；

旅行社业务经营许可证编号：____________________；

第一章　术语和定义

第一条　本合同术语和定义

1. 团队境内旅游服务，指旅行社依据《中华人民共和国旅游法》《旅行社条例》等法律法规，组织旅游者在中华人民共和国境内（不含香港、澳门、台湾地区）旅游，代订公共交通客票，安排餐饮、住宿、游览等两项以上服务活动。

2. 旅游费用，指旅游者支付给旅行社，用于购买本合同约定的旅游服务的费用。

旅游费用包括：

（1）交通费；

（2）住宿费；

（3）餐费（不含酒水费）；

（4）旅行社统一安排的景区景点的第一道门票费；

（5）行程中安排的其他项目费用；

（6）导游服务费；

（7）旅行社（含地接社）的其他服务费用。

旅游费用不包括：

（1）旅游者投保的人身意外伤害保险费用；

（2）合同未约定由旅行社支付的费用，包括但不限于行程以外非合同约定活动项目所需的费用、自行安排活动期间发生的费用；

（3）行程中发生的旅游者个人费用，包括但不限于交通工具上的非免费餐饮费、行李超重费，住宿期间的洗衣、电话、饮料及酒类费，个人娱乐费用，个人伤病医疗费，寻找个人遗失物品的费用及报酬，个人原因造成的赔偿费用。

3. 履行辅助人，指与旅行社存在合同关系，协助其履行本合同义务，实际提供相关服务的法人、自然人或者其他组织。

4. 自由活动，特指《旅游行程单》中安排的自由活动。

5. 自行安排活动期间，指《旅游行程单》中安排的自由活动期间、旅游者不参加旅游行程活动期间、每日行程开始前、结束后旅游者离开住宿设施的个人活动期间、旅游者经导游同意暂时离团的个人活动期间。

6. 不合理的低价，指旅行社提供服务的价格低于接待和服务费用或者低于行业公认的合理价格，且无正当理由和充分证据证明该价格的合理性。其中，接待和服务费用主要包括旅行社提供或者采购餐饮、住宿、交通、游览、导游等服务所支出的费用。

7. 具体购物场所，指购物场所有独立的商号以及相对清晰、封闭、独立的经营边界和明确的经营主体，包括免税店，大型购物商场，前店后厂的购物场所，景区内购物场所，景区周边或者通往景区途中的购物场所，服务旅游团队的专门商店，商品批发市场和与餐饮、娱乐、停车休息等相关联的购物场所等。

8. 旅游者投保的人身意外伤害保险，指旅游者自己购买或者通过旅行社、航空机票代理点、景区等保险代理机构购买的以旅行期间自身的生命、身体或者有关利益为保险标的的短期保险，包括但不限于航空意外险、旅游意外险、紧急救援保险、特殊项目意外险。

9. 离团，指团队旅游者经导游同意不随团队完成约定行程的行为。

10. 脱团，指团队旅游者未经导游同意脱离旅游团队，不随团队完成约定行程的行为。

11. 转团，指由于未达到约定成团人数不能出团，旅行社征得旅游者书面同意，在行程开始前将旅游者转至其他旅行社所组的境内旅游团队履行合同的行为。

12. 拼团，指旅行社在保证所承诺的服务内容和标准不变的前提下，在签订合同时经旅游者同意，与其他旅行社招徕的旅游者拼成一个团，统一安排旅游服务的行为。

13. 不可抗力，指不能预见、不能避免并不能克服的客观情况，包括但不限于因自然原因和社会原因引起的，如自然灾害、战争、恐怖活动、动乱、骚乱、罢工、突发公共卫生事件、政府行为。

14. 已尽合理注意义务仍不能避免的事件，指因当事人故意或者过失以外的客观因素引发的事件，包括但不限于重大礼宾活动导致的交通堵塞，飞机、火车、班轮、城际客运班车等公共客运交通工具延误或者取消，景点临时不开放。

15. 必要的费用，指旅行社履行合同已经发生的费用以及向地接社或者履行辅助人支付且不可退还的费用，包括乘坐飞机（车、船）等交通工具的费用（含预订金）、饭店住宿费用（含预订金）、旅游观光汽车的人均车租等。

16. 公共交通经营者，指航空、铁路、航运客轮、城市公交、地铁等公共交通工具经营者。

第二章　合同的订立

第二条　旅游行程单

旅行社应当提供带团号的《旅游行程单》（以下简称《行程单》），经双方签字或者盖章确认后作为本合同的组成部分。《行程单》应当对如下内容作出明确的说明：

（1）旅游行程的出发地、途经地、目的地，线路行程时间和具体安排（按自然日计算，含乘飞机、车、船等在途时间，不足 24 小时以一日计）；

（2）地接社的名称、地址、联系人和联系电话；

（3）交通服务安排及其标准（明确交通工具及档次等级、出发时间以及是否需中转等信息）；

（4）住宿服务安排及其标准（明确住宿饭店的名称、地点、星级，非星级饭店应当注明是否有空调、热水、独立卫生间等相关服务设施）；

（5）用餐（早餐和正餐）服务安排及其标准（明确用餐次数、地点、标准）；

（6）旅行社统一安排的游览项目的具体内容及时间（明确旅游线路内容包括景区点及游览项目名称等，景区点停留的最少时间）；

（7）自由活动的时间；

（8）行程安排的娱乐活动（明确娱乐活动的时间、地点和项目内容）；

《行程单》用语须准确清晰，在表明服务标准用语中不应当出现“准×星级”“豪华”“仅供参考”“以××为准”“与××同级”等不确定性用语。

第三条 订立合同

旅游者应当认真阅读本合同条款、《行程单》，在旅游者理解本合同条款及有关附件后，旅行社和旅游者应当签订书面合同。

由旅游者的代理人订立合同的，代理人需要出具被代理的旅游者的授权委托书。

第四条 旅游广告及宣传品

旅行社的旅游广告及宣传品应当遵循诚实信用的原则，其内容符合《中华人民共和国合同法》要约规定的，视为本合同的组成部分，对旅行社和旅游者双方具有约束力。

第三章 合同双方的权利义务

第五条 旅行社的权利

1. 根据旅游者的身体健康状况及相关条件决定是否接纳旅游者报名参团；

2. 核实旅游者提供的相关信息资料；

3. 按照合同约定向旅游者收取全额旅游费用；

4. 旅游团队遇紧急情况时，可以采取安全防范措施和紧急避险措施并要求旅游者配合；

5. 拒绝旅游者提出的超出合同约定的不合理要求；

6. 要求旅游者对在旅游活动中或者在解决纠纷时损害旅行社合法权益的行为承担赔偿责任；

7. 要求旅游者健康、文明旅游，劝阻旅游者违法和违反社会公德的行为。

第六条 旅行社的义务

1. 按照合同和《行程单》约定的内容和标准为旅游者提供服务，不擅自变更旅游行程安排；

2. 向合格的供应商订购产品和服务；

3. 不以不合理的低价组织旅游活动，诱骗旅游者，并通过安排购物或者另行付费旅游项目获取回扣等不正当利益；

组织、接待旅游者，不指定具体购物场所，不安排另行付费旅游项目，但是，经双方协商一致或者旅游者要求，且不影响其他旅游者行程安排的除外；

4. 在出团前如实告知具体行程安排和有关具体事项，具体事项包括但不限于所到旅游目的地的重要规定、风俗习惯；旅游活动中的安全注意事项和安全避险措施、旅游者不适合参加旅游活动的情形；旅行社依法可以减免责任的信息；应急联络方式以及法律、法规规定的其他应当告知的事项；

5. 按照合同约定，为旅游团队安排符合《中华人民共和国旅游法》《导游人员管理条例》规定的持证导游人员；

6. 妥善保管旅游者交其代管的证件、行李等物品；

7. 为旅游者发放用固定格式书写、由旅游者填写的安全信息卡（包括旅游者的姓名、血型、应急联络方式等）；

8. 旅游者人身、财产权益受到损害时，应当采取合理必要的保护和救助措施，避免旅游者人身、财产权益损失扩大；

9. 积极协调处理旅游行程中的纠纷，采取适当措施防止损失扩大；

10. 提示旅游者投保人身意外伤害保险；

11. 向旅游者提供发票；

12. 依法对旅游者个人信息保密；

13. 旅游行程中解除合同的，旅行社应当协助旅游者返回出发地或者旅游者指定的合理地点。

第七条　旅游者的权利

1. 要求旅行社按照合同和《行程单》约定履行相关义务；

2. 拒绝未经事先协商一致的转团、拼团行为；

3. 有权自主选择旅游产品和服务，有权拒绝旅行社未与旅游者协商一致或者未经旅游者要求而指定购物场所、安排旅游者参加另行付费旅游项目的行为，有权拒绝旅行社的导游强迫或者变相强迫旅游者购物、参加另行付费旅游项目的行为；

4. 在支付旅游费用时要求旅行社出具发票；

5. 人格尊严、民族风俗习惯和宗教信仰得到尊重；

6. 在人身、财产安全遇有危险时，有权请求救助和保护；人身、财产受到损害的，有权依法获得赔偿；

7. 在合法权益受到损害时向有关部门投诉或者要求旅行社协助索赔；

8.《中华人民共和国旅游法》《中华人民共和国消费者权益保护法》和有关法律法规赋予旅游者的其他各项权利。

第八条　旅游者的义务

1. 如实填写《旅游报名表》、游客安全信息卡等各项内容，告知与旅游活动相关的个人健康信息，并对其真实性负责，保证所提供的联系方式准确无误且能及时联系；

2. 按照合同约定支付旅游费用；

3. 遵守法律、法规和有关规定，不在旅游行程中从事违法活动，不参与色情、赌博和涉毒活动；

4. 遵守公共秩序和社会公德，尊重旅游目的地的风俗习惯、文化传统和宗教信仰，爱护旅游资源，保护生态环境，遵守《中国公民国内旅游文明行为公约》等文明行为规范；

5. 对国家应对重大突发事件暂时限制旅游活动的措施以及有关部门、机构或者旅游经营者采取的安全防范和应急处置措施予以配合；

6. 妥善保管自己的行李物品，随身携带现金、有价证券、贵重物品，不在行李中夹带；

7. 在旅游活动中或者在解决纠纷时，应采取措施防止损失扩大，不损害当地居民的合法权益；不干扰他人的旅游活动；不损害旅游经营者和旅游从业人员的合法权益，不采取拒绝上、下机（车、船）、拖延行程或者脱团等不当行为；

8. 自行安排活动期间，应当在自己能够控制风险的范围内选择活动项目，遵守旅游活动中的安全警示规定，并对自己的安全负责。

第四章　合同的变更与转让

第九条　合同的变更

1. 旅行社与旅游者双方协商一致，可以变更本合同约定的内容，但应当以书面形式由双方签字确认。由此增加的旅游费用及给对方造成的损失，由变更提出方承担；由此减少的旅游费用，旅行社应当退还旅游者。

2. 行程开始前遇到不可抗力或者旅行社、履行辅助人已尽合理注意义务仍不能避免的事件的，双方经协商可以取消行程或者延期出行。取消行程的，按照本合同第十四条处理；延期出行的，增加的费用由旅游者承担，减少的费用退还旅游者。

3. 行程中遇到不可抗力或者旅行社、履行辅助人已尽合理注意义务仍不能避免的事件，影响旅游行程的，按以下方式处理：

（1）合同不能完全履行的，旅行社经向旅游者作出说明，旅游者同意变更的，可以在合理范围内变更合同，因此增加的费用由旅游者承担，减少的费用退还旅游者。

（2）危及旅游者人身、财产安全的，旅行社应当采取相应的安全措施，因此支出的费用，由旅行社与旅游者分担。

（3）造成旅游者滞留的，旅行社应采取相应的安置措施。因此增加的食宿费用由旅游者承担，增加的返程费用双方分担。

第十条　合同的转让

旅游行程开始前，旅游者可以将本合同中自身的权利义务转让给第三人，旅行社没有正当理由的不得拒绝，并办理相关转让手续，因此增加的费用由旅游者和第三人承担。

正当理由包括但不限于：对应原报名者办理的相关服务不可转让给第三人的；无法为第三人安排交通等情形的；旅游活动对于旅游者的身份、资格等有特殊要求的。

第十一条　不成团的安排

当旅行社组团未达到约定的成团人数不能成团时，旅游者可以与旅行社就如下安排在本合同第二十三条中做出约定。

1. 转团：旅行社可以在保证所承诺的服务内容和标准不降低的前提下，经事先征得旅游者书面同意，委托其他旅行社履行合同，并就受委托出团的旅行社违反本合同约定的行为先行承担责任，再行追偿。旅游者和受委托出团的旅行社另行签订合同的，本合同的权利义务终止。

2. 延期出团和改变线路出团：旅行社经征得旅游者书面同意，可以延期出团或者改变其他线路出团，因此增加的费用由旅游者承担，减少的费用旅行社予以退还。需要时可以重新签订旅游合同。

第五章　合同的解除

第十二条　旅行社解除合同

1. 未达到约定的成团人数不能成团时，旅行社解除合同的，应当采取书面等有效形式。旅行社在行程开始前 7 日（按照出发日减去解除合同通知到达日的自然日之差计算，下同）以上（含第 7 日，下同）提出解除合同的，不承担违约责任，旅行社向旅游者退还已收取的全部旅游费用；旅行社在行程开始前 7 日以内（不含第 7 日，下同）提出解除合同的，除向旅游者退还已收取的全部旅游费用外，还应当按本合同第十七条第 1 款的约定，承担相应的违约责任。

2. 旅游者有下列情形之一的，旅行社可以解除合同：

（1）患有传染病等疾病，可能危害其他旅游者健康和安全的；

（2）携带危害公共安全的物品且不同意交有关部门处理的；

（3）从事违法或者违反社会公德的活动的；

（4）从事严重影响其他旅游者权益的活动，且不听劝阻、不能制止的；

（5）法律、法规规定的其他情形。

旅行社因上述情形解除合同的，应当以书面等形式通知旅游者，按照本合同第十五条相关约定扣除必要的费用后，将余款退还旅游者。

第十三条　旅游者解除合同

1. 未达到约定的成团人数不能成团时，旅游者既不同意转团，也不同意延期出行或者改签其他线路出团的，旅行社应及时发出不能成团的书面通知，旅游者可以解除合同。旅游者在行程开始前 7 日以上收到旅行社不能成团通知的，旅行社不承担违约责任，向旅游者退还已收取的全部旅游费用；旅游者在行程开始前 7 日以内收到旅行社不能成团通知的，按照本合同第十七条第 1 款相关约定处理。

2. 除本条第 1 款约定外，在旅游行程结束前，旅游者亦可以书面等形式解除合同。旅游者在行程开始前 7 日以上提出解除合同的，旅行社应当向旅游者退还全部旅游费用；旅游者在行程开始前 7 日以内和行程中提出解除合同的，旅行社按照本合同第十五条相关约定扣除必要的费用后，将余款退还旅游者。

3. 旅游者未按约定时间到达约定集合出发地点，也未能在出发中途加入旅游团队的，视为旅游者解除合同，按照本合同第十五条相关约定处理。

第十四条　因不可抗力或者已尽合理注意义务仍不能避免的事件解除合同

因不可抗力或者旅行社、履行辅助人已尽合理注意义务仍不能避免的事件，影响旅游行程，合同不能继续履行的，旅行社和旅游者均可以解除合同；合同不能完全履行，旅游者不同意变更的，可以解除合同。合同解除的，旅行社应当在扣除已向地接社或者履行辅助人支付且不可退还的费用后，将余款退还旅游者。

第十五条必要的费用扣除

1. 旅游者在行程开始前7日以内提出解除合同或者按照本合同第十二条第2款约定由旅行社在行程开始前解除合同的，按下列标准扣除必要的费用：

行程开始前6日至4日，按旅游费用总额的20%；

行程开始前3日至1日，按旅游费用总额的40%；

行程开始当日，按旅游费用总额的60%。

2. 在行程中解除合同的，必要的费用扣除标准为：

旅游费用×行程开始当日扣除比例+（旅游费用-旅游费用×行程开始当日扣除比例）÷旅游天数×已经出游的天数。

如按上述第1款或者第2款约定比例扣除的必要的费用低于实际发生的费用，旅游者按照实际发生的费用支付，但最高额不应当超过旅游费用总额。

解除合同的，旅行社扣除必要的费用后，应当在解除合同通知到达日起5个工作日内为旅游者办结退款手续。

第十六条　旅行社协助旅游者返程及费用承担

旅游行程中解除合同的，旅行社应协助旅游者返回出发地或者旅游者指定的合理地点。因旅行社或者履行辅助人的原因导致合同解除的，返程费用由旅行社承担；行程中按照本合同第十二条第2款，第十三条第2款约定解除合同的，返程费用由旅游者承担；按照本合同第十四条约定解除合同的，返程费用由双方分担。

第六章　违约责任

第十七条　旅行社的违约责任

1. 旅行社在行程开始前7日以内提出解除合同的，或者旅游者在行程开始前7日以内收到旅行社不能成团通知，不同意转团、延期出行和改签线路解除合同的，旅行社向旅游者退还已收取的全部旅游费用，并按下列标准向旅游者支付违约金：

行程开始前6日至4日，支付旅游费用总额10%的违约金；

行程开始前3日至1日，支付旅游费用总额15%的违约金；

行程开始当日，支付旅游费用总额20%的违约金。

如按上述比例支付的违约金不足以赔偿旅游者的实际损失，旅行社应当按实际损失对旅游者予以赔偿。

旅行社应当在取消出团通知或者旅游者不同意不成团安排的解除合同通知到达日起5个工作日内，为旅游者办结退还全部旅游费用的手续并支付上述违约金。

2. 旅行社未按合同约定提供服务，或者未经旅游者同意调整旅游行程（本合同第九条第3款规定的情形除外），造成项目减少、旅游时间缩短或者标准降低的，应当依法承担继续履行、采取补救措施或者赔偿损失等违约责任。

3. 旅行社具备履行条件，经旅游者要求仍拒绝履行本合同义务的，旅行社向旅游者支付旅游费用总额30%的违约金，旅游者采取订同等级别的住宿、用餐、交通等补救措施的，费用由旅行社承担；造成旅游者人身损害、滞留等严重后果的，旅游者还可以要求旅行社支付旅游费用一倍以上三倍以下的赔偿金。

4. 未经旅游者同意，旅行社转团、拼团的，旅行社应向旅游者支付旅游费用总额25%的违约金；旅游者解除合同的，旅行社还应向未随团出行的旅游者退还全部旅游费用，向已随团出行的旅游者退还尚未发生的旅游费用。如违约金不足以赔偿旅游者的实际损失，旅行社应当按实际损失对旅游者予以赔偿。

5. 旅行社有以下情形之一的，旅游者有权在旅游行程结束后30日内，要求旅行社为其办理退货并先行垫付退货货款，或者退还另行付费旅游项目的费用：

（1）旅行社以不合理的低价组织旅游活动，诱骗旅游者，并通过安排购物或者另行付费旅游项目获取回扣等不正当利益的；

（2）未经双方协商一致或者未经旅游者要求，旅行社指定具体购物场所或者安排另行付费旅游项目的。

6. 与旅游者出现纠纷时，旅行社应当采取积极措施防止损失扩大，否则应当就扩大的损失承担责任。

第十八条　旅游者的违约责任

1. 旅游者因不听从旅行社及其导游的劝告、提示而影响团队行程，给旅行社造成损失的，应当承担相应的赔偿责任。

2. 旅游者超出本合同约定的内容进行个人活动所造成的损失，由其自行承担。

3. 由于旅游者的过错，使旅行社、履行辅助人、旅游从业人员或者其他旅游者遭受损害的，旅游者应当赔偿损失。

4. 旅游者在旅游活动中或者在解决纠纷时，应采取措施防止损失扩大，否则应当就扩大的损失承担相应的责任。

5. 旅游者违反安全警示规定，或者对国家应对重大突发事件暂时限制旅游活动的措施、安全防范和应急处置措施不予配合，造成旅行社损失的，应当依法承担相应责任。

第十九条　其他责任

1. 由于旅游者自身原因导致本合同不能履行或者不能按照约定履行，或者造成旅游者人身损害、财产损失的，旅行社不承担责任。

2. 旅游者在自行安排活动期间人身、财产权益受到损害的，旅行社在事前已尽到必要警示说明义务且事后已尽到必要救助义务的，旅行社不承担赔偿责任。

3. 由于第三方侵害等不可归责于旅行社的原因导致旅游者人身、财产权益受到损害的，旅行社不承担赔偿责任。但因旅行社不履行协助义务致使旅游者人身、财产权益损失扩大的，旅行社应当就扩大的损失承担赔偿责任。

4. 由于公共交通经营者的原因造成旅游者人身损害、财产损失依法应承担责任的，旅行社应当协助旅游者向公共交通经营者索赔。

第七章　协议条款

第二十条　线路行程时间

出发时间______年____月____日____时，结束时间______年____月____日____时；共______天，饭店住宿______夜。

第二十一条　旅游费用及支付（旅游费用以人民币为计算单位）

成人：________元/人，儿童（不满 14 岁）：________元/人；其中，导游服务费：________元/人；

旅游费用合计：____________________________元。

旅游费用支付方式：________________________________。

旅游费用支付时间：________________________________。

第二十二条　人身意外伤害保险

1. 旅行社提示旅游者购买人身意外伤害保险；

2. 旅游者可以做以下选择：

□委托旅行社购买（旅行社不具有保险兼业代理资格的，不得勾选此项）：保险产品名称________________________（投保的相关信息以实际保单为准）；

□自行购买；

□放弃购买。

第二十三条　成团人数与不成团的约定

成团的最低人数：____________人。

如不能成团，旅游者是否同意按下列方式解决：

1. ______（同意或者不同意，打勾无效）旅行社委托________旅行社履行合同；

2. ______（同意或者不同意，打勾无效）延期出团；

3. ______（同意或者不同意，打勾无效）改变其他线路出团；

4. ______（同意或者不同意，打勾无效）解除合同。

第二十四条　拼团约定

旅游者______（同意或者不同意，打勾无效）采用拼团方式拼至____________旅行社成团。

第二十五条　自愿购物和参加另行付费旅游项目约定

1. 旅游者可以自主决定是否参加旅行社安排的购物活动、另行付费旅游项目；

2. 旅行社可以在不以不合理的低价组织旅游活动、不诱骗旅游者、不获取回扣等不正当利益，且不影响其他旅游者行程安排的前提下，按照平等自愿、诚实信用的原则，与旅游者协商一致达成购物活动、另行付费旅游项目协议；

3. 购物活动、另行付费旅游项目安排应不与《行程单》冲突；

4. 地接社及其从业人员在行程中安排购物活动、另行付费旅游项目的，责任由订立本合同的旅行社承担；

5. 购物活动、另行付费旅游项目具体约定见《自愿购物活动补充协议》（附件 3）、《自愿参加另行付费旅游项目补充协议》（附件 4）。

第二十六条　争议的解决方式

本合同履行过程中发生争议，由双方协商解决；亦可向合同签订地的旅游质监执法机构、消费者协会、有关的调解组织等有关部门或者机构申请调解。协商或者调解不成的，按下列第＿＿＿＿＿＿种方式解决：

1. 提交＿＿＿＿＿＿＿＿＿＿＿＿＿＿＿＿＿＿＿＿仲裁委员会仲裁；

2. 依法向人民法院起诉。

第二十七条　其他约定事项

未尽事宜，经旅游者和旅行社双方协商一致，可以列入补充条款。（如合同空间不够，可以另附纸张，由双方签字或者盖章确认。）

＿＿＿＿＿＿＿＿＿＿＿＿＿＿＿＿＿＿＿＿＿＿＿＿＿＿＿＿＿＿＿＿＿＿＿＿

＿＿＿＿＿＿＿＿＿＿＿＿＿＿＿＿＿＿＿＿＿＿＿＿＿＿＿＿＿＿＿＿＿＿＿＿＿＿

第二十八条　合同效力

本合同一式＿＿＿＿份，双方各持＿＿＿＿份，具有同等法律效力，自双方当事人签字或者盖章之日起生效。

旅游者代表签字（盖章）：＿＿＿	旅行社盖章：＿＿＿＿＿＿
证件号码：＿＿＿＿＿＿＿＿＿	签约代表签字（盖章）：＿＿＿＿＿
住　　址：＿＿＿＿＿＿＿＿＿	营业地址：＿＿＿＿＿＿＿＿
联系电话：＿＿＿＿＿＿＿＿＿	联系电话：＿＿＿＿＿＿＿＿
传　　真：＿＿＿＿＿＿＿＿＿	传　　真：＿＿＿＿＿＿＿＿
邮　　编：＿＿＿＿＿＿＿＿＿	邮　　编：＿＿＿＿＿＿＿＿
电子信箱：＿＿＿＿＿＿＿＿＿	电子信箱：＿＿＿＿＿＿＿＿
签约日期：＿＿年＿＿月＿日	签约日期：＿＿年＿＿月＿＿日

签约地点：＿＿＿＿＿＿＿＿

旅行社监督、投诉电话：＿＿＿＿＿＿＿＿

＿＿＿省＿＿＿市旅游质监执法机构：

投诉电话：＿＿＿＿＿＿

电子邮箱：＿＿＿＿＿＿

地　　址：＿＿＿＿＿＿

邮　　编：＿＿＿＿＿＿

附件 1：旅游报名表

旅游线路及编号____________旅游者出团时间意向____________________

<table>
<tr><td>姓 名</td><td></td><td>性别</td><td></td><td>民族</td><td></td><td>出生日期</td><td></td></tr>
<tr><td>身份证号码</td><td colspan="3"></td><td>联系电话</td><td colspan="3"></td></tr>
<tr><td>身体状况</td><td colspan="7">（需注明是否有身体残疾、精神疾病、高血压、心脏病等健康受损病症、病史，是否为妊娠期妇女。）</td></tr>
<tr><td colspan="8">旅游者全部同行人名单及分房要求（所列同行人均视为旅游者要求必须同时安排出团）：
______与______同住，______与______同住，________与__________同住，
______与______同住，______与______同住，________与__________同住，
_____________为单男/单女需要安排与他人同住，_________________不占床位，
_________________________全程要求入住单间（应当补交房费差额）。</td></tr>
<tr><td colspan="8">其他补充约定：

旅游者确认签名（盖章）：　　　　　　　　年　　月　　日</td></tr>
<tr><td>备注</td><td colspan="7">（年龄低于 18 周岁，需要提交家长书面同意出行书）</td></tr>
<tr><td colspan="8">以 下 各 栏 由 旅 行 社 工 作 人 员 填 写</td></tr>
<tr><td colspan="2">服务网点名称</td><td colspan="2"></td><td colspan="2">旅行社经办人</td><td colspan="2"></td></tr>
</table>

附件 2：带团号的《旅游行程安排单》